紫微斗數這樣論財運

許永安 著

序

世事局勢瞬息萬變，社會上的各行各業也無不此消彼長，有些行業默默的消失了，而有些行業卻在短暫之間竄起，帶動其龐大且難以預估的商機，可見是幾家歡樂幾家愁啊！本書的撰寫目的，主要是期望大家發財，人人都有好運勢，過著有品味的人生。

本書的內容設定在人人都能看得懂這本書，沒有學習程度與階級之分，只要按照書中的引導，人人皆能引用其中所述要領，進而應用在如何解開屬於自己的財運密碼。本書希望能夠老少咸宜，書中沒有艱澀的論文，有的盡是以案例所模擬的各種推演，書中以儘量歸納其邏輯性，以及如何套用在屬於個人財運的密碼上。因此，本書不但著重邏輯性，也有歸納原理，以及依流年所演化出來的趨勢性、統計性，期使本書能朝向預測科學的角度來發展，進而形成一門專屬的紫微預測學。

本書是《紫微算病》的續集，但願《紫微斗數這樣論財運》提供大眾一個能自行解開財運密碼的鑰匙，好讓自己重新來審視個人的財運訊息。這是一本針對開發財運有趣的書，你可以不必考慮在這方面的程度問題，只要能循序漸進的進入本書的引導及演練，必能熟而生巧。

許永安　丁酉年謹識於高雄

前言

時代變遷的速度，總讓人有計畫趕不上變化的不適感，雲端資訊科技的發展，實在是令人嘆為觀止，要跟上時代的潮流，得要不斷的接收新資訊去蕪存菁，否則大量的資訊流，將令人難以負荷。

這也在在顯示人們依賴電子產品的傾向越來越強烈，唯必需賴以生存的經濟活動，也是人類終其一生最重要的指標。人們往往以其財力的多寡，來決定他們的生活品質，所以說，經濟活動的主體—錢財，即是人類共同追求的想望及目標。

從個人出生時空的解碼來看，每個個體的財務狀況，往往與其個人的因緣福報有極為密切的關係，其中包括各種生命活動所牽動的種種面向，比如家庭背景，與父母親的親因緣關係，手足情誼的互動，夫妻相處的藝術，與子女之間的親情關係，財務運勢的福報與心理層面的發展，在外運勢的盛衰及消長關係，讀書運勢以至於日後在職場上的發展狀況，身體勞動以及面對各種疾患的因應，居家幸福度、房地產運勢的盛衰關係，以及在生命活動際遇的貴人運勢…等等。

以上所述的種種因緣，成立了以紫微斗數命盤上十二個宮位的佈列狀態，每個宮位看起來似乎是具獨立性的，但也與其它各宮形成相互扶助的好態勢，但也具有與它宮之間的糾纏關係，運勢的起落之間，往往有彼此牽動的一些因素及條件的存在，如此才形成人生運勢的盛衰與成敗。

然若認為得之我幸，失之我命的話，這是較為消極的作法，缺乏對生命活動的積極作為。若能從認識自我的根本處著手的話，人生即充滿多采多姿的體驗，無怨無悔。因此，於此生中，以正面的態度來經營人生，對錢財也持以正面的積極態度來賺取，一切無不以導向人生的幸福度，進而讓我們的心靈層次也能得到滋長昇華。

本書的重點放在如何增進及改善個人的財務狀況為主，為盡量達到本書的目的，所以，將每年國內財經活動的大趨勢，透過三十年的資料比對與統計，從中整理出以每十年為一個輪迴圈的邏輯理論，並將其形成一套演算模式，供以有系統性的了解財經走向的趨勢預

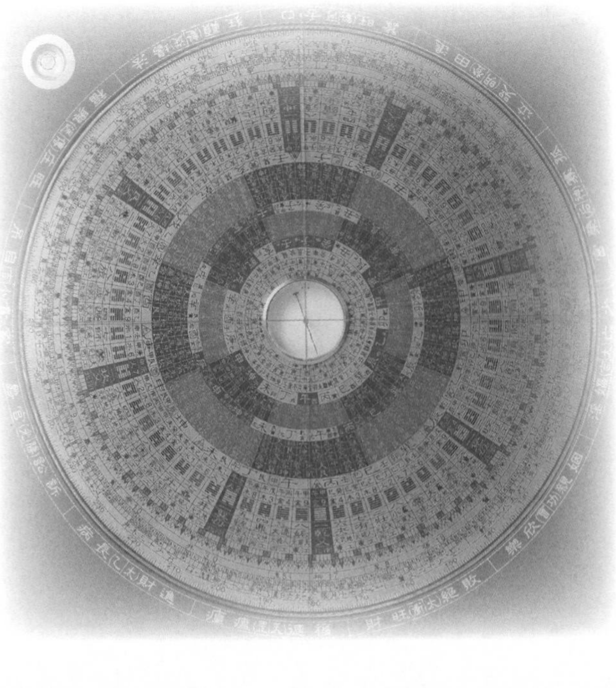

測、風險管理、以及危機因應理論，這也適用於國際間所進行相關財經活動的理論，其體性是相通的，只是所呈現的事件不同而已。

若能透過對以往事件的統計分析、比對等等，即可能一窺未來在每個輪迴圈裡的財經動向及趨勢發展的變動關係，於職場上或者對於所謂的投資動向，本書提供這方面的參考與思唯的面向，然如何做好個人的風險管控，也許是讀者需要自己嚴肅面對的課題，規避風險即能免除危機的威脅，有助於人生的幸福度朝向穩定面發展，心靈層面也會隨之提昇。

本書衷心期盼讀者皆能擁有好運勢、好財運，不但能改善自己的身心靈生活品質，也能擴及到周遭與我有緣的人，自利也能利他，深耕自己的福田，將會得到源源不絕的回饋，讓我們的社會能更富足，祥和的社會將可期待的。

目錄

序
前言

第一篇 眾星雲集

一、如何排盤 6
二、紫府星系佈列速應表 16
三、宮位無主星—借紫府星系入位 39
四、吉煞星系佈列速應表 40
五、吉星臨會的能量 46
六、落陷煞星沖擊的能量 51
七、四化—祿權科忌的能量 54

第二篇 進入紫微的宮殿

一、十二宮的結構 63
二、吉星扶助各宮 65
三、忌煞夾擊各宮 67

第三篇 談天說地話財運

一、天干地支與四化運作 70
二、基本盤—財運的解讀 73
三、流年財運的走勢 78

第四篇 生意．生生不息的創意

一、紫微預測學的應用趨勢 81
二、財經走勢的循環週期 87
三、四化星輪值呈象速應補充篇 93
四、宮位自化祿權科忌 108
五、掌握財運的祕訣 114
六、如何做好財務的風險管理 130

第五篇 財經趨勢的循環效應

一、十年四化輪值推理邏輯表 147
二、財經趨勢的盛衰循環周期 148
三、十年周期—化祿增益能量分析 151
四、每十年循環—化忌能量減損比較表 152
五、益損強度比較分析 153
六、十年輪動—化祿效應虛擬圖 154
七、祿權科忌的交叉作用 155

●第六篇 每十年循環的周期效應

一、甲年的財經趨勢 159
二、乙年的財經趨勢 163
三、丙年的財經趨勢 168
四、丁年的財經趨勢 172
五、戊年的財經趨勢 177
六、己年的財經趨勢 183
七、庚年的財經趨勢 189
八、辛年的財經趨勢 194
九、壬年的財經趨勢 201
十、癸年的財經趨勢 209

●第七篇 財經趨勢的循環效應

一、重置天干的四化星效應 217
二、牽動財運的主客關係 220
三、命宮、遷移宮的財運效應 225
四、兄弟宮、僕役宮的財運效應 228
五、官祿宮、夫妻宮的財運效應 233
六、子女宮、田宅宮的財運效應 240
七、財帛宮、福德宮的財運效應 247
八、父母宮、疾厄宮的財運效應 251

第八篇 各宮運勢的連動效應

一、命宮為起點的連動效應 254
二、遷移宮為起點的連動效應 260

第九篇 財運與各宮的糾纏效應

財運與各宮的糾纏效應 306

第十篇 財帛宮與福德宮運勢的關鍵

一、財帛宮取用神 309
二、福德宮取用神 311

第十一篇 知時知量，進退有道

一、盛衰之道─泰極轉否 315
二、利他自利─損而後益 322
三、理財有道─養生保健康 329

後　記 334

附相關對照圖表 335

第一篇

眾星雲集

一、如何排盤

學者入門的基礎功，應是如何排出一張完整的命盤，在排盤的過程中，能夠有系統性的了解紫微諸星各自入坐十二宮的邏輯，以及其走向的原理。本節將列出如何排盤的各種表格及速應表，讀者可嘗試排盤，日久功深，自能領悟其中道理。

◎按日起時——天干與地支對照表

生時＼生日	甲己	乙庚	丙辛	丁壬	戊癸
子時 0:00	甲子	丙子	戊子	庚子	壬子
丑 1-3	乙	丁	己	辛	癸
寅 3-5	丙	戊	庚	壬	甲
卯 5-7	丁	己	辛	癸	乙
辰 7-9	戊辰	庚辰	壬辰	甲辰	丙辰
巳 9-11	己巳	辛巳	癸巳	乙巳	丁巳
午時 11-13	庚午	壬午	甲午	丙午	戊午
未時 13-15	辛未	癸未	乙未	丁未	己未
申時 15-17	壬申	甲申	丙申	戊申	庚申
酉時 17-19	癸酉	乙酉	丁酉	己酉	辛酉
戌時 19-21	甲戌	丙戌	戊戌	庚戌	壬戌
亥時 21-23	乙亥	丁亥	己亥	辛亥	癸亥

※早子時與夜子時的轉換：

早子時（本日）	丑時	寅時	卯時	辰時	巳時	
00-0:59	1-2:59	3-4:59	5-6:59	7-8:59	9-10:59	
午時	未時	申時	酉時	戌時	亥時	夜子時（隔天）
11-12:59	13-14:59	15-16:59	17-18:59	19-20:59	21-22:59	23-23:59

◎如例：

一、早子時－農曆十六日**凌晨 0:30** 分生，為當天「十六日」。

二、夜子時－農曆十六日**晚上 23:50** 分生，此為隔天「十七日」。

◎命宮、身宮快速對照表一——（子時↓巳時）

生時	生月／命身	一月	二月	三月	四月	五月	六月	七月	八月	九月	十月	十一月	十二月
子	命身	寅	卯	辰	巳	午	未	申	酉	戌	亥	子	丑
丑	命	丑	寅	卯	辰	巳	午	未	申	酉	戌	亥	子
	身	卯	辰	巳	午	未	申	酉	戌	亥	子	丑	寅
寅	命	子	丑	寅	卯	辰	巳	午	未	申	酉	戌	亥
	身	辰	巳	午	未	申	酉	戌	亥	子	丑	寅	卯
卯	命	亥	子	丑	寅	卯	辰	巳	午	未	申	酉	戌
	身	巳	午	未	申	酉	戌	亥	子	丑	寅	卯	辰
辰	命	戌	亥	子	丑	寅	卯	辰	巳	午	未	申	酉
	身	午	未	申	酉	戌	亥	子	丑	寅	卯	辰	巳
巳	命	酉	戌	亥	子	丑	寅	卯	辰	巳	午	未	申
	身	未	申	酉	戌	亥	子	丑	寅	卯	辰	巳	午

◎凡潤月生者採下個月論。例如：潤二月生，以三月論之。

◎命宮、身宮快速對照表二——（午時↓亥時）

生時	生月／命身	一月	二月	三月	四月	五月	六月	七月	八月	九月	十月	十一月	十二月
午	命身	申	酉	戌	亥	子	丑	寅	卯	辰	巳	午	未
未	命	未	申	酉	戌	亥	子	丑	寅	卯	辰	巳	午
	身	酉	戌	亥	子	丑	寅	卯	辰	巳	午	未	申
申	命	午	未	申	酉	戌	亥	子	丑	寅	卯	辰	巳
	身	戌	亥	子	丑	寅	卯	辰	巳	午	未	申	酉
酉	命	巳	午	未	申	酉	戌	亥	子	丑	寅	卯	辰
	身	亥	子	丑	寅	卯	辰	巳	午	未	申	酉	戌
戌	命	辰	巳	午	未	申	酉	戌	亥	子	丑	寅	卯
	身	子	丑	寅	卯	辰	巳	午	未	申	酉	戌	亥
亥	命	卯	辰	巳	午	未	申	酉	戌	亥	子	丑	寅
	身	丑	寅	卯	辰	巳	午	未	申	酉	戌	亥	子

◎凡潤月生者採下個月論。

◎以生年天干定十二宮對照表

生年干 / 十二宮 / 宮干	甲己	乙庚	丙辛	丁壬	戊癸
寅	丙	戊	庚	壬	甲
卯	丁	己	辛	癸	乙
辰	戊	庚	壬	甲	丙
巳	己	辛	癸	乙	丁
午	庚	壬	甲	丙	戊
未	辛	癸	乙	丁	己
申	壬	甲	丙	戊	庚
酉	癸	乙	丁	己	辛
戌	甲	丙	戊	庚	壬
亥	乙	丁	己	辛	癸
子	丙	戊	庚	壬	甲
丑	丁	己	辛	癸	乙

◎定十二宮表（由命宮推算起—採逆行對照安入）

餘宮／命宮	兄弟	夫妻	子女	財帛	疾厄	遷移	僕役	官祿	田宅	福德	父母	身宮
子	亥	戌	酉	申	未	午	巳	辰	卯	寅	丑	身宮常附於它宮之內，凡子午時生者，命身同宮。
丑	子	亥	戌	酉	申	未	午	巳	辰	卯	寅	
寅	丑	子	亥	戌	酉	申	未	午	巳	辰	卯	
卯	寅	丑	子	亥	戌	酉	申	未	午	巳	辰	
辰	卯	寅	丑	子	亥	戌	酉	申	未	午	巳	
巳	辰	卯	寅	丑	子	亥	戌	酉	申	未	午	
午	巳	辰	卯	寅	丑	子	亥	戌	酉	申	未	
未	午	巳	辰	卯	寅	丑	子	亥	戌	酉	申	
申	未	午	巳	辰	卯	寅	丑	子	亥	戌	酉	
酉	申	未	午	巳	辰	卯	寅	丑	子	亥	戌	
戌	酉	申	未	午	巳	辰	卯	寅	丑	子	亥	
亥	戌	酉	申	未	午	巳	辰	卯	寅	丑	子	

◎定五行局對照表

命宮＼生年干	甲己	乙庚	丙辛	丁壬	戊癸
子丑	水二局	火六局	土五局	木三局	金四局
寅卯	火六局	土五局	木三局	金四局	水二局
辰巳	木三局	金四局	水二局	火六局	土五局
午未	土五局	木三局	金四局	水二局	火六局
申酉	金四局	水二局	火六局	土五局	木三局
戌亥	火六局	土五局	木三局	金四局	水二局

◎五行局歸納對照表（六十甲子五行納音表）

註：可對照命宮的「天干、地支」，即知個人專屬的五行局。

■水二局—水局：

丙子、丁丑—澗下水。甲申、乙酉—泉中水。壬辰、癸巳—長流水。
丙午、丁未—天河水。甲寅、乙卯—大溪水。壬戌、癸亥—大海水。

■木三局—木局：

戊辰、己巳—大林木。壬午、癸未—楊柳木。庚寅、辛卯—松柏木。
戊戌、己亥—平地木。壬子、癸丑—桑拓木。庚申、辛酉—石榴木。

■金四局—金局：

甲子、乙丑—海中金。壬申、癸酉—劍鋒金。庚辰、辛巳—白蠟金。
甲午、乙未—沙中金。壬寅、癸卯—金箔金。庚戌、辛亥—釵釧金。

■土五局—土局：

庚午、辛未—路旁土。戊寅、己卯—城頭土。丙戌、丁亥—屋上土。
庚子、辛丑—壁上土。戊申、己酉—大驛土。丙辰、丁巳—沙中土。

■火六局—火局：

丙寅、丁卯—爐中火。甲戌、乙亥—山頭火。戊子、己丑—霹靂火。
丙申、丁酉—山下火。甲辰、乙巳—佛燈火。戊午、己未—天上火。

◎五行局的虛擬範例

丁巳	戊午	己未	庚申
丙辰	命宮 坐甲子宮位 **海中金格** 例 1		辛酉
乙卯			壬戌
甲寅	乙丑	**甲子 命宮**	癸亥

癸巳 命宮	甲午	乙未	丙申
壬辰	命宮 坐癸巳宮位 **長流水格** 例 2		丁酉
辛卯			戊戌
庚寅	辛丑	庚子	己亥

乙巳	丙午	丁未	戊申
甲辰	命宮 坐壬寅宮位 **大驛土格** 例 3		**己酉 命宮**
癸卯			庚戌
壬寅	癸丑	壬子	辛亥

辛巳	壬午	**癸未 命宮**	甲申
庚辰	命宮 坐癸未宮位 **楊柳木格** 例 4		乙酉
己卯			丙戌
戊寅	己丑	戊子	丁亥

◎定紫微表（依五行局對照農曆生日，即可定出紫微坐落宮位）

08. 09	10. 11	12. 13	14. 15
06.07 30.	**水 2 局** 生日與紫微 的落點		16. 17
04.05 28.29			18. 19
02.03 26.27	01 24.25	22.23	20.21

04. 12.14	07 15.17	10 18.20	13 21.23
01 09.11	**木 3 局** 生日與紫微 的落點		16 24.26
06 08			19 27.29
03 05	02. 28	25	22 30

06.16 19.25	10.20 23.29	14 24.27	18 28
02.12 15.21	**金 4 局** 生日與紫微 的落點		22
08 11.17			26
04. 07.13	03 09	05.	01 30

08 20.24	01.13 25.29	06 18.30	11 23.
03.15 19.27	**土 5 局** 生日與紫微 的落點		16 28
10 14.22			21
05 09.17	04 12	07	02 26

10 24.29	02 16.30	08 22	14 28
04 18.23	**火 6 局** 生日與紫微 的落點		01 20
12 17.27			07 26
06 11.21	05 15.25	09 19	03 13

二、紫府星系佈列速應表

盤面十二宮所入坐的諸星，以紫微星系、天府星系兩大系列的星群為主，也稱為甲級星群，總計有十四顆甲級星，紫微星系有六顆，天府星系有八顆，凡入門者應該熟悉的，如下列區分：

■**紫微星系**—北斗星系：

紫微。天機。太陽。武曲。天同。廉貞。

■**天府星系**—南斗星系：

天府。太陰。貪狼。巨門。天相。天梁。七殺。破軍。

紫微星系在盤面的佈陣走向以逆行為主，天府星系的佈陣以順行為主，這兩大星系各以一順一逆的邏輯規則入十二宮。因此，只要掌握了紫微星所入的宮位，即能迅速找出天府星的相對位置，如此即能很快的將其它星座按步就班的入位，這南北斗兩星系的佈列入陣，有一個口訣能快速掌握紫府星系的走向規則。

◎**紫微星系**—**逆行佈入**：

紫微天機逆，隔一宮位陽武同，再過三宮廉貞坐。

◎**天府星系**—**順行佈入**：

府陰貪巨相梁殺順行，再過四宮坐破軍。

◎紫府星系——佈陣對應邏輯對照表：

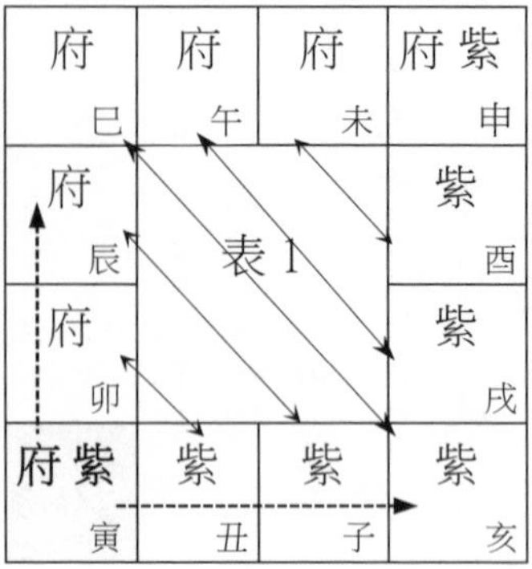

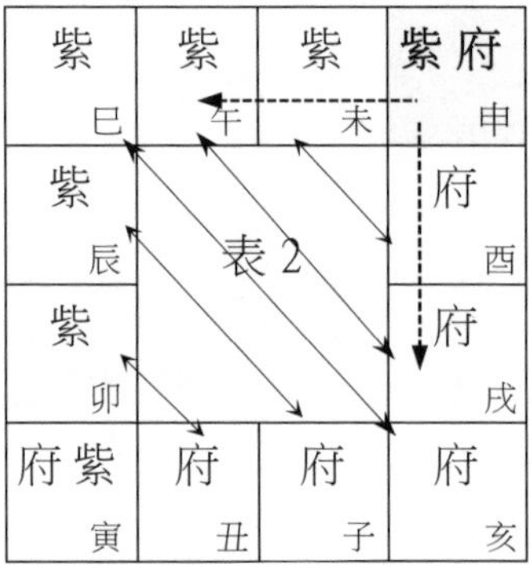

◎說明：

右列紫府入陣的規則走向對照表，表一從**寅宮**紫府雙星同宮為出發點，以相對應的位置佈列。表二由**申宮**的紫府雙星同宮做為推演的基礎點，因此，由紫府雙星系的佈列延伸出12*12=144個宮位的變化，每一個宮位都可能是命宮的主位。初入門者若能熟記技巧，將有助於排盤及解盤的技巧。以下詳列這一四四種格局的佈列對照表，讀者也可使用它來作為入門演練的功課，也可將圍棋的黑白子分成兩個星系，以一逆一順的走向來演練排盤的技巧。

※紫微斗數命盤的十二種基本陣列：

巨門 +3	天相 廉貞 +4 0	天梁 +3	七殺 +4
貪狼 +4	紫府在寅宮		天同 0
太陰 -2	表 1		武曲 +4
天府 紫微 +4 +3	天機 -2	破軍 +4	太陽 -2

貪狼 廉貞 -2 -2	巨門 +3	天相 +2	天梁 天同 -2 +3
太陰 -2			七殺 武曲 +3 +1
天府 +2	表 2		太陽 -1
	破軍 紫微 +3 +4	天機 +4	

太陰 -2	貪狼 +3	巨門 天同 -1 -1	天相 武曲 +4 +2
天府 廉貞 +4 +1			天梁 太陽 +2 0
	表 3		七殺 +4
破軍 +2		紫微 0	天機 0

天府 +2	太陰 天同 -1 -2	貪狼 武曲 +4 +4	巨門 太陽 +4 +2
			天相 -2
破軍 廉貞 -2 0	表 4		天梁 天機 +4 +1
			七殺 紫微 0 +3

天同 +4	天府 武曲 +3 +3	太陰 太陽 -1 +2	貪狼 0
破軍 +3			巨門 天機 +4 +3
	表 5		天相 紫微 +2 +2
廉貞 +4		七殺 +3	天梁 -2

武曲 破軍 0 0	太陽 +3	天府 +4	太陰 天機 +1 +2
天同 0			貪狼 紫微 +1 +3
	表 6		巨門 -2
	七殺 廉貞 +4 +1	天梁 +4	天相 +2

太陽 +3	破軍 +4	天機 -2	天府 紫微 +2 +3
武曲 +4	紫府在申宮		太陰 +3
天同 0	表 7		貪狼 +4
七殺 +4	天梁 +3	天相 廉貞 +4 0	巨門 +3

	天機 +4	破軍 紫微 +3 +4	
太陽 +3			天府 +3
七殺 武曲 +3 +1	表 8		太陰 +3
天梁 天同 +4 +1	天相 +4	巨門 +3	貪狼 廉貞 -2 -2

天機 0	紫微 +4		破軍 +2
七殺 +4			
天梁 太陽 +4 +4	表 9		天府 廉貞 +4 +1
天相 武曲 +4 +2	巨門 天同 -1 -1	貪狼 +3	太陰 +4

七殺 紫微 0 +3			
天機 天梁 +1 +4			破軍 廉貞 -2 0
天相 -2	表 10		
巨門 太陽 +4 +3	貪狼 武曲 +4 +4	太陰 天同 +4 +3	天府 +2

天梁 -2	七殺 +3		廉貞 +4
天相 紫微 +2 +2			
巨門 天機 +4 +3	表 11		破軍 +3
貪狼 0	太陰 太陽 +4 -1	天府 武曲 +4 +3	天同 +4

天相 +2	天梁 +4	七殺 廉貞 +4 +1	
巨門 -2			
貪狼 紫微 +1 +3	表 12		天同 0
太陰 天機 +3 +2	天府 +4	太陽 -2	破軍 武曲 0 0

◎安紫微星系對照表（以逆時鐘方向佈入）

星級	甲級星				
諸星＼紫微	天機	太陽	武曲	天同	廉貞
子	亥	酉	申	未	辰
丑	子	戌	酉	申	巳
寅	丑	亥	戌	酉	午
卯	寅	子	亥	戌	未
辰	卯	丑	子	亥	申
巳	辰	寅	丑	子	酉
午	巳	卯	寅	丑	戌
未	午	辰	卯	寅	亥
申	未	巳	辰	卯	子
酉	申	午	巳	辰	丑
戌	酉	未	午	巳	寅
亥	戌	申	未	午	卯

◎背訣：

紫微星系有六顆星─逆行佈入：

紫微天機逆，隔一宮位陽武同，再過三宮廉貞坐。

◎天府入宮對照表

紫微	天府
子	辰
丑	卯
寅	寅
卯	丑
辰	子
巳	亥
午	戌
未	酉
申	申
酉	未
戌	午
亥	巳

◎說明：

天府星系有八顆星：

天府。太陰。貪狼。巨門。天相。天梁。七殺。破軍。

◎天府星系—入陣對照表（以順時鐘方向佈入）

星級	甲級星						
諸星／天府	太陰	貪狼	巨門	天相	天梁	七殺	破軍
子	丑	寅	卯	辰	巳	午	戌
丑	寅	卯	辰	巳	午	未	亥
寅	卯	辰	巳	午	未	申	子
卯	辰	巳	午	未	申	酉	丑
辰	巳	午	未	申	酉	戌	寅
巳	午	未	申	酉	戌	亥	卯
午	未	申	酉	戌	亥	子	辰
未	申	酉	戌	亥	子	丑	巳
申	酉	戌	亥	子	丑	寅	午
酉	戌	亥	子	丑	寅	卯	未
戌	亥	子	丑	寅	卯	辰	申
亥	子	丑	寅	卯	辰	巳	酉

◎天府星系—順行佈入：（背訣）

府陰貪巨相梁殺順行，再過四宮坐破軍。

◎安生年天干—年系諸星對照表（依出生農曆年天干安入）

生年干＼諸星	祿存	擎羊	陀羅	天魁	天鉞	化祿	化權	化科	化忌	天官	天福	天廚
甲	寅	卯	丑	丑	未	廉貞	破軍	武曲	太陽	未	酉	巳
乙	卯	辰	寅	子	申	天機	天梁	紫微	太陰	辰	申	午
丙	巳	午	辰	亥	酉	天同	天機	文昌	廉貞	巳	子	子
丁	午	未	巳	亥	酉	太陰	天同	天機	巨門	寅	亥	巳
戊	巳	午	辰	丑	未	貪狼	太陰	右弼	天機	卯	卯	午
己	午	未	巳	子	申	武曲	貪狼	天梁	文曲	酉	寅	申
庚	申	酉	未	丑	未	太陽	武曲	太陰	天同	亥	午	寅
辛	酉	戌	申	午	寅	巨門	太陽	文曲	文昌	酉	巳	午
壬	亥	子	戌	卯	巳	天梁	紫微	左輔	武曲	戌	午	酉
癸	子	丑	亥	卯	巳	破軍	巨門	太陰	貪狼	午	巳	亥

◎安生年地支—年系諸星對照表（依出生農曆年地支安入）

生年地支＼諸星	天哭	天虛	龍池	鳳閣	月德	孤辰	寡宿	蜚廉	破碎	天才	天空	天壽	紅鸞	天喜
子	午	午	辰	戌	巳	寅	戌	申	巳	命宮	丑	由身宮起子，順行，數至本生年支，即安天壽星。	卯	酉
丑	巳	未	巳	酉	午	寅	戌	酉	丑	父母	寅		寅	申
寅	辰	申	午	申	未	巳	丑	戌	酉	福德	卯		丑	未
卯	卯	酉	未	未	申	巳	丑	巳	巳	田宅	辰		子	午
辰	寅	戌	申	午	酉	巳	丑	午	丑	事業	巳		亥	巳
巳	丑	亥	酉	巳	戌	申	辰	未	酉	交友	午		戌	辰
午	子	子	戌	辰	亥	申	辰	寅	巳	遷移	未		酉	卯
未	亥	丑	亥	卯	子	申	辰	卯	丑	疾厄	申		申	寅
申	戌	寅	子	寅	丑	亥	未	辰	酉	財帛	酉		未	丑
酉	酉	卯	丑	丑	寅	亥	未	亥	巳	子女	戌		午	子
戌	申	辰	寅	子	卯	亥	未	子	丑	夫妻	亥		巳	亥
亥	未	巳	卯	亥	辰	寅	戌	丑	酉	兄弟	子		辰	戌

◎安出生月—月系諸星對照表（依農曆生月安入）

出生月＼諸星	左輔	右弼	天刑	天姚	天巫	天月	陰煞	解神	天馬
正月	辰	戌	酉	丑	巳	戌	寅	申	申
二月	巳	酉	戌	寅	申	巳	子	申	巳
三月	午	申	亥	卯	寅	辰	戌	戌	寅
四月	未	未	子	辰	亥	寅	申	戌	亥
五月	申	午	丑	巳	巳	未	午	子	申
六月	酉	巳	寅	午	申	卯	辰	子	巳
七月	戌	辰	卯	未	寅	亥	寅	寅	寅
八月	亥	卯	辰	申	亥	未	子	寅	亥
九月	子	寅	巳	酉	巳	寅	戌	辰	申
十月	丑	丑	午	戌	申	午	申	辰	巳
十一月	寅	子	未	亥	寅	戌	午	午	寅
十二月	卯	亥	申	子	亥	寅	辰	午	亥

◎凡潤月生者，以下個月論。

◎安出生日—日系諸星對照表（依農曆生日安入）

諸星	安日系諸星法
三台	從左輔上起初一，順行，數到本日生。
八座	從右弼上起初一，逆行，數到本日生。
恩光	從文昌上起初一，順行，數到本日生再退後一步。
天貴	從文曲上起初一，順行，數到本日生再退後一步。

◎安出生時—時系諸星對照表（按出生時辰對照安入）

出生時 / 諸星 / 生年地支			寅午戌		申子辰		巳酉丑		亥卯未					
本生時	文昌	文曲	火星	鈴星	火星	鈴星	火星	鈴星	火星	鈴星	地劫	地空	台輔	封誥
子	戌	辰	丑	卯	寅	戌	卯	戌	酉	戌	亥	亥	午	寅
丑	酉	巳	寅	辰	卯	亥	辰	亥	戌	亥	子	戌	未	卯
寅	申	午	卯	巳	辰	子	巳	子	亥	子	丑	酉	申	辰
卯	未	未	辰	午	巳	丑	午	丑	子	丑	寅	申	酉	巳
辰	午	申	巳	未	午	寅	未	寅	丑	寅	卯	未	戌	午
巳	巳	酉	午	申	未	卯	申	卯	寅	卯	辰	午	亥	未
午	辰	戌	未	酉	申	辰	酉	辰	卯	辰	巳	巳	子	申
未	卯	亥	申	戌	酉	巳	戌	巳	辰	巳	午	辰	丑	酉
申	寅	子	酉	亥	戌	午	亥	午	巳	午	未	卯	寅	戌
酉	丑	丑	戌	子	亥	未	子	未	午	未	申	寅	卯	亥
戌	子	寅	亥	丑	子	申	丑	申	未	申	酉	丑	辰	子
亥	亥	卯	子	寅	丑	酉	寅	酉	申	酉	戌	子	巳	丑

◎安截空星

出生年干／坐落宮位	截空
甲	申
乙	未
丙	辰
丁	卯
戊	子
己	酉
庚	午
辛	巳
壬	寅
癸	丑

◎安出生年干支—旬空星對照—表一

出生年					旬空
甲子	丙寅	戊辰	庚午	壬申	亥
乙丑	丁卯	己巳	辛未	癸酉	戌
甲戌	丙子	戊寅	庚辰	壬午	酉
乙亥	丁丑	己卯	辛巳	癸未	申
甲申	丙戌	戊子	庚寅	壬辰	未
乙酉	丁亥	己丑	辛卯	癸巳	午

◎安出生年干支—旬空星對照—表二

出生年					旬空
甲午	丙申	戊戌	庚子	壬寅	巳
乙未	丁酉	己亥	辛丑	癸卯	辰
甲辰	丙午	戊申	庚戌	壬子	卯
乙巳	丁未	己酉	辛亥	癸丑	寅
甲寅	丙辰	戊午	庚申	壬戌	丑
乙卯	丁巳	己未	辛酉	癸亥	子

※天傷、天使對照表（天傷永遠在僕役宮。天使永遠在疾厄宮）

命宮＼諸星	天傷	天使
子	巳	未
丑	午	申
寅	未	酉
卯	申	戌
辰	酉	亥
巳	戌	子
午	亥	丑
未	子	寅
申	丑	卯
酉	寅	辰
戌	卯	巳
亥	辰	午

◎安大限對照表

五行局	大限宮／陰陽男女	命宮	兄弟	夫妻	子女	財帛	疾厄	遷移	僕役	官祿	田宅	福德	父母
水二局	陽男 陰女	2 11	112 121	102 111	92 101	82 91	72 81	62 71	52 61	42 51	32 41	22 31	12 21
	陰男 陽女	2 11	12 21	22 31	32 41	42 51	52 61	62 71	72 81	82 91	92 101	102 111	112 121
木三局	陽男 陰女	3 12	113 122	103 112	93 102	83 92	73 82	63 72	53 62	43 52	33 42	23 32	13 22
	陰男 陽女	3 12	13 22	23 32	33 42	43 52	53 62	63 72	73 82	83 92	93 102	103 112	113 122
金四局	陽男 陰女	4 13	114 123	104 113	94 103	84 93	74 83	64 73	54 63	44 53	34 43	24 33	14 23
	陰男 陽女	4 13	14 23	24 33	34 43	44 53	54 63	64 73	74 83	84 93	94 103	104 113	114 123
土五局	陽男 陰女	5 14	115 124	105 114	95 104	85 94	75 84	65 74	55 64	45 54	35 44	25 34	15 24
	陰男 陽女	5 14	15 24	25 34	35 44	45 54	55 64	65 74	75 84	85 94	95 104	105 114	115 124
火六局	陽男 陰女	6 15	116 125	106 115	96 105	86 95	76 85	66 75	56 65	46 55	36 45	26 35	16 25
	陰男 陽女	6 15	16 25	26 35	36 45	46 55	56 65	66 75	76 85	86 95	96 105	106 115	116 125

◎諸星在十二宮廟旺得陷對照表

強度＼宮位	子	丑	寅	卯	辰	巳	午	未	申	酉	戌	亥
廟+4	機府陰相梁破祿	紫武府陰貪曲相殺昌羊陀	廉府巨鈴相梁殺祿火	陽巨梁祿	武羊府陀貪梁殺	同昌曲祿	祿鈴紫機相梁破火	貪紫武陀府羊殺	廉巨相殺祿	巨昌曲祿	武府貪鈴梁殺羊陀火	同陰祿
旺+3	武同貪殺巨	梁破	紫陽陰	紫曲機殺	陽破	紫陽巨	陽武府貪巨殺	梁破曲	紫同	殺機府陰紫	陰破	紫巨曲
得地+2	昌曲	火鈴	機武破	府	紫相昌曲	府相火鈴		陽相	昌機武府破曲陽	梁火鈴	紫相	府相
利+1		廉	同	武昌火鈴貪	機廉			廉昌火鈴	陰	武貪	機廉	昌火鈴
平和0	紫廉		貪曲	同廉	同	破武殺機	廉		貪	陽同廉	同	破武殺機
不得地-1		陽同巨					陰	同陰巨			陽	
陷-2	陽羊火鈴	機	昌陀	陰相破羊	陰巨火鈴	廉陰陀梁貪	同昌曲羊	機	梁陀火鈴	相破羊	巨昌曲	陽廉貪梁陀

◎生年天干、所坐宮干四化對照表（包括流年、月、日、時的四化星）

年干＼四化	化祿	化權	化科	化忌
甲干	廉貞	破軍	武曲	太陽
乙干	天機	天梁	紫微	太陰
丙干	天同	天機	文昌	廉貞
丁干	太陰	天同	天機	巨門
戊干	貪狼	太陰	右弼	天機
己干	武曲	貪狼	天梁	文曲
庚干	太陽	武曲	太陰	天同
辛干	巨門	太陽	文曲	文昌
壬干	天梁	紫微	左輔	武曲
癸干	破軍	巨門	太陰	貪狼

◎星性五行分類

◎紫微星系：

紫微：陰土。天機：陰木。太陽：陽火。
武曲：陰金。天同：陽水。廉貞：陰火。

◎天府星系：

天府：陽土。太陰：陰水。貪狼：陰水。（本體陰水、化氣為陽木）
巨門：陰水。天相：陽水。天梁：陽土。七殺：陰金。破軍：陰水。

◎六煞星系：

擎羊：陽金。陀羅：陰金。火星：陽火。
鈴星：陰火。地空：陰火。地劫：陽火。

◎六吉星系：

左輔：陽土。右弼：陰水。文昌：陽金。文曲：陰水。
天魁：陽火。天鉞：陰火。

◎諸星：

祿存：（陰土）。天馬：（陽火）。紅鸞：（陰水）。天喜：（陽水）。
陰煞：（陰水）。孤辰：（陽火）。寡宿：（陰火）。天哭：（陽金）。
恩光：（陽火）。天空：（陽火）。天貴（陽土）。

◎模擬功課—請將空白的宮位填入諸星

巳	紫微 午	未	申
辰			酉
卯	課-1		戌
寅	丑	子	亥

巳	午	未	申
辰			酉
卯	課-2		戌
寅	丑	子	武曲 亥

巳	午	未	申
辰			酉
卯	課-3		天府 戌
寅	丑	子	亥

巳	午	未	申
辰			酉
卯	課-4		戌
寅	丑	破軍 子	亥

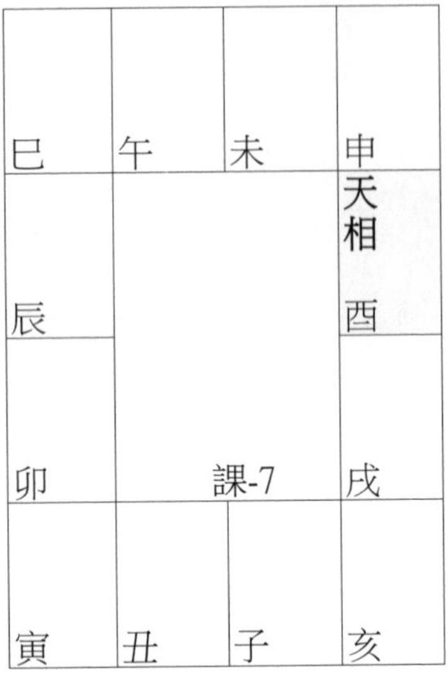
巳
午
未
申
天相
辰
酉
卯
課-7
戌
寅
丑
子
亥

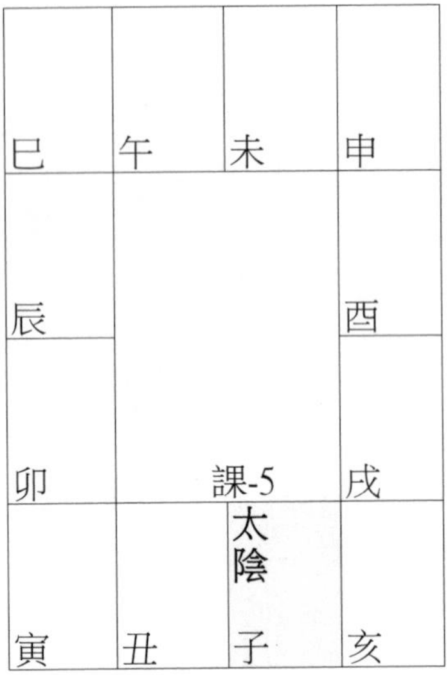
巳
午
未
申
辰
酉
卯
課-5
戌
太陰
寅
丑
子
亥

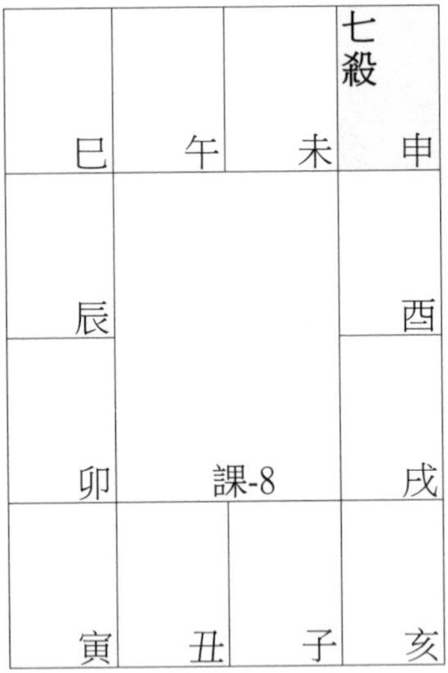
七殺
巳
午
未
申
辰
酉
卯
課-8
戌
寅
丑
子
亥

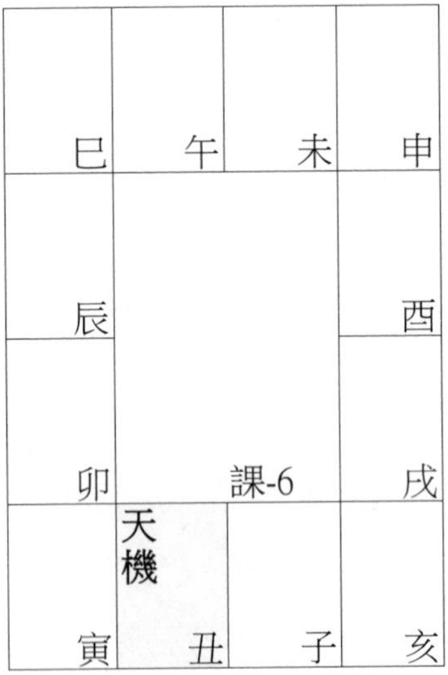
巳
午
未
申
辰
酉
卯
課-6
戌
天機
寅
丑
子
亥

巳	午	未	申
辰			酉
卯	課-11		破軍 戌
寅	丑	子	亥

巳	午	未	申
天梁 辰			酉
卯	課-9		戌
寅	丑	子	亥

巳	午	未	申
辰			酉
卯	課-12		戌
寅	巨門 丑	子	亥

巳	午	未	申
辰			太陽 酉
卯	課-10		戌
寅	丑	子	亥

三、宮位無主星—借紫府星系入位

在紫微斗數所有的盤面上，只有兩種格局在十二宮位裡沒有空宮的（指甲級星），第一種是**紫微**、**天府**兩星在寅宮併列同坐。第二種是紫微、天府兩星在申宮併列同坐，紫府星系的十四顆星各自入坐。除了這兩種格局以外，其它的宮位都有空出的格局，形成彼宮無甲級星入坐的「空宮」。**凡是空出的宮位則需借對宮的甲級星入列**，如此的話，在論述盤面現象及其走勢時，將會較為完整，以下列舉借宮入位的圖表來說明。

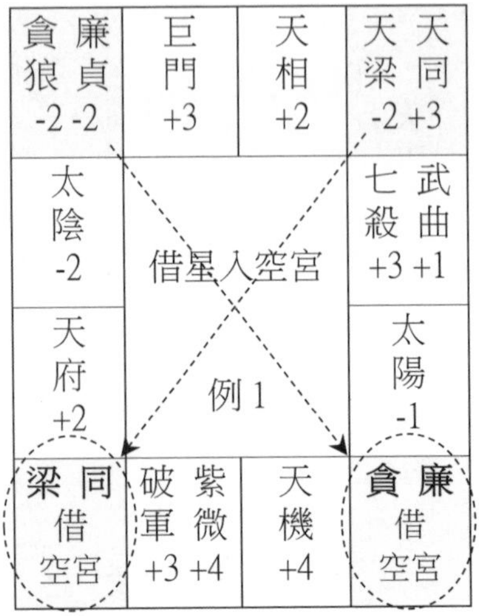

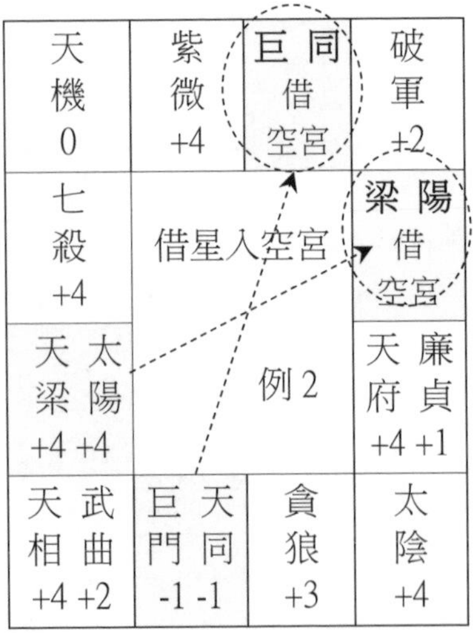

四、吉煞星系佈列速應表

六吉星是頗具吉祥能量的星座，不論坐臨在哪個宮位，即使處在落陷的宮位，也具有化難呈祥的助力，這六吉星是：

文昌。文曲。左輔。右弼。天魁。天鉞。

六吉星各有其化氣的能量，學者可依其化氣的性質，來區分其所呈現的徵象，進而延伸其意來解讀它所入的宮位。

◎六吉星化氣一覽表：

六吉星	**文昌**	**文曲**	**左輔**	**右弼**	**天魁**	**天鉞**
化氣	科名	辯才	助力	助力	蔭力	蔭力
延伸應象	文書學習	藝能溝通	男貴人緣	女貴人緣	男長輩貴人緣	女長輩貴人緣
五行	陽金	陰水	陽土	陰水	陽火	陰火

◎吉星、煞星入十二宮—曜度佈列對照表：

<table>
<tr>
<td>文 文 陀
昌 曲 羅
+4 +4 -2
火 鈴
星 星
+2 +2
巳</td>
<td>文 文 擎
昌 曲 羊
-2 -2 -2
火 鈴
星 星
+4 +4
午</td>
<td>文 文 擎
昌 曲 羊
+1 +4 +4
陀 火 鈴
羅 星 星
+4 +1 +1
未</td>
<td>文 文 陀
昌 曲 羅
+2 +2 -2
火 鈴
星 星
-2 -2
申</td>
</tr>
<tr>
<td>文 文 擎
昌 曲 羊
+2 +2 +4
陀 火 鈴
羅 星 星
+4 -2 -2
辰</td>
<td colspan="2" rowspan="2">吉星：文昌。文曲。

煞星：擎羊。陀羅。
火星。鈴星。</td>
<td>文 文 擎
昌 曲 羊
+4 +4 -2
火 鈴
星 星
+2 +2
酉</td>
</tr>
<tr>
<td>文 文 擎
昌 曲 羊
+1 +3 -2
火 鈴
星 星
+1 +1
卯</td>
<td>文 文 擎
昌 曲 羊
-2 -2 +4
火 鈴 陀
星 星 羅
+4 +4 +4
戌</td>
</tr>
<tr>
<td>文 文 陀
昌 曲 羅
-2 0 -2
火 鈴
星 星
+4 +4
寅</td>
<td>文 文 擎
昌 曲 羊
+4 +3 +4
陀 火 鈴
星 星 星
+4 +2 -2
丑</td>
<td>文 文 擎
昌 曲 羊
+2 +2 -2
火 鈴
星 星
-2 -2
子</td>
<td>文 文 陀
昌 曲 羅
+1 +3 -2
火 鈴
星 星
+1 +1
亥</td>
</tr>
</table>

◎六煞星化氣速覽表：

六煞星	擎羊	陀羅	火星	鈴星	地空	地劫
化氣	刑	暗忌	殺	殺	空出	劫耗
延伸應象	自刑	無妄之災	行動	號令	人事違和	物資耗失
	刑他		耗損	耗損	心靈受創	生活波動
五行	陽金	陰金	陽火	陰火	陰火	陽火

◎說明：

上列六吉星、六煞星所列的化氣對照表，可將其特性套入相應的宮位裡，如此便能快速掌握其中訊息，若能熟記上述表列資料，解析盤面就容易多了。

至於**地空**、**地劫**兩煞星佈入宮位的規則，主要是以「亥宮」做為演化的基礎點，由「亥宮」虛擬「子時」做出發點，一空一劫分別入陣，茲以如下圖表來說明。

◎地空、地劫佈入十二宮的規則：依個人出生的時辰排盤

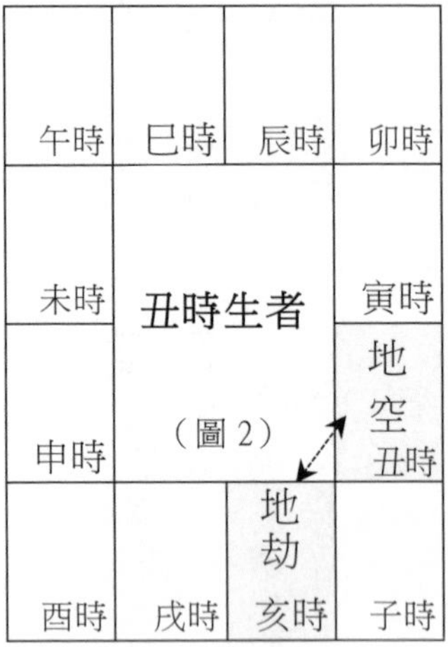

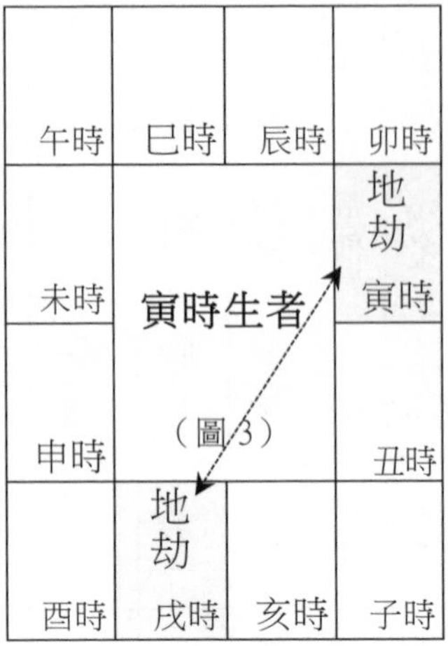

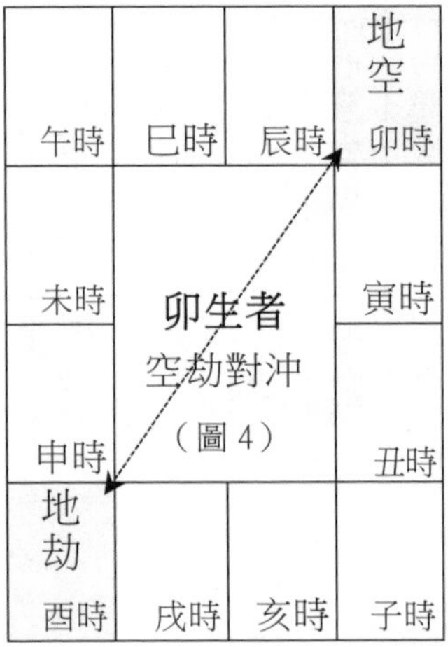

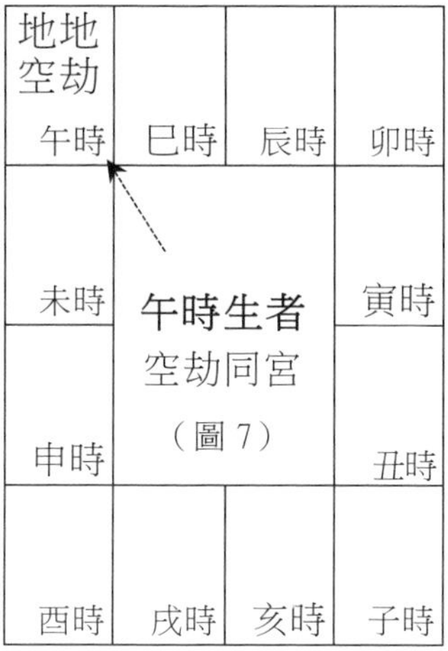
地地
空劫
午時
巳時
辰時
卯時
未時
午時生者
空劫同宮
寅時
申時
丑時
酉時
戌時
亥時
子時
（圖 7）

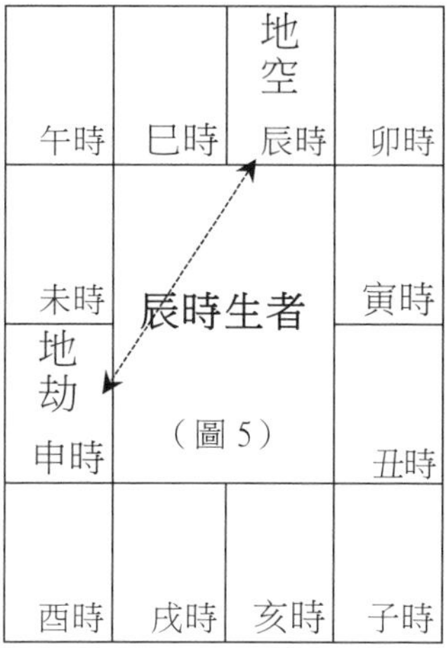
午時
巳時
地
空
辰時
卯時
未時
辰時生者
寅時
地
劫
申時
丑時
酉時
戌時
亥時
子時
（圖 5）

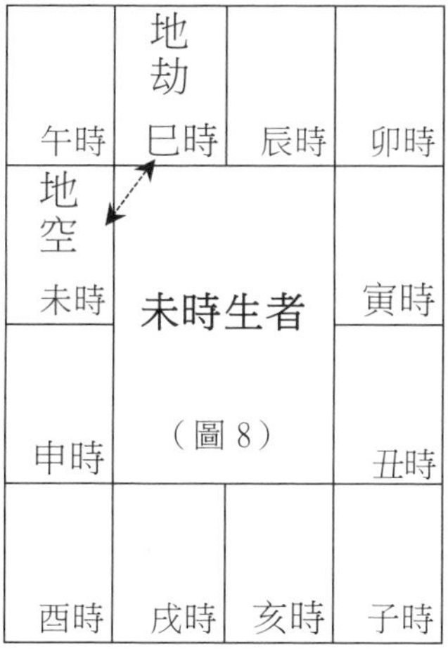
午時
地
劫
巳時
辰時
卯時
地
空
未時
未時生者
寅時
申時
丑時
酉時
戌時
亥時
子時
（圖 8）

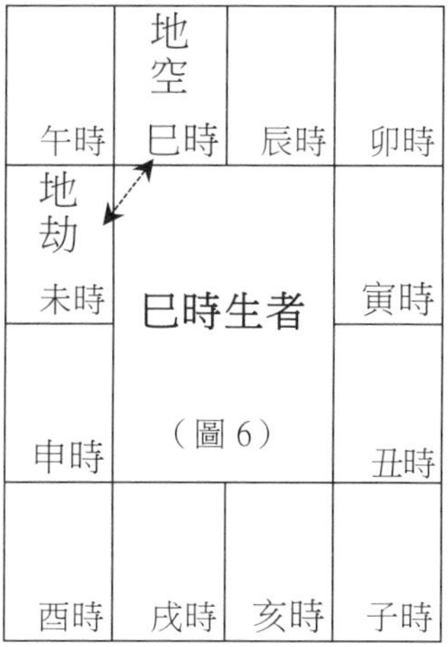
午時
地
空
巳時
辰時
卯時
地
劫
未時
巳時生者
寅時
申時
丑時
酉時
戌時
亥時
子時
（圖 6）

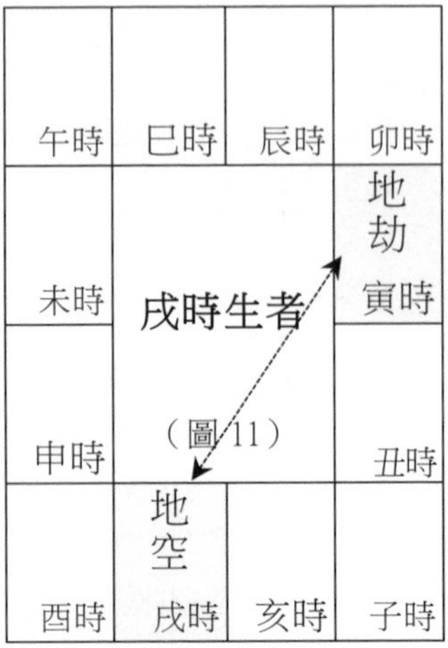
午時
巳時
辰時
卯時
地劫
寅時
未時
戌時生者
（圖 11）
申時
丑時
地空
酉時
戌時
亥時
子時

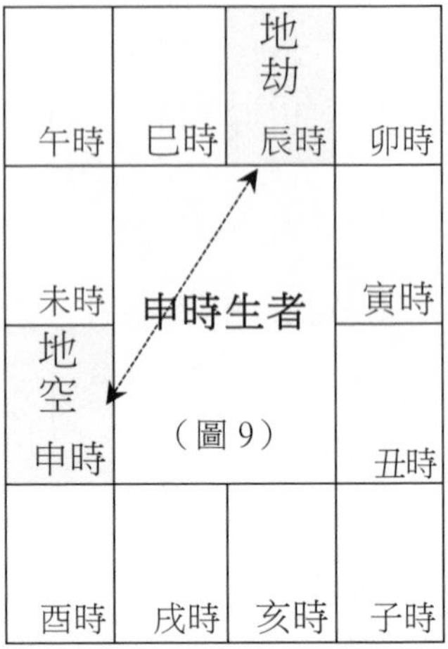
地劫
午時
巳時
辰時
卯時
未時
申時生者
寅時
地空
申時
（圖 9）
丑時
酉時
戌時
亥時
子時

午時
巳時
辰時
卯時
未時
亥時生者
寅時
地劫
申時
（圖 12）
丑時
地空
酉時
戌時
亥時
子時

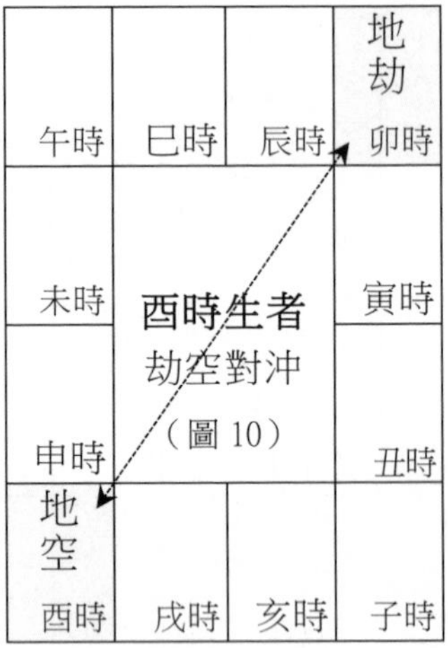
地劫
午時
巳時
辰時
卯時
未時
酉時生者
劫空對沖
寅時
申時
（圖 10）
丑時
地空
酉時
戌時
亥時
子時

五、吉星臨會的能量

盤面上有眾多的吉星，只要有吉星坐鎮的宮位，它會將其能量匯入對宮，加持及助長彼宮的能量，具有逢凶化吉，轉難呈祥，化危機為轉機的正面影響力，以下將吉星簡略說明如下。（註：也可參考拙著**紫微算病**，書中有詳盡的介紹）。

◎眾吉星如左：

一、文昌。二、文曲。三、左輔。四、右弼。

五、天魁。六、天鉞。七、化祿。八：自化祿。

九、祿存。十、化科。十一、自化科。

十二、天梁。十三。得地火星。十四、地空（吉凶參半）。

如右列舉—文昌、文曲、左輔、右弼、天魁、天鉞，此為六吉星系，文昌、文曲若坐在落陷的宮位，其吉性特質仍是存在的，所以，也具有化難呈祥的能量。唯美中不足的是**文昌**、**文曲**若逢辛年、己年時，不論基本盤或流年盤，文昌化忌、文曲化忌的干擾能量會加強其負面效應，使得在困厄的環境裡，周旋折騰一番後，才能化解危難。

左輔、**右弼**的正面加持能量，它是明顯易見其效力的。逢壬年—左輔化科、戊年—右弼化科，左右雙星發揮正面能量會更加的強化，所以說，逢吉星時多多益善。

天魁、天鉞是長輩及貴人加持的助緣，但也是在冥冥之中，能得到某種巧合的特殊因緣，來助長個人的運勢，或者化解個人所面臨的危難，所以說，魁鉞雙星不忌諸煞星，逢難時皆能發揮其正面的影響力。左列圖表是**天魁、天鉞**化解忌煞的虛擬格局。

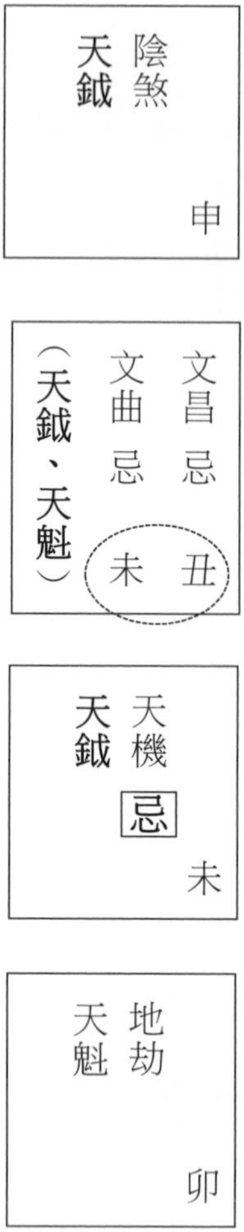

化祿是擁有錢財及物資的福報，即使某宮位自化祿，也是指彼宮位自得的好處或利益，綜合的說，**化祿、自化祿**均具吉性能量的特質，化祿星喜坐「財帛宮、福德宮」，坐任一宮位都會加持對宮，若有人盤面有此格局者，可說是財物福報很好的人。

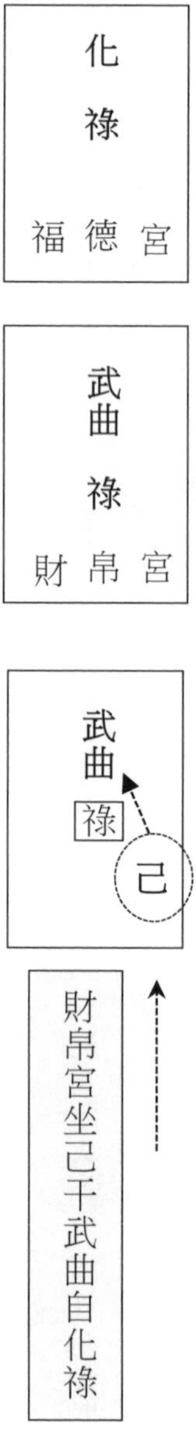

祿存顧名思議是一顆保守的星座，**祿存**若坐落在屬於自己的宮位，則彼宮位的特質則會顯而易見，這有助於遠離不可知的風險及危機，所以說，它也是吉性的象徵。

化科是隨順世事，順勢作為，不喜與爭，它是具有開發智慧能量的星座，四化星在本宮或對宮的交互作用裡，只要有**化科星**的所在，能發揮轉化「祿、權、忌」的能量。彼我兩宮裡，任一宮位若有**自化科**的結構，也一樣能影響對宮，化難呈祥。

◎四化交會的訊息解讀：

一：祿、科交會—祿隨科走—擁有的時候，就會想過悠閒的生活。

二：權、科交會—忙碌到威脅健康時，就會尋求抒解身心之道。

三：忌、科交會—遇到障礙困境的時候，就會生起隨順世間而不強求的智慧。

天梁化氣為「蔭」，**天梁**顧名思義為「天良」，所以是吉性的象徵，凡天梁所在的宮位，不忌諸煞，它具有化難呈祥的正面能量，即使天梁坐在「巳、亥」兩個宮位的落陷狀態，仍具有其消解危難的能量。**天梁化科**是所有十干四化星裡，最最吉祥的，凡己年生者，或是逢「己流年」時，天梁化科即進入相應的宮位，**天梁化科**所坐的宮位，至少有以下優勢：

一、不忌諸煞侵臨。

二、能解諸多危難。

三、常逢貴人消災解難。

四、冥冥之中，不可思議的助緣。

五、隨順世間的智慧。

火星化氣為「殺」，當它坐落在得地的宮位時，其正面能可發揮的淋漓盡致，在小說裡常以《封神榜—哪吒》這號人物來代表**火星**，凡火星入坐的宮位，其動能解諸煞的侵臨，尤其是「化忌、落陷煞星、地空、地劫、陰煞」與火星交會或同宮時，或彼我兩宮遙遙相對時，其解難的能量仍是不滅的。

地空雖列為六煞星之一，主要是因為**地空**有「空出」之意，凡地空所入的宮位均有這層意謂，不過喜入疾厄宮，可將疾病空出，所以也是個化難呈祥的星。至於，在六親宮（命兄夫子僕父）有侵擾感情，心緒受挫，進而導致領悟人情世事的道理，所以說，既是凶星也帶有化危機為轉機的好處，也許這**地空星**是人生來此一遭，所要努力去達成的功課之一。盤面有地空、地劫同宮的格局，其衝擊力往往會比寅申空劫對沖的小。

◎地劫、地空要意：

一、**地劫**：（事物層面）

ａ：勞碌難閒，坐息失常。

ｂ：財物損耗，導致脫俗。

二、**地空**：（精神層面）

ａ：遇事空出，吉凶參半。

ｂ：疏離事物，導致領悟。

◎火星與地空─格局範例圖解：

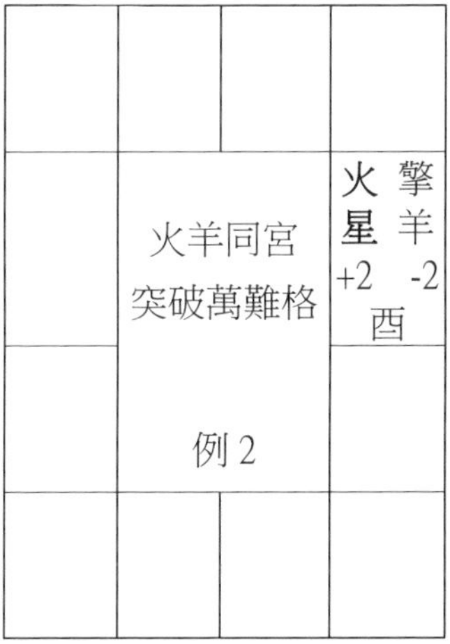

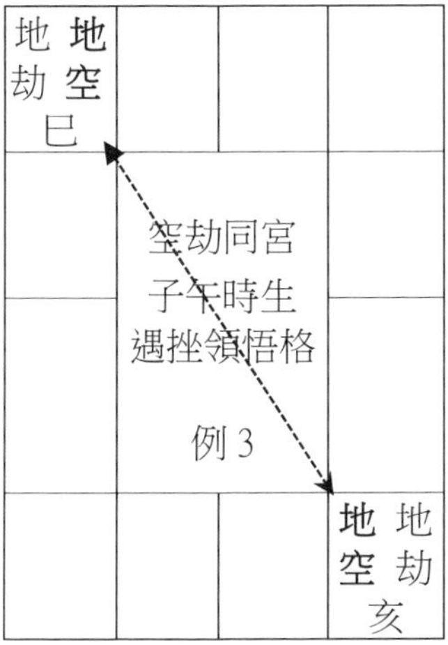

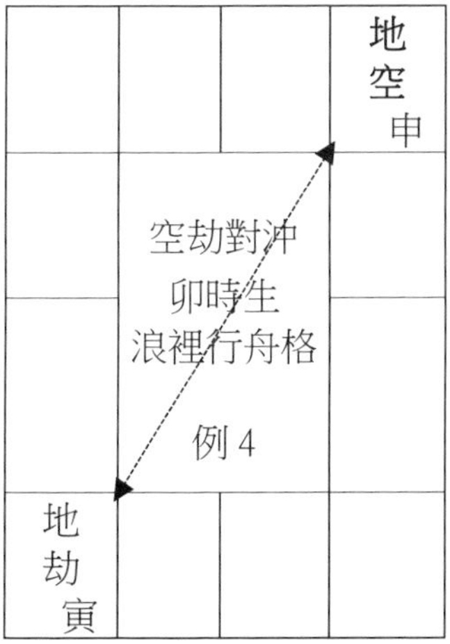

六、落陷煞星沖擊的能量

盤面上落陷的煞星有四顆，若再加上陰煞、地空、地劫共有七煞，當擎羊、陀羅、火星、鈴星坐在落陷的宮位時，其所發揮的負面效應，往往明顯可以察覺或予以應證。不過，這四煞星的能量不止如此，它還會將其能量沖入對宮，形成彼我皆受剋制的格局，影響著基本盤、大限盤、流年月日時盤的運勢走向，陰煞、地空、地劫的沖擊能量也是如此。

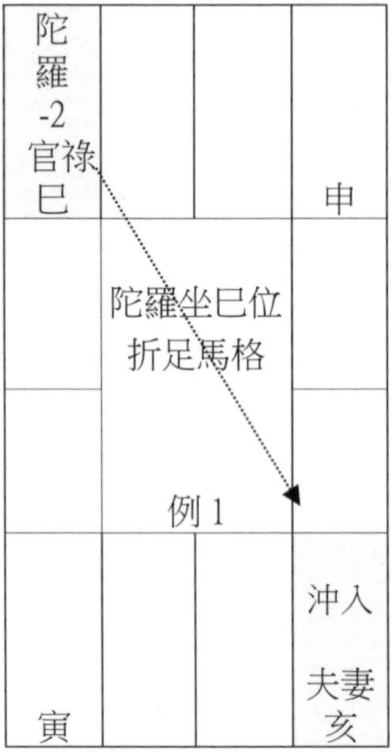

寅申巳亥宮位
---四馬地。

陀羅化氣為「暗忌」，此星將其暗忌的能量沖擊夫妻宮，**陀羅**又坐在四馬地，落陷的陀羅形成「折足馬格」，此局影響夫妻感情的進化，彼此之間的相處需要更加的寬容與忍讓，如此即能解除**陀羅落陷**沖入夫妻宮的種種缺失。

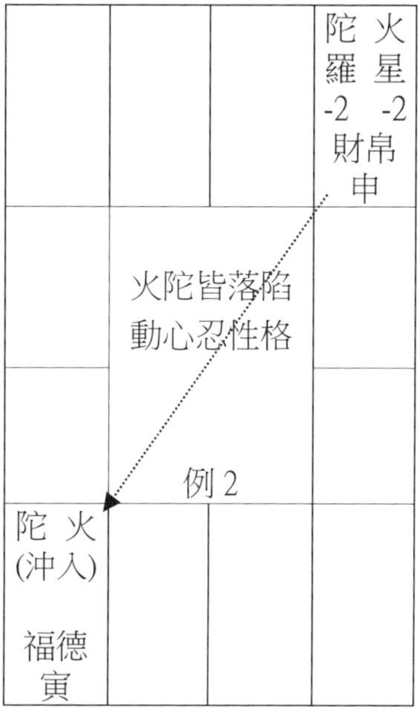

火星化氣為「殺」，**陀羅**化氣為「暗忌」，兩星落陷坐在財帛宮，寅申巳亥位又是四馬之地，凡有類似這種格局者，在錢財運勢往往為缺錢所苦，這種格局也意謂彼人在賺錢的能力上有所缺失，也有財來財去的過患，經常承受錢財壓力所導致精神層面的焦慮與憂鬱。若有此格局者，在職場上宜穩定保守較好，在財物的應用管理上，當要謹慎理財，平日若能積德行善，以此來彌補福德宮受到沖擊的缺失，若再加以心性的調整，遇事時動心忍性，將能突破這層障礙的束縛。即使遇到流年有這種格局者(不一定在財帛、福德兩宮)，也可應用如上說理來類推。

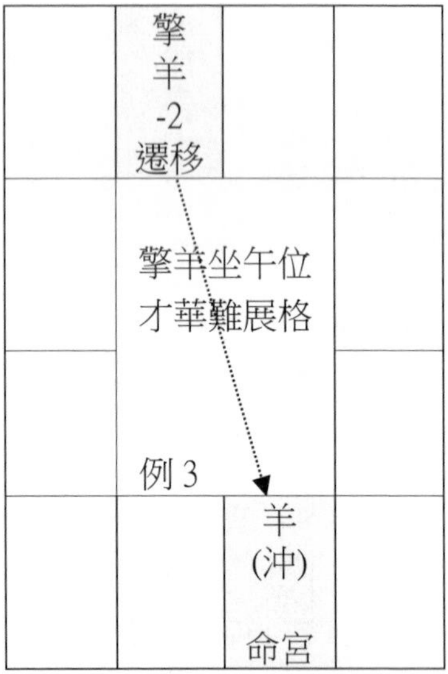

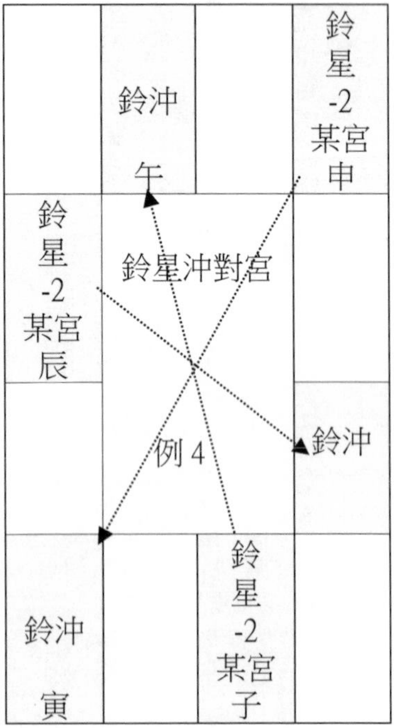

◎例三、例四說明：

一、例三－遷移宮落陷的擎羊化氣為「刑」，其刑氣沖擊命宮，基本盤或流年盤，凡有此格局者，在外的才華難於展現，所以，往往有心緒受挫的難言之隱。若能更加的激勵自我，加強及培養更專精的專業能力，想必定能有所成就。

二、例二－鈴星落陷坐在申子辰的宮位，鈴星化氣為「殺－陽火」，不論是坐在哪一個宮位，皆能將其陽火的殺氣沖入對宮，所以說，凡有類似格局者，當要心性保守，謹言慎行，如此能行的話，必能轉化這種受到**鈴星**沖擊的宿命。

七、四化──祿權科忌的能量

四化星是《紫微斗數》裡的菁華，在每年的時空流轉裡，以十年為一個循環周期，由甲……癸，共有十個天干，每一個天干有一組四化星值守，因此，哪一個年干出生者，只要對照下表，即知當年的四化星，若能排出命盤來互相比對應是相符的。

四化星的「祿、權、科、忌」皆能將其能量匯入對宮（祿權科），或者沖入對宮（化忌），進而助長或干擾對宮的運勢。在《紫微斗數》的預測領域裡，若忽略了四化星的作用及相關應用理論（飛星作用），則難以深入紫微的殿堂，所以，學者在四化星的部份宜多加體會，必能應用自如。

■參與四化諸星及其化氣本質：

・左列「祿、權、科、忌」，其化氣本質具有明顯的作用，影響生活上的各個層面。

◎甲年值星及化氣：

廉貞化祿。　破軍化權。　武曲化科。　太陽化忌。

一：廉貞─囚。　二：破軍─後勤資源。

三：武曲─財。　四：太陽─貴。

◎乙年值星及化氣：

天機化祿。　天梁化權。　紫微化科。　太陰化忌。

一：天機—巧智。　二：天梁—蔭。

三、紫微—尊。　四：太陰—富。

◎丙年值星及化氣：

天同化祿。　天機化權。　文昌化科。　廉貞化忌。

一：天同—福。　二：天機—巧智。

三、文昌—科名（才學）。　四：廉貞—囚。

◎丁年值星及化氣：

太陰化祿。　天同化權。　天機化科。　巨門化忌。

一：太陰—富。　二：天同—福。

三、天機—巧智。　四：巨門—暗（是非）。

◎戊年值星化氣：

貪狼化祿。　太陰化權。　右弼化科。　天機化忌。

一：貪狼—人緣。　二：太陰—富。

三、右弼—助緣。　四：天機—巧智。

◎己年值星化氣：

武曲化祿。　貪狼化權。　天梁化科。　文曲化忌。

一：武曲—財。　　二：貪狼—人緣。
三、天梁—蔭。　　四：文曲—辯才（才藝）。

◎庚年值星化氣：

太陽化祿。　武曲化權。　太陰化科。　天同化忌。

一：太陽—貴。　　二：武曲—財。
三、太陰—富。　　四：天同—福。

◎辛年值星化氣：

巨門化祿。　太陽化權。　文曲化科。　文昌化忌。

一：巨門—暗（是非）。　　二：太陽—貴。
三、文曲—辯才（才藝）。　　四：文昌—科名（才學）。

◎壬年值星化氣：

天梁化祿。　紫微化權。　左輔化科。　武曲化忌。

一：天梁—蔭。　　二：紫微—尊。
三、左輔—助緣。　　四：武曲—財。

◎癸年值星化氣：

破軍化祿。　巨門化權。　太陰化科。　貪狼化忌。

一：破軍—後勤資源。　　二：巨門—暗（是非）。
三、太陰—富。　　四：貪狼—人緣。

◎化祿：資源、好處、利益、受蔭、好緣能量的分配：

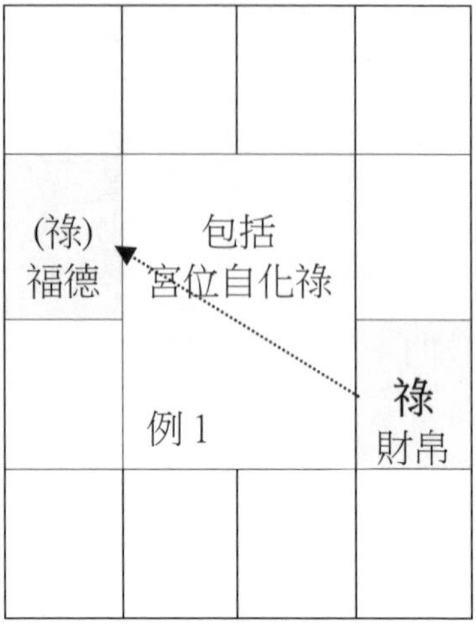

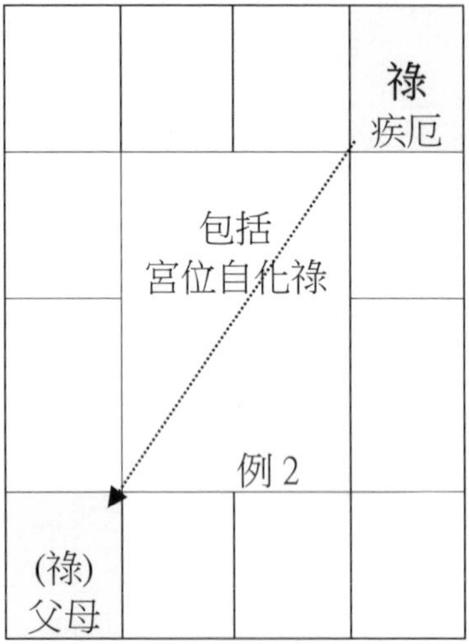

◎化祿舉例說明：

一、例一—財帛宮坐化祿星，這是財位喜坐祿星的最佳格局，化祿的能量會助長對宮的福德宮，使得彼人在錢財及休閒上，都有很好的福報。

二、例二—化祿的好處分配在彼人的疾厄宮，此宮位化祿有好飲食，及經常有逢遇美食的際遇，化祿的能量匯入對宮，所以，彼人對父母很有孝心，也樂於以飲食之福來奉養父母。

◎化權：權能之勢、掌控、勞碌、照顧、事必躬親的能量分配：

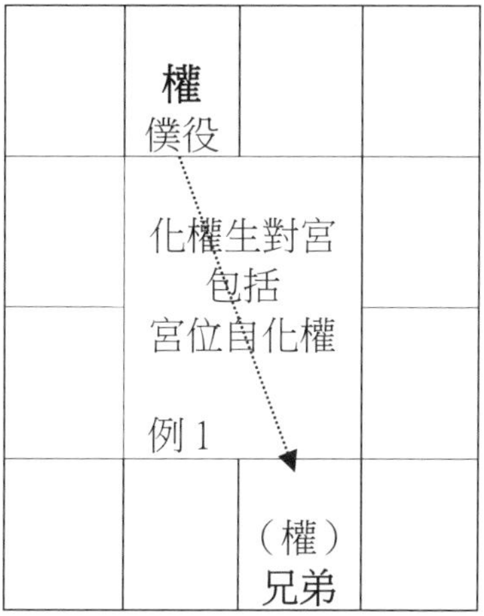

◎化權舉例說明：

一、例一—僕役宮的交友狀態化權，此局彼人在生活層面的大部份時間，經常周旋忙碌於人事往來上，但**化權**也有照顧彼人的好處，唯**化權**是導致彼人心力疲憊的所在。當**化權**的能量匯入兄弟宮，彼人若有兄弟姐妹的話，其中不乏有個性主觀，作為較為強勢者，與手足往來之間，彼人難於與之抗衡。

二、例二—命宮坐**化權星**，彼人體力充沛，個性較為直白，處事重效率，是非分明，若有擔當職務，事必躬親，克盡職責，事理分明。也因此，對周遭人的要求也較高，與其相處時，能感受到生命脈動的活力與能量。

◎化科：隨順、無爭、才華、修養、智慧、逢凶化吉能量的分配：

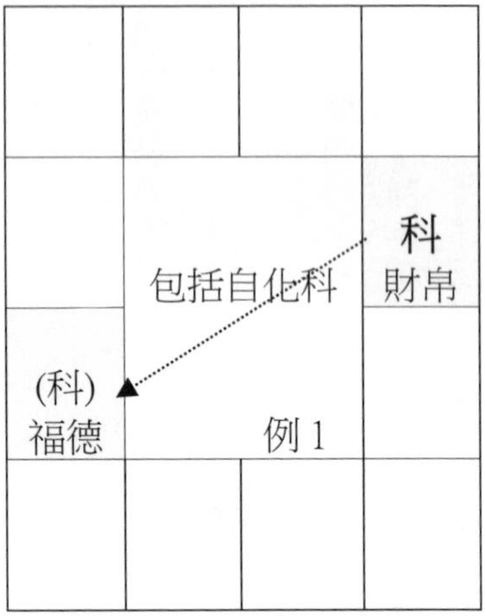

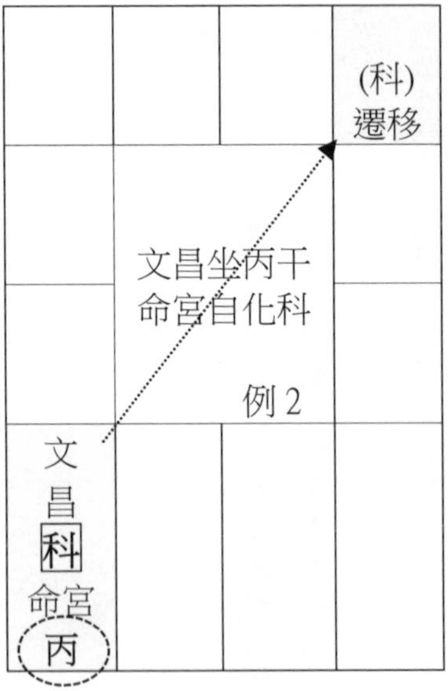

◎化科舉例說明：

一、例一—財帛宮化科，彼人對於財物的獲取，以較為隨順的態度面對，所以，在理財方面也較為豁達，常有後勤資源的支助，也常能得貴人的襄助，以擺脫財源的困境，凡有類似格局者，在心理層面上也較為不執著金錢，但又有冥冥之中的財源福報。

二、例二—命宮坐丙的宮干，**文昌**坐此位恰為「**自化科**」，化科星的能量匯入遷移宮，助長對宮的運勢，凡有類似格局者，彼人才藝兼備，對於人情世事的領悟力甚佳，也能將其所學的專業來回饋社會，命宮坐化科可解諸煞星的侵犯，堪為吉祥的格局。

◎化忌：困難、風險、障礙、麻煩、過勞、沒有往來的能量分配：

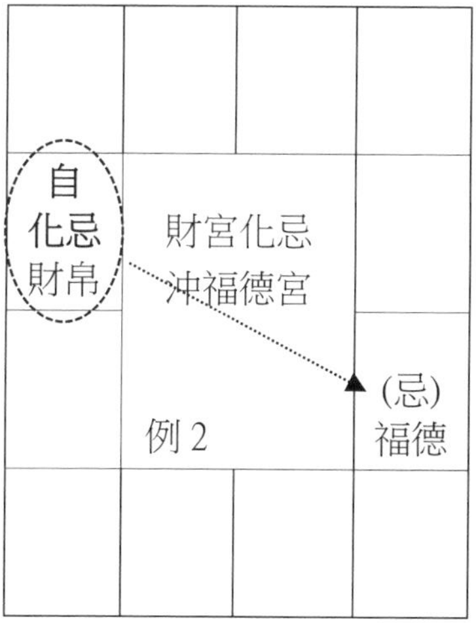

◎化忌舉例說明：

一、例一—官祿宮化忌，彼人在求學時期常遇挫折，或每於重要科考裡，往往難於遂願，因此，內心總有難言之隱。至於，在職場上的運勢也常不如意，或所學專業難以展現。或者也常有另謀工作的頻繁機率。婚姻生活與伴侶的互動也較有疏離感。

二、財帛宮所坐的某星自化忌，這意謂著彼人的財務，經常處在周轉或不佳的狀況，由於是屬於自化忌的格局，所以，彼人不善於管理財務，導致將問題沖入對宮的福德宮，造成因周旋財務的精神壓力及困擾。

◆註：有關四化在十二宮的詳情，可參閱第四篇《四化星輪值呈象速應補充篇》。

◎宮位自化「祿、權、科、忌」圖解：

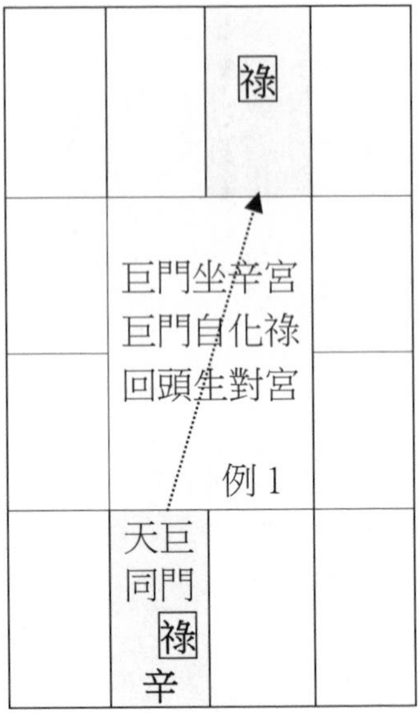
祿
巨門坐辛宮
巨門自化祿
回頭生對宮
例 1
巨門
天同
祿
辛

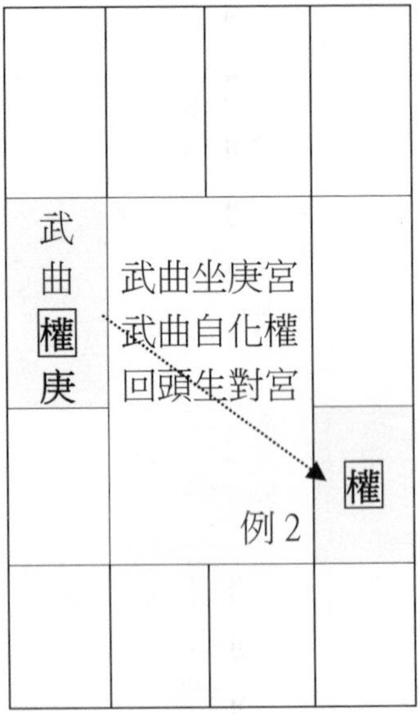
武曲
權
庚
武曲坐庚宮
武曲自化權
回頭生對宮
權
例 2

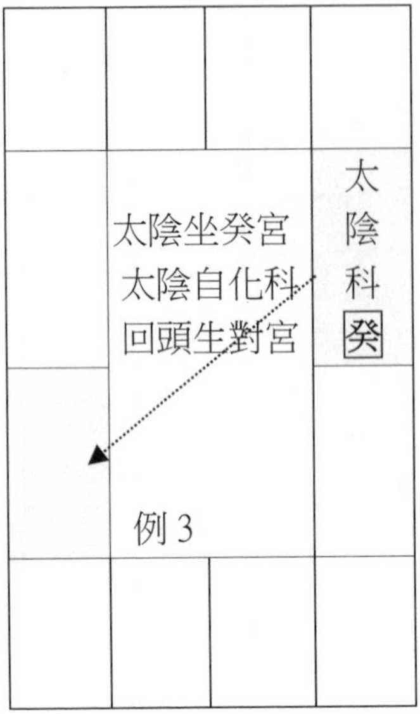
太陰坐癸宮
太陰自化科
回頭生對宮
太陰
科
癸
例 3

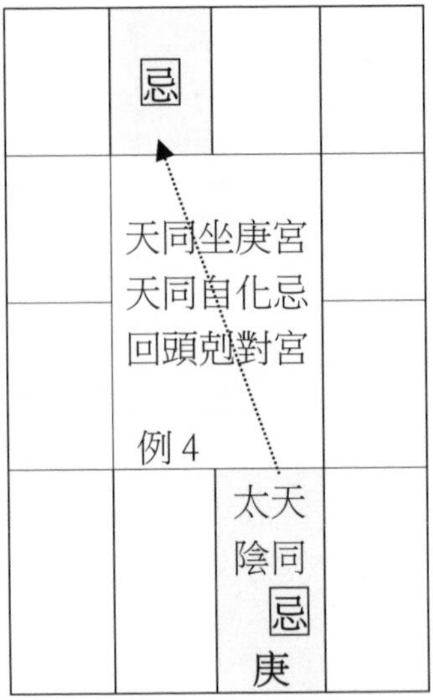
忌
天同坐庚宮
天同自化忌
回頭剋對宮
例 4
天同
太陰
忌
庚

第二篇 進入紫微的宮殿

一、十二宮的結構

紫微斗數十二宮可區分為兩類，第一類是「六親宮」，第二類是「非六親宮」，以下使用圖解來說明，以及各宮的簡要涵意。

◎六親宮—體例圖解：

僕役宮 交友運勢			
	六親宮結構		子女宮 親子養育
	-1		夫妻宮 婚姻狀態
	父母宮 長輩師長	**命宮** 宿命健康 主體運勢	兄弟宮 手足情份

僕役宮 人事往來			
	六親宮應象		子女宮 肌膚之親
	-2		夫妻宮 姻緣運勢
	父母宮 親情關係	命宮 人格特質	兄弟宮 密切友人

◎非六親宮—體例圖解：

	遷移宮 在外運勢	疾厄宮 勞動狀態	財帛宮 財務運勢
官祿宮 學業運勢	非六親宮結構		
田宅宮 家庭運勢	-1		
福德宮 精神狀態			

	遷移宮 際遇吉凶	疾厄宮 飲食坐息	財帛宮 理財狀態
官祿宮 職場運勢	非六親宮應象		
田宅宮 房產運勢	-2		
福德宮 冥冥福報			

二、吉星扶助各宮

吉星具有逢凶化吉的功能，不但對所坐的宮位有利，也能將其能量匯入對宮，助長對宮發揮正面的效應，無往不利。以下是吉星會入對宮的圖解。

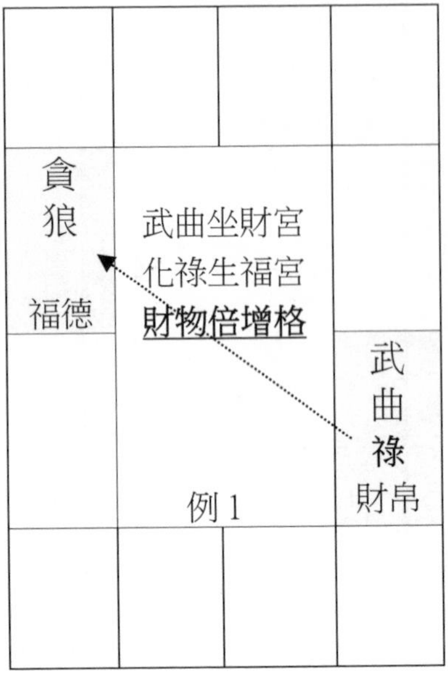

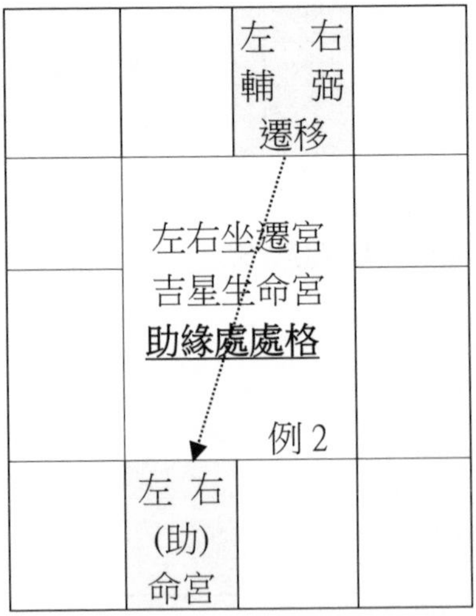

左、**右**、**魁**、**鉞**四吉星所坐之處不忌諸星，也能將其正面能量助長對宮，使對宮蒙受其益。有關吉星的敘述，在前篇章節裡已有說明，本篇只略提複習一下。

科
遷移
文昌化科
吉星生對宮
吉照遷移格
例 3
文
昌
科

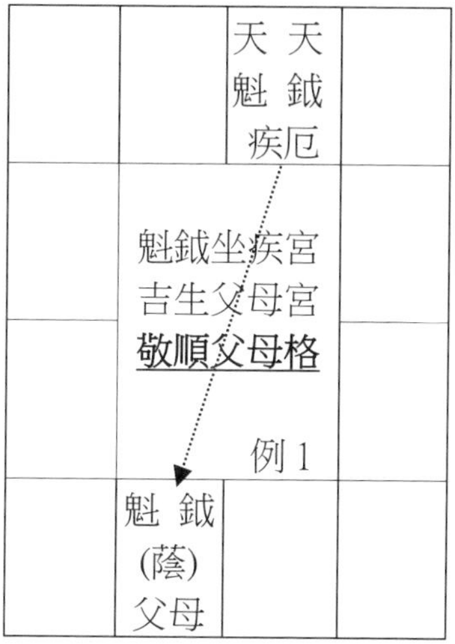
天 天
魁 鉞
疾厄
魁鉞坐疾宮
吉生父母宮
敬順父母格
例 1
魁 鉞
(蔭)
父母

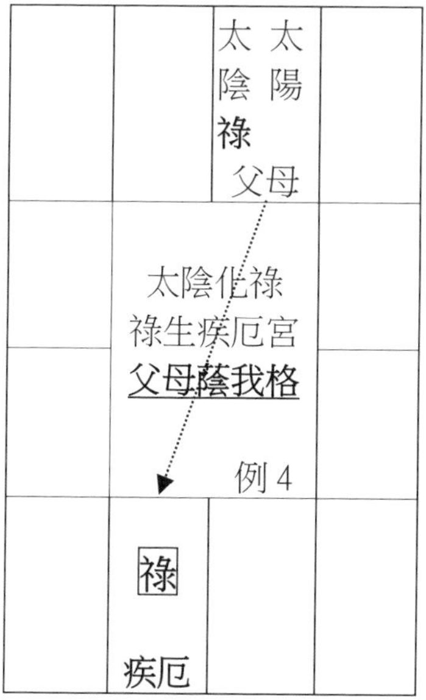
太 太
陰 陽
祿
父母
太陰化祿
祿生疾厄宮
父母蔭我格
例 4
祿
疾厄

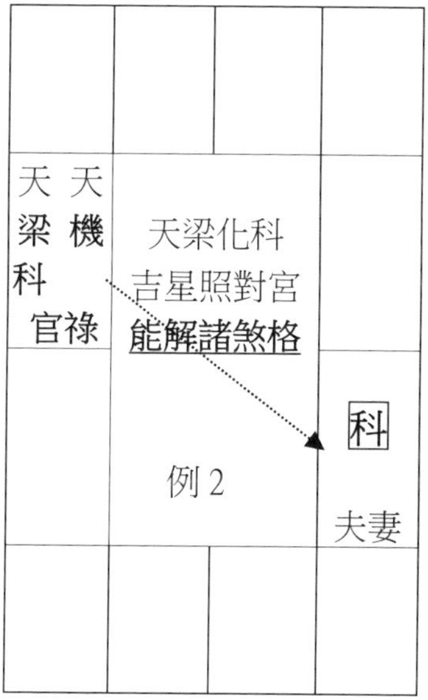
天 天
梁 機
科
官祿
天梁化科
吉星照對宮
能解諸煞格
科
例 2
夫妻

三、忌煞夾擊各宮

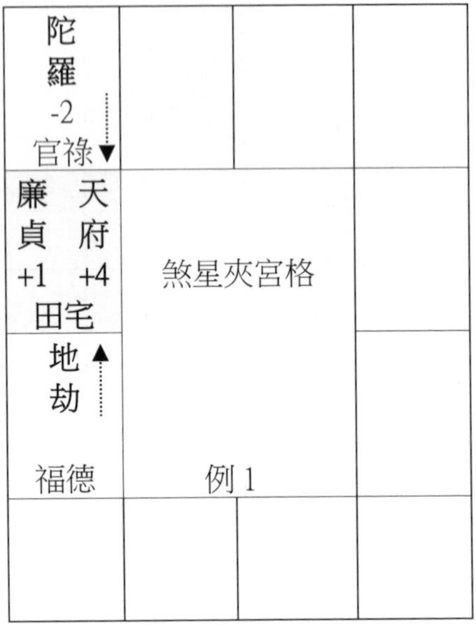

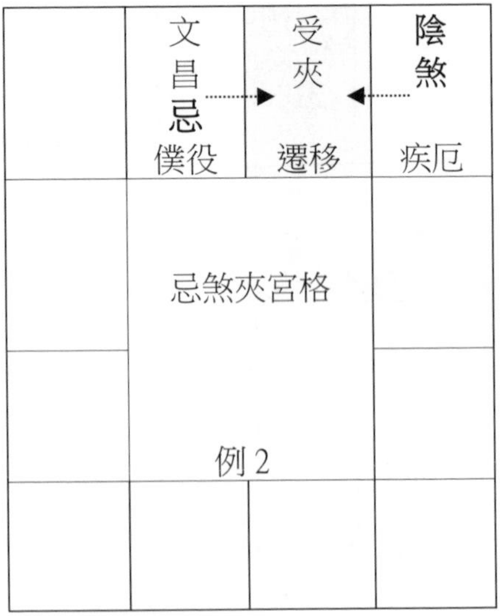

◎說明：（案例解析僅供參考）

如例一所呈現的田宅宮，受到一前一後的陀羅、地劫夾擊，凡有類似此格局者，在居家裡的生活坐息較不穩定，或者也有坐息失調的狀態。另一方面，也可能在外的活動耗費時間多，返家的精神有較為不濟的現象。例二是遷移宮受到左右兩宮的忌煞夾擊，因此，彼人在外的一切活動，往往有易致氣虛的狀態，若有過度勞動的問題，還是要適當的做好調節，才能免於憂患。

亥時生者
劫空夾宮
彼宮囚困格
地劫
例 5
地空
受夾

地空
官祿
地劫
巳時生者
空劫夾官祿
事業受挫格
例 3

鈴星
-2
財帛
鈴煞夾擊
疾宮被困格
疾厄
例 6
陰煞
遷移

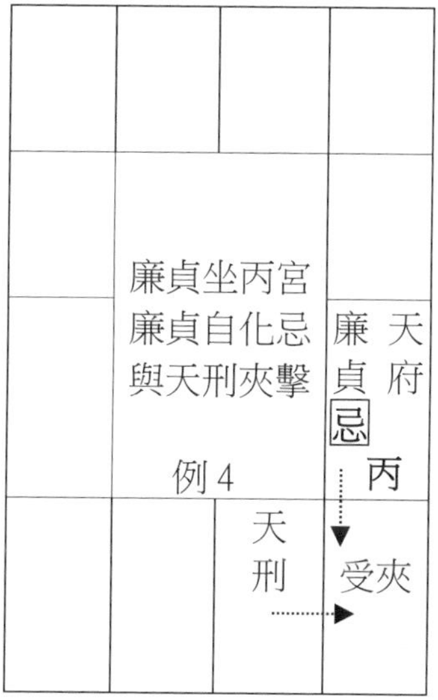
廉貞坐丙宮
廉貞自化忌
與天刑夾擊
廉貞
天府
忌
丙
例 4
天刑
受夾

第三篇

談天說地話財運

一、天干地支與四化運作

十個天干由甲至癸，每個人的出生年，各配有一組四化星進入命盤的相應宮位，因此，「化祿、化權、化科、化忌」等四化星就顯非常重要，即使每年的更迭，流年所值守的四化星也是會跟著變化，「流年」是指當年的整年運勢走向。若要細分的話，連流月、流日、流時，也都有專屬的四化星值守，以下將十個天干所值守的四化星再來複習一下，如果可以把它背起來的話，在應用上也較方便。

◆甲年四化：（所坐宮干、流年月日時均適用）

化祿　化權　化科　化忌
廉貞　破軍　武曲　太陽

◆乙年四化：（應用同前，以下省略）

化祿　化權　化科　化忌
天機　天梁　紫微　太陰

◆丙年四化：

化祿　化權　化科　化忌
天同　天機　文昌　廉貞

◆丁年四化：

化祿　化權　化科　化忌
太陰　天同　天機　巨門

◆戊年四化：

化祿　化權　化科　化忌
貪狼　太陰　右弼　天機

◆己年四化：

化祿　化權　化科　化忌
武曲　貪狼　天梁　文曲

◆庚年四化：

化祿　化權　化科　化忌
太陽　武曲　太陰　天同

◆辛年四化：

化祿　化權　化科　化忌
巨門　太陽　文曲　文昌

◆壬年四化：

化祿　化權　化科　化忌
天梁　紫微　左輔　武曲

◆癸年四化：

化祿	化權	化科	化忌
破軍	巨門	太陰	貪狼

◎如圖解說明：（範例）

如範例說明「年、月、日、時」所值守的四化星，進入彼人相應的宮位。至於，在所值守的四化星，以及宮位天干依序入列方式及原理都是一樣的。宮干與各宮之間的飛星涉入狀態也是有邏輯可依循的，後面會有大量的篇幅與案例探討。

二、基本盤──財運的解讀

盤面上的所有宮位，都可能影響個人一生或是流年的運勢，但若擇重點來說的話，應有幾個重要的宮位，得須要事先解讀其中訊息，一但掌握了個人的財運密碼，再來分析一些影響財運的連動訊息，讓我們可以有效做好個人的財務管理，避免損失或者招來無妄之災。

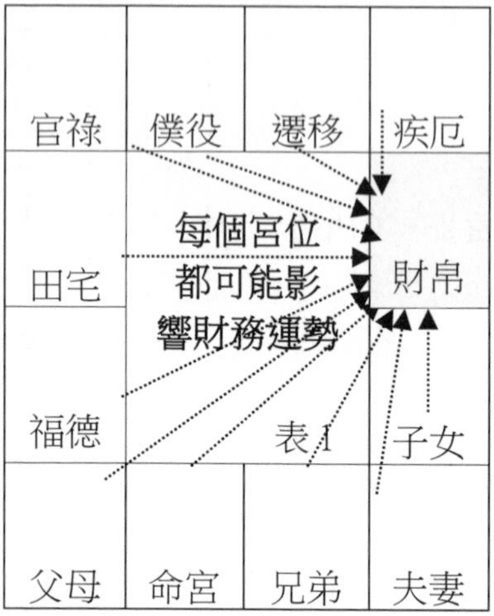

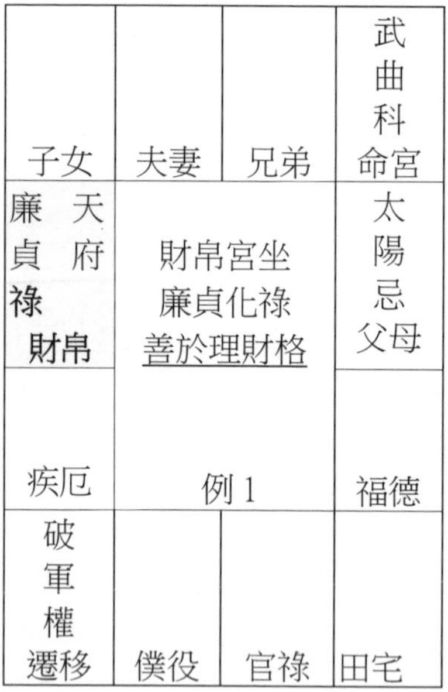

基本盤的解讀，首重出生年天干所分配**四化**的宮位，例二—甲年的個案（或逢甲流年），**太陽化忌**坐財帛宮，其訊息明顯易見。因此，個案在錢財的運用及管理上，須得謹記「保守」為要，否則，恐有財物耗損的困擾，或者陷入財務的困境。

因財帛宮**化忌**的緣故，所以，將其**化忌**的能量沖入對宮的福德宮，形成財福兩宮互相打擊的格局，因為缺錢所苦，而經常帶來精神上極大的壓力。

再來要解讀的是「福德宮」，此宮是財物福報的來源，也關係著個人精神層面的狀態，因此，可從「財、福」兩宮的結構，來看彼此相對應關係。若有缺失的格局，將會給個人帶來極大的壓力，以下是**解讀財運的第二個步驟**。

◎福德宮—化祿與自化祿的圖例：

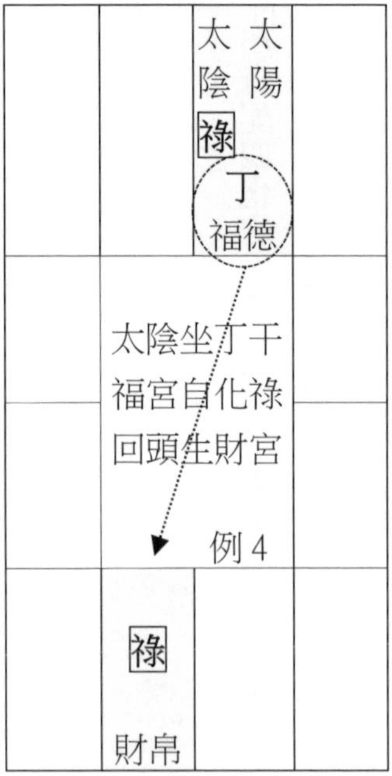

福德宮坐化祿能將其「祿氣—財物福報」匯入對宮，使得財帛宮得到化祿的滋養，若是福德宮所坐的星**自化祿**，也能將這能量回頭生財帛宮，唯「化祿」的能量往往大於「自化祿」而且顯而易見。

◎命盤與財帛宮**解讀順序**略述如左：（僅供參考）

一、檢視基本盤四化星所坐落的宮位為何？（前篇已有論述）

二、檢視每個宮位所坐的星，以及宮干之間的關係，是否有宮位自化的狀況？

三、再來是**七煞星**─擎羊、陀羅、火星、鈴星、地空、地劫、陰煞所入的宮位狀態？

四、六吉星所臨坐的宮位為何？（註：前篇有論述）

五、檢視**命宮**、**遷移宮**的結構，以及星性組合狀態？

六、檢視十二宮所分配的宮位狀態，如：四馬地、四墓地、四旺地、天羅位、地網位？（註：詳見圖解一─四）

七、細看各宮之間是否有夾宮的狀態，如：前後宮祿權科夾助，或有化忌、陷煞、陰煞相夾擊等狀況？（註：前篇有論述）

八、**財帛宮**結構及星性組合狀態？

九、**福德宮**結構及星性組合狀態？

十、財福兩宮中是否有四化星產生彼此的交集作用？（後篇有詳細論述）

一一、**命宮**、**遷移宮**、**福德宮**、**官祿宮**，這些重要的宮位，是否有四化星飛入財帛宮的狀況。譬如：化祿飛入財帛宮─財運佳。化權飛入財帛宮─為財勞碌。化科飛入財帛宮─雖不重財，但往往有受人蔭財的福報。化忌飛入財帛宮─耗損因素，難守住財。

一二、其它宮位是否有四化星再飛入財帛宮的狀況？

一三、檢視「命、財、福」三宮是否有四化星互飛的狀態？（註：有關飛星狀態，可參閱拙著《紫微算病─知青出版》，全書有詳細的論述）。

一四、財帛宮所坐**宮干**，有否飛入其它宮位的狀況？

一五、其它……。

◎圖解一—四（續上第六項說明）

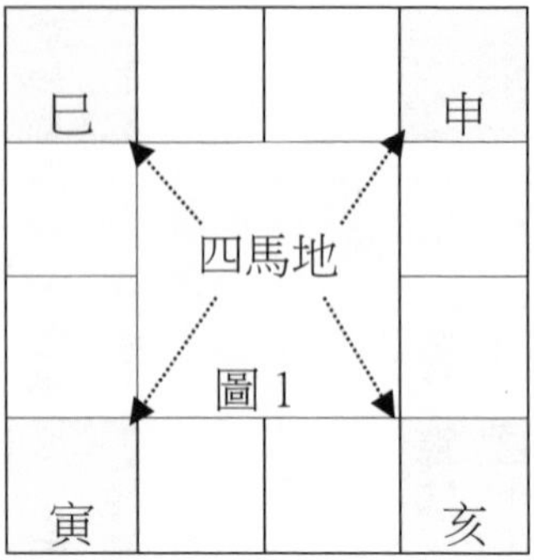

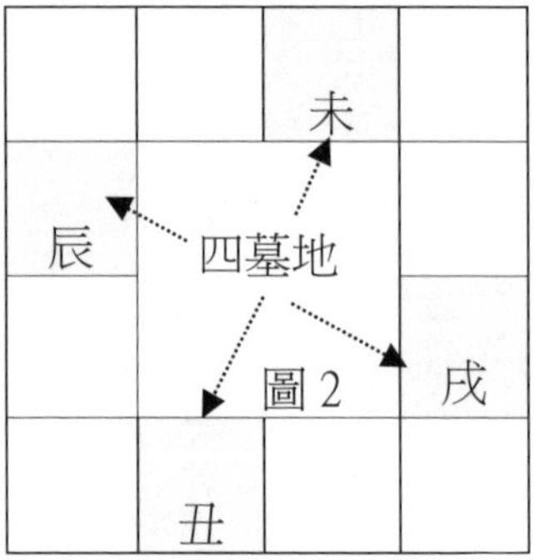

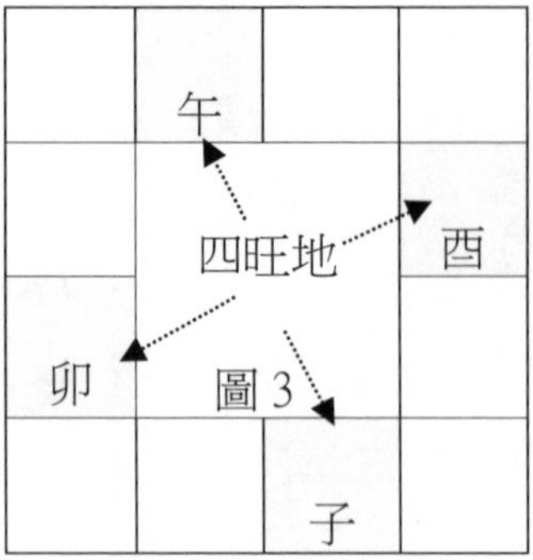

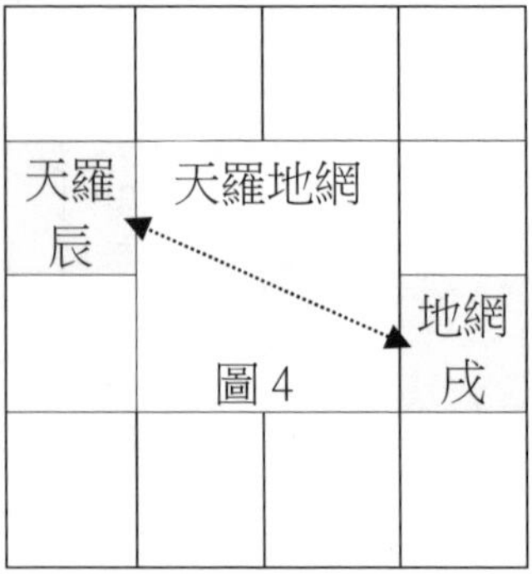

三、流年財運的走勢

流年走向的四化星有其輪值規則，最直接的方式是對照「萬年曆」，便可快速索引流年的天干、地支。但也有使用公式來換算流年干支的方法。

◎流年天干、地支的換算公式：

◆天干換算：

甲1。乙2。丙3。丁4。戊5。

己6。庚7。辛8。壬9。癸10。

例：

西元 2020 年=農曆 109 年

(109 年＋8)÷10=　…餘 7

7= **庚**= 當年天干

◆地支換算：

子 1。丑 2。寅 3。卯 4。

辰 5。巳 6。午 7。未 8。

申 9。酉 10。戌 11。亥 12。

109 年÷12＝…餘 1

＝**子**＝當年地支

◆西元 2020 年＝農曆 109 年

農曆 109 年＝庚子年

庚年四化星

- 太陽－化祿
- 武曲－化權
- 太陰－化科
- 天同－化忌

◎二〇二〇年—農曆一〇九・庚子年：流年盤範例圖解。

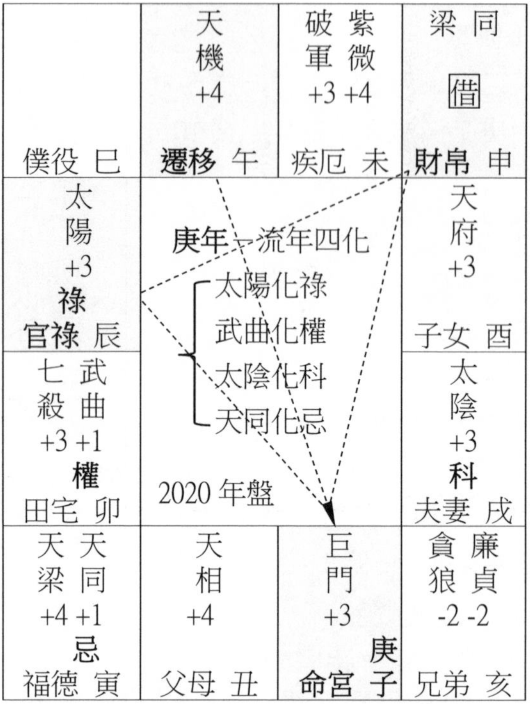

2020 年
（農曆 109 年）

第四篇

生意．生生不息的創意

一、紫微預測學的應用趨勢

社會的變遷越快速，人們的生活狀態就產生越多變數，「變數」往往是難以捉摸掌控的，生活在此不確定的年代，計畫往往趕不上變化，心裡想的也未必能如願以償，這是因為每一個「個體」在所生活的環境裡，存在著種種錯綜複雜的人事因緣所致，因此，在這世上能隨遇而安的人甚少，芸芸眾生畢竟還是苦多於樂的。

《道德經第三十三章》……**知人者智，自知者明**，這「智、明」兩字提及人與人之間的事理，因此，若能知解人事往來互動的道理，想必能減少繁多的煩惱與挫折。古德有所謂「知命者不怨天，知己者不怨人」，想必是基於對自我有著很深的理解，才能展現出如此豁達的人生觀。然對於一般人來說，要解讀天地之間所傳達的訊息，確是極其困難的。所以，古來至今的聖哲們，從觀天之道以至於對地域環境及人事的理解，發展出為數驚人的各種預測學，除了天文學、地理學以外，還是以人本為主的預測學最為重要。

《紫微斗數》即是以人為本的生命預測學，它描述每一個個體終其一生運勢的盛衰走向，所以說，紫微斗數命盤如同一個立體的拼圖，其中難免有些陷井，可是也有藏寶圖隱藏其中，這要靠每個人的智慧去面對及挖掘它。

《紫微斗數》在預測學方面，它能應用到個人生活的種種面向，也能廣泛應用到對大環境的預測上，而四化星的作用，在這方面提供了很好的工具。至於，在紫微命盤上的十二宮，也可運用《紫微用神理論》來做為訊息不足時，所採用預測術的延伸。綜觀之，《紫微斗數》能為現代人提供關於個人的全面性訊息，只要能掌握其中幾個論述的重點，即可能從中解碼，趨吉避凶，進而轉化個人的命運。

基於面對時勢的變化太大，有些事情並非自己所能掌控時，更加凸顯其中的風險與危機。所以說，凡是重大的事情，還是要在發動之前做好風險評估，可免於決策的誤失而帶來莫名的損失。所以說，適當的運用《預測學工具》可做為個人風險管理的參考，若能經過反覆的事例驗證，也許能從中找到訊息共通的邏輯，進而改善個人的生活品質，包括身體健康、心靈成長，以及財務方面的正向成長。若要詳述《紫微預測學》的應用範圍，以下所預測的面向僅供參考。

一、命宮—個人的人格特質，宿命所帶來的健康訊息，主要運勢的消長盛衰呈象。

二、兄弟宮—手足互動關係，或與我往來甚為密切的友人，兩者運勢結構的呈象。

三、夫妻宮—人生重要的伴侶，共同經營家庭的成員，此宮是對方的人格特質，健康狀態，以及他（她）運勢盛衰消長的呈象。

四、子女宮—子女的人格特質，健康狀態，以及運勢盛衰消長的呈象。

五、財帛宮—理財價值觀，財務運勢的消長狀態。

六、疾厄宮—生命活動所感召的健康狀態，包括：就醫、坐息、勞動、飲食習慣等。

七、遷移宮—在外活動能量的態勢，以及禍福吉凶的呈象。

八、僕役宮—人事往來的狀態，以及運勢消長盛衰的呈象。
九、官祿宮—為學的讀書運勢，職場運勢盛衰成敗的呈象。
十、田宅宮—房地產、居家及陽宅運勢的呈象。
一一、福德宮—財物的福報，心理特質以及精神層面的呈象。
一二、父母宮—父母親的人格特質，父母親的健康狀態以及運勢呈象，也是父母與我的至親因緣和長輩往來的狀態。

如上所應用的層面甚為廣泛，幾乎涵蓋個人一生的所有活動，所以說，《紫微斗數》在這方面的訊息預測,可做為很好的預測工具,不但淺顯且易於了解及判讀其中的訊息源。至於，在《紫微用神理論》的應用上，對於擷取訊息源方面，可以廣泛探索訊息之間的交叉作用，將十二宮的任一宮位「以此代彼」，產生一個新的預測方向，以便從中解讀更多的訊息。

譬如說，要了解子女健康狀態的訊息，可以在子女宮立一個「**太極**」，**以子女宮當做子女的命宮**，重新定出十二宮的坐位，這張新立的盤即是子女的另類命盤。為何要如此大費周章的立一個子女宮為太極位呢?主要是從父母的角度，進而觀察子女一生運勢的交集作用，從中可以更加客觀的了解子女與父母之間的親情關係，也可從子女的運勢裡，找到可以輔助或對治的方略，如此的另類應用法，《紫微用神》在這方面是很容易上手的預測工具。

◎以子女宮立太極的範例圖解：

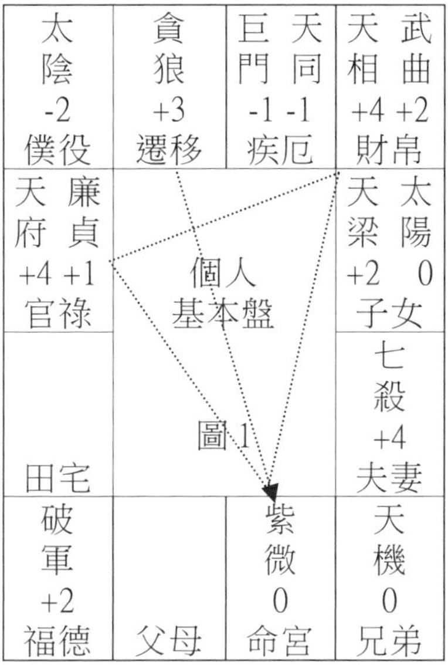

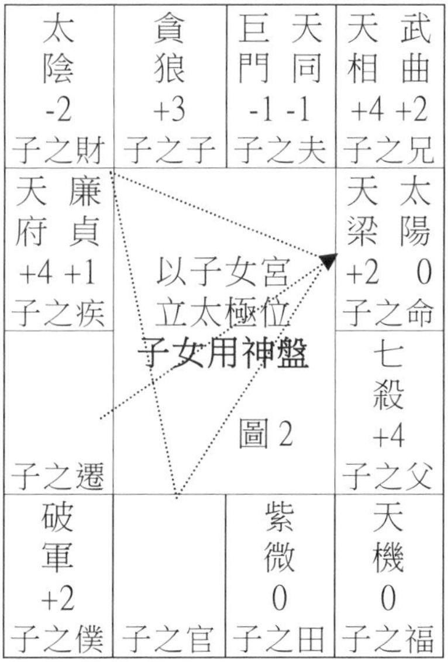

《紫微斗數》的另一項優勢是運用「天干輪值」，來預測個人運勢的變動，以及對於大環境趨勢走向的預測，這十個天干的迴圈作用，形成以每十年為一個循環的規則，如此生生不息，變動不居。十天干以「甲干」為開頭，也意謂著「天、父親、男性長輩」。接著是「乙干」，代表著「地、母親、女性長者」。凡是流年逢遇「甲年」，此年的「四化星」即進入大環境裡，產生「甲年化氣」的作用，這四化星也同樣進入每個人在此年運勢消長盛衰的呈象，俗語說：「三好一壞」，即是對四化作用最好的詮釋。

◎四化星簡意：

一、**化祿**：資源、好處、利益、受蔭、好緣分配在某宮位的能量。

二、**化權**：權能之勢、掌控、勞碌、忙不得閒的能量，分配在某宮位。

三、**化科**：隨順、無爭、才華、修養、智慧、逢凶化吉的能量，分配在某宮位。

四、**化忌**：困難、風險、障礙、麻煩、過勞、沒有往來的能量，分配在某宮位。

以上四化的作用，可在個人紫微命盤的相應宮位顯示出來，至於，在逢遇流年時，四化星也同樣的會重新分配，進入每個命盤的宮位。因此，只要知道當年的「天干」，不管出生年或流年（以農曆年為計算基礎），皆可應用四化星的簡意來解讀訊息。

在「財經趨勢」的預測方面，也可應用四化作用來判讀國內外財經發展的趨勢，以此訊息來做為風險管理的參考。也即是說，甲乙丙丁戊己庚辛壬癸年，各個天干所輪值的年份，其所展開的「祿權科忌」作用有所不同，也各有其顯著的差異性。

甲年太陽化忌，乙年太陰化忌，這兩個天干開端的「化忌現象」，即是需要採取對治方略來因應處理的。「化忌呈象」表面上看起來是危機，但也可能是轉機，形成機轉進而產生另一個正面的效應。所以說：

化忌是凸顯問題的所在，
雖然會呈現出一些困難及障礙，
但只要能正確因應的話，
危機也是轉換運勢的契機。

四化作用也可應用在「流月、流日、流時」的預測上，至於，如何訂定該時間點的命盤，在下一章節將有詳細的說明。總之，《紫微斗數》在預測學上的應用極為廣泛，凡是能從中解讀密碼者，即可能做好風險管理，以及對於危機四伏的因應。至於，對大環境（國內外）的預測與觀察動向，也是同樣的道理，只是將預測學的基礎理論延伸而已。

二、財經走勢的循環週期

◎財經趨勢的輪轉

財經走勢隨著每年值守的四化星而變動，若以西元年曆或國曆年計算，均得將該年轉換成**《陰曆》**為計算的基礎單位，**陰（農）曆年・大年初一—子時**，此時間點即為每年**「四化星」**發動的原點。因此，凡是以西曆、陽曆為主者，應對照陰曆—農曆，以有利於採用《紫微斗數》來做個人運勢的預測，也可應用此年所發動的時間點，來做大環境的趨勢走向預測，此年的時間終點到陰曆十二月的最後一天—亥時止。

在隔年實際效應的起始點上，通常會在陰曆十二月的第二週起，**四化星**即隱約的開始產生作用，透過觀察可令人感受到新舊年在交接之際的氛圍，因為，天干之氣轉變了，大地環境上的人事物狀態，相對的順應四化星性而起運勢消長盛衰的呈象。

◎當年份起始點的計算準則：

一、西元年曆—轉換成陰曆年一月一日。

二、陽曆—轉換成陰曆年一月一日。

三、直接採用陰曆年者。（註：陰曆年即俗稱的農曆年）。

如上談及年份的立基點，即能以此立論來預測大環境的《財經趨勢及走向》。以每十年為一個周期，反復循環，形成一個迴圈式的規律與邏輯。這十年輪值的順序如左：

一甲年→二乙年→三丙年→四丁年→五戊年

六己年→七庚年→八辛年→九壬年→十癸年

對於**財經走向的趨勢預測**，「化祿星」、「化忌星」是很要的資訊來源，一般會根據「化祿、化忌」的**星性**及其**化氣**的體性來做推演，以便於從未知的訊息裡，取得參考的依據，若能再透過以往事例的統計整合，即能從中找出四化星的循環規律，以及它的變化邏輯，想必會更完備一些。左列是十干四化星的輪值表。

■十干四化星輪值與其化氣對照表：（複習表）

左列雖有「祿、權、科、忌」，但其化氣本質具有明顯的影響力。

◎甲年值星化氣：（廉祿、破權、武科、陽忌）

一：廉貞—囚。　二：破軍—後勤資源。

三：武曲—財。　四：太陽—貴。

◎乙年值星化氣：（機祿、梁權、紫科、陰忌）

一：天機—巧智。　二：天梁—蔭。

三、紫微—尊。　四：太陰—富。

◎丙年值星化氣：（同祿、機權、昌科、廉忌）
一：天同—福。　二：天機—巧智。
三、文昌—科名（才學）。　四：廉貞—囚。
◎丁年值星化氣：（陰祿、同權、機科、巨忌）
一：太陰—富。　二：天同—福。
三、天機—巧智。　四：巨門—暗（是非）。
◎戊年值星化氣：（貪祿、陰權、右科、機忌）
一：貪狼—人緣。　二：太陰—富。
三、右弼—助緣。　四：天機—巧智。
◎己年值星化氣：（武祿、貪權、梁科、曲忌）
一：武曲—財。　二：貪狼—人緣。
三、天梁—蔭。　四：文曲—口才（才藝）。
◎庚年值星化氣：（陽祿、武權、陰科、同忌）
一：太陽—貴。　二：武曲—財。
三、太陰—富。　四：天同—福。
◎辛年值星化氣：（巨祿、陽權、曲科、昌忌）
一：巨門—暗（是非）。　二：太陽—貴。

三、文曲—口才（才藝）。　四：文昌—科名（才學）。

◎壬年值星化氣：（梁祿、紫權、左科、武忌）

一：天梁—蔭。　二：紫微—尊。

三、左輔—助緣。　四：武曲—財。

◎癸年值星化氣：（破祿、巨權、陰科、貪忌）

一：破軍—後勤資源。　二：巨門—暗（是非）。

三、太陰—富。　四：貪狼—人緣。

天干開於「甲」止於「癸」，如此循環反復，由於流年運勢扮演著重要的角色，以下說明兩種流年推演的簡要方式：（再來複習一下）

一、對照萬年曆。

二、用換算的公式帶入，即可找出當年天干與地支進入的宮位為流年命宮所在。

※天干數：甲1、乙2、丙3、丁4、戊5、己6、庚7、辛8、壬9、癸10。

※地支數：子1、丑2、寅3、卯4、辰5、巳6、午7、未8、申9、酉10、戌11、亥12。

◎流年天干：當年（農曆年）加八除以十，餘數則為當年的天干位。

◎流年地支：當年（農曆年）除以十二，餘數則為當年的地支位。

三、西曆轉換成陰曆：

※流年換算例解：（二〇二五年—二〇二七年）

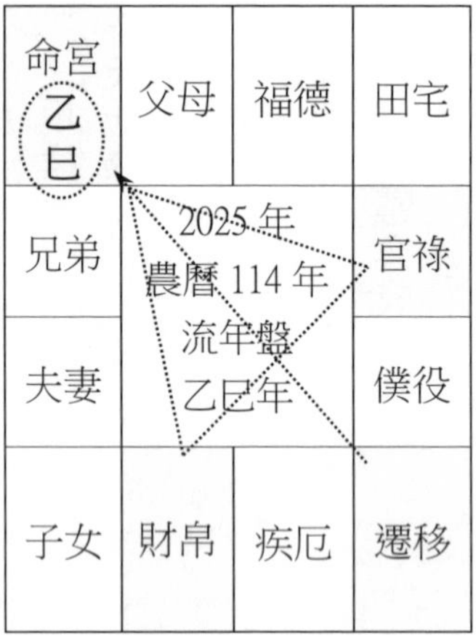

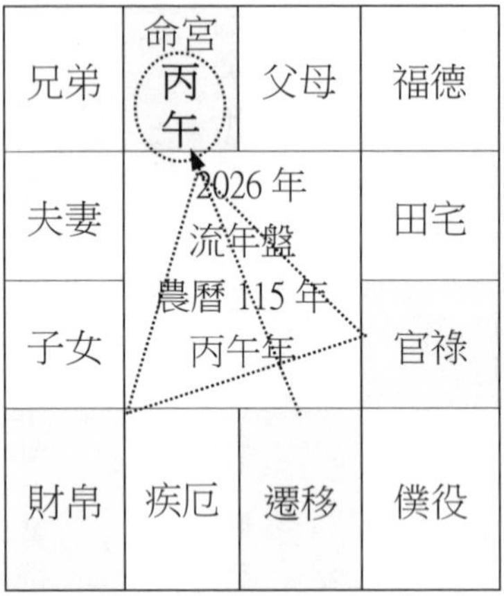

◎當年**天干**換算舉例：
2025 年＝(114 年＋8)÷10
＝…2＝乙年干
◎當年**地支**換算舉例：
2025 年＝112 年÷12
＝…餘 6＝巳年支(蛇年)
※流年干支＝**乙巳年**

※十年天干迴圈，輪值四化星圖：

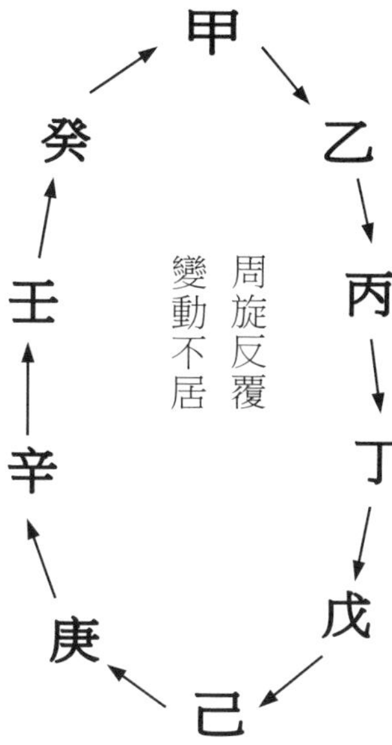

下一篇將對「四化星作用」在十二個宮位裡，所引動的「祿、權、科、忌」呈象，以簡易歸納的整理方式，讀者可從索引中，快速的對照命盤，品味其中的事理。唯在本節課程裡，讀者宜多加練習以上公式的換算，不管西曆、陽曆，一律都得將其時間點轉換成「陰曆—農曆」為主。

《紫微斗數》在年份交接上，並沒有所謂的節氣問題，所以，當然也就沒有所謂「**立春**」為起始點的節氣問題，《紫微斗數》首重**天干四化的作用**，所以說，還是要把握這個重點。

三、四化星輪值呈象速應補充篇

本篇所論述的《六親宮》是指以下六個宮位：「命宮、兄弟宮、夫妻宮、子女宮、僕役宮、父母宮」。對於《非六親宮》是指：「財帛宮、疾厄宮、遷移宮、官祿宮、田宅宮、福德宮」。左列速應對照表是整合「四化星作用」的菁華，讀者可取命盤從中對照細細品味。（註：左列為修定版補充篇）

■四化星在「六親宮」化氣及呈象：

壹—化祿星．化氣及呈象：（命、兄、夫、子、僕、父—六宮）

・包括宮位自化祿（後章會論述）．

甲：廉貞化祿—周旋人際，廣結善緣。
乙：天機化祿—思惟細膩，機智善巧。
丙：天同化祿—福氣臨門，食祿常隨。
丁：太陰化祿—積蓄致富，持家有道。
戊：貪狼化祿—才華出眾，趨向時尚。
己：武曲化祿—財物福報，理財有道。
庚：太陽化祿—熱衷事業，行善為樂。

辛：巨門化祿—飲食之福，愛語與人。
壬：天梁化祿—受蔭蔭人，利他為樂。
癸：破軍化祿—豪氣出眾，人脈豐厚。

貳—化權星．化氣及呈象：（命、兄、夫、子、僕、父—六宮）

．包括宮位自化權．

甲：破軍化權—主觀強勢，掌控局勢。
乙：天梁化權—蔭他而勞，繁忙瑣事。
丙：天機化權—機智靈敏，主觀視事。
丁：天同化權—周旋人際，勞心累事。
戊：太陰化權—柔剛並濟，應事有道。
己：貪狼化權—才藝超群，眾所注目。
庚：武曲化權—擅長理財，聚財有方。
辛：太陽化權—擁權而貴，熱衷事業。
壬：紫微化權—主觀意志，自尊榮耀。
癸：巨門化權—言直出眾，易招諍論。

參—化科星．化氣及呈象：（命、兄、夫、子、僕、父—六宮）

·包括宮位自化科·

甲：武曲化科—塑造表相，注重形象。
乙：紫微化科—氣質優雅，貴氣受寵。
丙：文昌化科—才華出眾，學識淵博。
丁：天機化科—善於籌謀，創意巧思。
戊：右弼化科—善緣處處，利人利己。
己：天梁化科—蔭人為樂，與世無爭。
庚：太陰化科—柔道處世，和以致富。
辛：文曲化科—辯才有道，擅長溝通。
壬：左輔化科—善緣處處，利人利己。
癸：太陰化科—柔道處世，和以致富。

肆—化忌星·化氣及呈象：（六親宮—命、兄、夫、子、僕、父—六宮）

·包括宮位自化忌·

甲：太陽化忌—憂柔寡斷，決策有失。
乙：太陰化忌—多愁善感，抗壓不足。
丙：廉貞化忌—囚困人情，易招訟事。
丁：巨門化忌—暗招是非，招咎自責。

戊：天機化忌—自尋煩惱，自以為是。
己：文曲化忌—言語耿直，招來過失。
庚：天同化忌—有福難享，勞而少獲。
辛：文昌化忌—才華難顯，懷才不遇。
壬：武曲化忌—人事疏離，缺錢所苦。
癸：貪狼化忌—人緣侷限，姻緣路艱。

■四化星在「非六親宮」呈象：（財、疾、遷、官、田、福—六宮）

壹—四化在財帛宮：

一、化祿星．在財帛宮：（包括宮位自化祿）

◎運用理財的福報呈象：

四化祿星　呈　象	四化值星　呈　象
甲：廉貞化祿—開發財源，擁財為樂。	乙：天機化祿—運用策略，廣招財源。
丙：天同化祿—天時巧遇，財源廣進。	丁：太陰化祿—保守理財，儲蓄致富。
戊：貪狼化祿—趁勢進取，投資有方。	己：武曲化祿—理財有道，財神常隨。
庚：太陽化祿—獲財有道，樂善好施。	辛：巨門化祿—生意創意，周轉有道。
壬：天梁化祿—受蔭得財，享受生活。	癸：破軍化祿—積極企圖，資源雄厚。

二、化權星・在財帛宮：（包括宮位自化權）

◎強勢能量的呈象：

四化值星　呈　象	四化權星　呈　象
甲：破軍化權─資金運用，大進大出。	乙：天梁化權─掌理財務，難享清福。
丙：天機化權─擅長謀略，交易得利。	丁：天同化權─周旋財務，忙進忙出。
戊：太陰化權─保守理財，累積致富。	己：貪狼化權─心思敏銳，積極企圖。
庚：武曲化權─掌控財經，理財有道。	辛：太陽化權─欲圖大利，得而復失。
壬：紫微化權─常思大財，花費難制。	癸：巨門化權─精於管控，暗中招失。

三、化科星・在財帛宮：（包括宮位自化科）

◎展現智慧與隨緣擁有的呈象：

四化值星　呈　象	四化科星　呈　象
甲：武曲化科─小利可得，資源永續。	乙：紫微化科─順勢擁有，不善積聚。
丙：文昌化科─心思細膩，理財有方。	丁：天機化科─機智創意，獲利在斯。
戊：右弼化科─左右逢源，多方獲財。	己：天梁化科─受人財蔭，能施能捨。
庚：太陰化科─個性保守，積存致富。	辛：文曲化科─財運平平，心誠福至。
壬：左輔化科─左右逢源，多方獲財。	癸：太陰化科─個性保守，積存致富。

四、化忌星・在財帛宮：（包括宮位自化忌—因財務所感召的財務困境）

四化忌星　呈象	四化忌星　呈象
甲：太陽化忌—得手之財，輕易耗失。	乙：太陰化忌—賺錢辛勞，求不得苦。
丙：廉貞化忌—囚困錢財，入不敷出。	丁：巨門化忌—財務損失，招是非事。
戊：天機化忌—思違常理，財務動盪。	己：文曲化忌—經手之財，風波不斷。
庚：天同化忌—為財勞碌，所得有限。	辛：文昌化忌—不善理財，帳面有失。
壬：武曲化忌—財運阻滯，負債累累。	癸：貪狼化忌—欲計大利，貪得反失。

貳—四化在疾厄宮：（可參考拙著：紫微算病）

一、化祿星・在疾厄宮：（包括宮位自化祿）

◎飲食之福，愛好美食。但易感召五行方面的疾患。

化祿值星　飲食疾患	化祿值星　疾患五行
甲：廉貞化祿—「屬火」。	乙：天機化祿—「屬木」。
丙：天同化祿—「屬水」。	丁：太陰化祿—「屬水」。
戊：貪狼化祿—「屬水木」。	己：武曲化祿—「屬金」。
庚：太陽化祿—「屬火」。	辛：巨門化祿—「屬水」。
壬：天梁化祿—「屬土」。	癸：破軍化祿—「屬水」。

二、化權星‧在疾厄宮：（包括宮位自化權）

◎有過勞感召身體方面的五行隱患：

化權值星	過勞隱患	化權值星	過勞隱患
甲：破軍化權	「水—腎、膀胱屬」。	乙：天梁化權	「土—脾、胃屬」。
丙：天機化權	「木—肝膽、神經傳導」。	丁：天同化權	「水—腎、膀胱屬」。
戊：太陰化權	「水—腎、膀胱屬」。	己：貪狼化權	「水木—腎膀胱、肝膽屬」。
庚：武曲化權	「金—肺、大腸屬」。	辛：太陽化權	「火—心、小腸屬」。
壬：紫微化權	「土—脾、胃屬」。	癸：巨門化權	「水—腎、膀胱屬」。

三、化科星‧在疾厄宮：（包括宮位自化科）

◎喜悠閒，能調節生理機制及有逢遇醫藥的好緣）

化科值星	相應五行與化解呈象
甲：武曲化科—金。	乙：紫微化科—土。
丙：文昌化科—金。	丁：天機化科—木。
戊：右弼化科—水。	己：天梁化科—土。
庚：太陰化科—水。	辛：文曲化科—水。
壬：左輔化科—土。	癸：太陰化科—水。

四：化忌星・在疾厄宮：（包括宮位自化忌）

◎因勞動、飲食、坐息失調感召的疾患：

化忌值星易感召五行方面的疾患

甲：太陽化忌—陽火。　乙：太陰化忌—陰水。
丙：廉貞化忌—陰火。　丁：巨門化忌—陰水。
戊：天機化忌—陰木。　己：文曲化忌—陽水。
庚：天同化忌—陰水。　辛：文昌化忌—陽金。
壬：武曲化忌—陰金。　癸：貪狼化忌—陰水、陽木。

參—四化在遷移宮：（在外活動運勢的盛衰吉凶呈象）

一、化祿・在遷移宮：（包括宮位自化祿）

化祿值星　呈　象	化祿值星　呈　象
甲：廉貞化祿—知書達理，廣結善緣。	乙：天機化祿—機智善謀，行善積德。
丙：天同化祿—熱衷人際，不甘寂寞。	丁：太陰化祿—個性內斂，柔以致用。
戊：貪狼化祿—才華出眾，摩登時尚。	己：武曲化祿—財神常隨，出手大方。
庚：太陽化祿—好結友人，事業有成。	辛：巨門化祿—有好口才，食福常隨。
壬：天梁化祿—個性穩重，有利同需。	癸：破軍化祿—人脈活絡，享福為樂。

二、化權・在遷移宮：（包括宮位自化權）

化權值星　呈象

甲：破軍化權—主觀積極，管理有方。
丙：天機化權—應事善謀，貫徹意志。
戊：太陰化權—個性內斂，和以致事。
庚：武曲化權—外表嚴肅，威權處事。
壬：紫微化權—眾星拱月，尊榮自處。

化權值星　呈象

乙：天梁化權—操勞瑣事，蔭他為樂。
丁：天同化權—周旋事務，奔波勞碌。
己：貪狼化權—才藝雙全，眾所注目。
辛：太陽化權—周旋事務，積極企圖。
癸：巨門化權—直言不諱，剛毅出眾。

三、化科・在遷移宮：（包括宮位自化科）

化科值星　呈象

甲：武曲化科—注重威儀，形象塑造。
丙：文昌化科—有好素養，和氣處事。
戊：右弼化科—主動積極，助緣處處。
庚：太陰化科—個性保守，柔道應事。
壬：左輔化科—主動積極，助緣處處。

化科值星　呈象

乙：紫微化科—學識淵博，氣質優雅。
丁：天機化科—才智出眾，心善脫俗。
己：天梁化科—順勢處事，獨處為樂。
辛：文曲化科—言語有道，辯才出眾。
癸：太陰化科—個性保守，柔道處世。

四、化忌・在遷移宮：（包括宮位自化忌—在外行動所感召的過失及障礙）

化忌值星　呈象

化忌值星　呈象

甲：太陽化忌—憂柔寡斷，有愛見悲。　乙：太陰化忌—憂柔寡斷，財易耗失。
丙：廉貞化忌—周旋人際，囚困人情。　丁：巨門化忌—言語失度，感召是非。
戊：天機化忌—自以為是，才華受困。　己：文曲化忌—直言少柔，溝通不良。
庚：天同化忌—奔忙難息，空忙一場。　辛：文昌化忌—懷才難展，內心憂慮。
壬：武曲化忌—人際孤立，財物難守。　癸：貪狼化忌—人際侷限，姻緣路艱。

肆—四化在官祿宮：

一、化祿．在官祿宮：（包括宮位自化祿—職場作為的吉凶呈象）

化祿值星　呈象　　化祿值星　呈象

甲：廉貞化祿—擅長人際，周旋有度。　乙：天機化祿—處事細心，恪守職責。
丙：天同化祿—個性大方，應酬有道。　丁：太陰化祿—柔道處事，和以致事。
戊：貪狼化祿—掌握時尚，應變有道。　己：武曲化祿—經營有道，財利常隨。
庚：太陽化祿—樂在工作，豪爽大方。　辛：巨門化祿—積極事業，擴展版圖。
壬：天梁化祿—眾利為樂，有利同霑。　癸：破軍化祿—應酬人事，左右逢源。

二、化權．在官祿宮：（包括宮位自化權）

化權值星　呈象　　化權值星　呈象

甲：破軍化權—展現權威，欲圖大業。　乙：天梁化權—操勞瑣事，事必恭親。

丙：天機化權—通權達變，常出奇策。
丁：天同化權—奔波事務，難享清閒。
戊：太陰化權—謹守本分，進退有道。
己：貪狼化權—隨順趨勢，變通應事。
庚：武曲化權—主觀意志，伸張威權。
辛：太陽化權—運作有道，擴展有方。
壬：紫微化權—領導統御，尊貴自處。
癸：巨門化權—旺盛企圖，周旋招咎。

三、化科·在官祿宮：（包括宮位自化科）

化科值星　呈象	化科值星　呈象
甲：武曲化科—展現才華，有好形象。	乙：紫微化科—學識淵博，名揚四方。
丙：文昌化科—學有成就，眾望所歸。	丁：天機化科—創意才智，籌謀利眾。
戊：右弼化科—鑽研有成，博學出眾。	己：天梁化科—利眾事業，有好名聲。
庚：太陰化科—忠於職守，柔以致事。	辛：文曲化科—才華洋溢，論說有道。
壬：左輔化科—鑽研有成，博學出眾。	癸：太陰化科—忠於職守，柔以致事。

四、化忌·在官祿宮：（包括宮位自化忌—學業或職場上的障礙）

化忌值星　呈象	化忌值星　呈象
甲：太陽化忌—憂柔寡斷，事業起伏。	乙：太陰化忌—職場起伏，內心不樂。
丙：廉貞化忌—囚困人事，運滯招訟。	丁：巨門化忌—言語過當，暗藏是非。
戊：天機化忌—主觀意識，判斷有誤。	己：文曲化忌—溝通不良，人情違和。

庚：天同化忌—奔波勞碌，拖累身心。　辛：文昌化忌—才華難展，鬱鬱寡歡。
壬：武曲化忌—剛愎自用，初善終惡。　癸：貪狼化忌—人際孤立，心想願違。

伍—四化在田宅宮：（包括：家宅、學校、公司、操作環境、房地產）

一、化祿‧在田宅宮：（包括宮位自化祿）

化祿值星　呈象	化祿值星　呈象
甲：廉貞化祿—居家熱鬧，氣氛活絡。	乙：天機化祿—心思在宅，利家為樂。
丙：天同化祿—居家寬敞，享福為樂。	丁：太陰化祿—愛家有道，置產增利。
戊：貪狼化祿—熱鬧氣氛，粧扮居家。	己：武曲化祿—家宅豪華，精心佈置。
庚：太陽化祿—居宅亮麗，愛家有道。	辛：巨門化祿—一團和氣，飲食為樂。
壬：天梁化祿—承祖蔭德，福蔭家人。	癸：破軍化祿—置產有方，好客來往。

二、化權‧在田宅宮：（包括宮位自化權）

化權值星　呈象	化權值星　呈象
甲：破軍化權—居處威權，主觀理事。	乙：天梁化權—望蔭家業，勞煩瑣事。
丙：天機化權—心思細膩，好理家事。	丁：天同化權—居處事繁，難享清福。
戊：太陰化權—愛家有道，操持家事。	己：貪狼化權—展現才智，統理家務。
庚：武曲化權—財物蔭家，威權理事。	辛：太陽化權—事必躬親，操勞家務。

壬：紫微化權─個性嚴肅，尊貴自處。　癸：巨門化權─說話少柔，難免過失。

三、化科・在田宅宮：（包括宮位自化科）

化科值星　呈　象	化科值星　呈　象
甲：武曲化科─居處格局，頗獲好評。	乙：紫微化科─居處悠閒，清高自處。
丙：文昌化科─居處好學，鑽研有成。	丁：天機化科─居處求知，學識淵博。
戊：右弼化科─置產有道，左右逢源。	己：天梁化科─獨處為樂，激發潛能。
庚：太陰化科─持家有道，旺家運勢。	辛：文曲化科─愛語蔭家，互動流暢。
壬：左輔化科─置產有道，左右逢源。	癸：太陰化科─持家有道，旺家運勢。

四、化忌・在田宅宮：（包括宮位自化忌）

化忌值星　呈　象	化忌值星　呈　象
甲：太陽化忌─親子緣疏，聚少離多。	乙：太陰化忌─操勞家務，困於財務。
丙：廉貞化忌─少人往來，家事煩雜。	丁：巨門化忌─宅運阻凝，家人少和。
戊：天機化忌─自尋煩惱，坐息顛倒。	己：文曲化忌─任性直言，周旋反覆。
庚：天同化忌─居家事繁，勞累身心。	辛：文昌化忌─居處少言，鬱鬱寡歡。
壬：武曲化忌─寡言自處，家業難守。	癸：貪狼化忌─默契少合，聚少離多。

陸—四化在福德宮：（包括：精神層面、情緒心理、財物福報狀態）

一、化祿．在福德宮：（包括宮位自化祿）

化祿值星	呈象	化祿值星	呈象
甲：廉貞化祿	人際好緣，財運常隨。	乙：天機化祿	思惟創意，帶來利益。
丙：天同化祿	享樂主義，心受物役。	丁：太陰化祿	個性內斂，聚財豐富。
戊：貪狼化祿	粧扮悅意，擁財為樂。	己：武曲化祿	善於施捨，財神常隨。
庚：太陽化祿	個性大方，得財好施。	辛：巨門化祿	設想財務，膽大心細。
壬：天梁化祿	積善福厚，財常蔭至。	癸：破軍化祿	樂活人生，享樂主義。

二、化權．在福德宮：（包括宮位自化權）

化權值星	呈象	化權值星	呈象
甲：破軍化權	威權意志，主觀理事。	乙：天梁化權	心欲悠閒，困於瑣事。
丙：天機化權	心思繁雜，定力不足。	丁：天同化權	不甘寂寞，難享清福。
戊：太陰化權	動靜有道，內斂保守。	己：貪狼化權	趨向時尚，企圖大業。
庚：武曲化權	個性嚴肅，少親和力。	辛：太陽化權	個性豪爽，直來直往。
壬：紫微化權	尊貴自處，孤芳自賞。	癸：巨門化權	心緒波動，大起大落。

三、化科・在福德宮：（包括宮位自化科）

化科值星　呈象	化科值星　呈象
甲：武曲化科—注重形象，喜好名聲。	乙：紫微化科—孤芳自賞，清高自處。
丙：文昌化科—氣質優雅，好學不倦。	丁：天機化科—探索事物，創思出眾。
戊：右弼化科—心善熱忱，領悟力強。	己：天梁化科—探索生命，激發潛能。
庚：太陰化科—個性內斂，溫和處事。	辛：文曲化科—見多識廣，論說有道。
壬：左輔化科—心善熱忱，領悟力強。	癸：太陰化科—個性內斂，溫和處事。

四、化忌・在福德宮：（包括宮位自化忌）

化忌值星　呈象	化忌值星　呈象
甲：太陽化忌—缺乏自信，憂柔寡斷。	乙：太陰化忌—損己利他，難見開朗。
丙：廉貞化忌—表相人際，內心寂寞。	丁：巨門化忌—難擋挫折，心窗自瑣。
戊：天機化忌—思維難展，自尋煩惱。	己：文曲化忌—多言好動，定力不足。
庚：天同化忌—終日忙碌，難享清閒。	辛：文昌化忌—過度思慮，預事而憂。
壬：武曲化忌—內心孤獨，鬱鬱寡歡。	癸：貪狼化忌—孤芳自賞，姻緣路艱。

四、宮位自化祿權科忌

延續上篇的四化星輪值呈象速應篇，其中述及「宮位自化」的部份，共有下列四種格局，以及宮中星性化氣所呈現的變化。

一、宮位自化祿—宮位所坐的天干與**化祿星**穩合—詳見例解。

二、宮位自化權—宮位所坐的天干與**化權星**穩合—詳見例解。

三、宮位自化科—宮位所坐的天干與**化科星**穩合—詳見例解。

四、宮位自化忌—宮位所坐的天干與**化忌星**穩合—詳見例解。

基本盤上「祿、權、科、忌」所在宮位的能量最強，再來是「祿、權、科、忌」所會沖「對宮」的能量次之。接下來頗具影響力的宮位即是「宮位自己四化」，這用左例來說明以上種種四化格局的比較。

如左有數種例解盤局，這十二宮的每個宮位，都可能形成大限、流年盤而變化。所以說，讀者宜多加揣摩延伸與應用，日後即使遇到再複雜的命盤，也無法脫離這盤面變化的基礎結構，只是盤面每個宮位「天干排列」的變化不可忽視，這也是本書論述的重點，後章有詳細的說明。

一、基本盤四化的能量分配：（範例）

巨門 +3 田宅	天相 +4 廉貞 0 祿 官祿	天梁 +3 僕役	七殺 +4 遷移
貪狼 +4 福德	甲年生者 廉祿坐官 破權坐夫	武科坐財 陽忌坐子	天同 0 疾厄
太陰 -2 父母	例 1		武曲 +4 科 財帛
天府 +4 紫微 +3 命宮	天機 -2 兄弟	破軍 +4 權 夫妻	太陽 -2 忌 子女

貪狼 -2 廉貞 -2 疾厄	巨門 +3 財帛	天相 +2 子女	天梁 -2 權 天同 +3 夫妻
太陰 -2 忌 遷移	乙年生者 機祿坐福 梁權坐夫	紫科坐田 陰忌坐遷	七殺 +3 武曲 +1 兄弟
天府 +2 僕役	例 2		太陽 -1 命宮
官祿	破軍 +3 紫微 +4 科 田宅	天機 +4 祿 福德	父母

二、四化星會照、沖入對宮的能量分配：（範例）

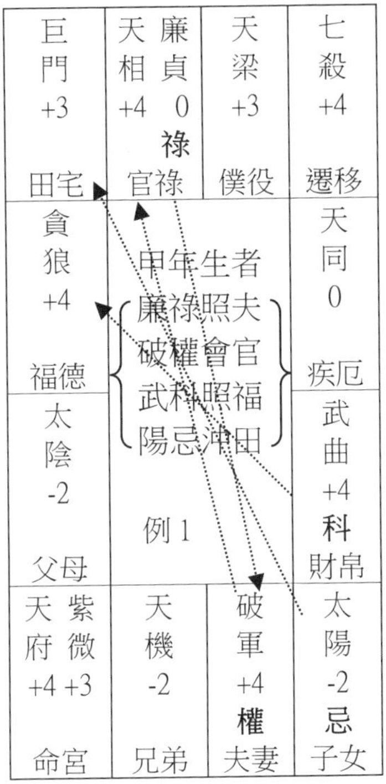
巨門 +3 田宅
天相 廉貞 +4 0 祿 官祿
天梁 +3 僕役
七殺 +4 遷移
貪狼 +4 福德
甲年生者
廉祿照夫
破權會官
武科照福
陽忌沖田
天同 0 疾厄
太陰 -2 父母
例 1
武曲 +4 科 財帛
天府 紫微 +4 +3 命宮
天機 -2 兄弟
破軍 +4 權 夫妻
太陽 -2 忌 子女

◎例一：

一、**祿權科**會照宮位為吉。

二、**化忌**沖入宮位為缺失所在。

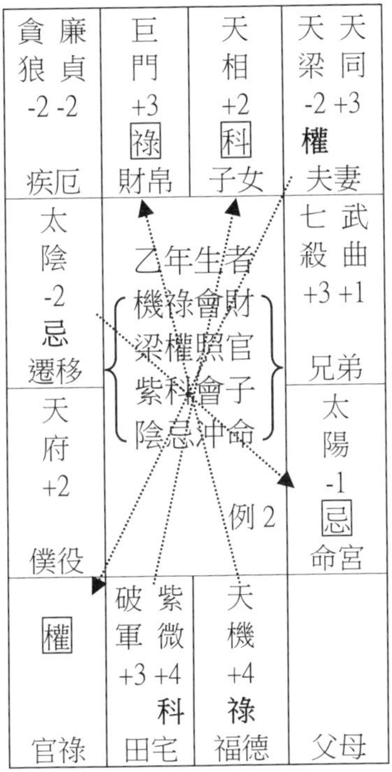
貪狼 廉貞 -2 -2 疾厄
巨門 +3 祿 財帛
天相 +2 科 子女
天梁 天同 -2 +3 權 夫妻
太陰 -2 忌 遷移
乙年生者
機祿會財
梁權照官
紫科會子
陰忌沖命
七殺 武曲 +3 +1 兄弟
天府 +2 僕役
例 2
太陽 -1 忌 命宮
權 官祿
破軍 紫微 +3 +4 科 田宅
天機 +4 祿 福德
父母

◎例二：

一、**祿權科**會照宮位為吉。

二、**化忌**沖入宮位為缺失所在。

三、宮位自化祿權科忌的能量分配：例一

天同 +4 **祿** 疾厄 癸	武曲 +3 科 天府 +3 財帛 甲	太陽 +2 太陰 -1 忌 子女 乙	貪狼 0 夫妻 丙
破軍 +3 遷移 壬	逢丙年者 天同化祿 天機化權 文昌化科 廉貞化忌		天機 **權** 科 巨門 +4 忌 兄弟 丁
機 巨 祿 **借** 僕役 辛	例 1		紫微 +2 天相 +2 命宮 戊
廉貞 +4 **忌** 官祿 庚	文昌 **科** 忌 文曲 +4 科 田宅 辛	七殺 +3 福德 庚	天梁 -2 科 父母 己

※說明例一：祿 權 科 忌 是宮位自化的標記。

一、僕役宮無紫府星系的甲級星，所以是屬**空宮**，借對宮的「巨門、天機」入位，本宮位又坐「辛干」，此為僕役宮「巨門自化祿」格局。

二、財帛宮武曲坐「甲干」，此為財帛宮「武曲自化科」格局。

三、父母宮天梁坐「己干」，此為父母宮「天梁自化科」格局。

四、子女宮太陰坐「乙干」，此為子女宮「太陰自化忌」格局。

五、兄弟宮巨門坐「丁干」，此為「巨門自化忌、天機自化科」格局。

六、田宅宮文昌坐「辛干」，此宮為田宅宮「文昌自化忌、文曲自化科」格局。

※宮位自化祿權科忌的能量分配：例二

廉 貪 借 疾厄 乙	天機 +4 權 科 財帛 丙	紫微 +4 破軍 +3 子女 丁	同 梁 借 夫妻 戊
太陽 +3 忌 遷移 甲	丁年生者 太陰化祿 天同化權 天機化科 巨門化忌	例2	天府 +3 兄弟 己
武曲 +1 七殺 +3 僕役 癸			太陰 +3 祿 科 命宮 庚
天同 +1 天梁 +4 權 祿 官祿 壬	天相 +4 田宅 癸	巨門 +3 忌 福德 壬	廉貞 -2 貪狼 -2 父母 辛

※說明例二：祿 權 科 忌 是宮位自化的標記。

一、官祿宮天梁坐「壬干」，此為官祿宮「天梁自化祿」格局。

二、財帛宮天機坐「丙干」，此為財帛宮「天機自化權」格局。

三、命宮太陰坐「庚干」，此為命宮「太陰自化科」格局。

四、遷移宮太陽坐「甲干」，此為遷移宮「太陽自化忌」格局。

宮位自化格局是很常見的，每張命盤都可能出現，即使在論及大限、流年月日時，也需要一一的看明白，如此則能完整解析盤面上的各種格局。所謂的「**自化祿權科忌**」是指所坐「宮位自身的好處或障礙」，等於是整個盤面分配給該宮位的能量，這種宮位自化的格局往往在多個宮位裡呈現，若有多張命盤來比對分析，即可從中看出生命活動的際遇，有好有壞、有成有敗、盛衰消長互見，只是隨著時間的流動（大限、流年月日時）而有不同的變化。

※總結

一、**盤面**—**祿權科忌**的能量分配是與生俱來的，具有全面的效應力。

二、**宮位自化祿權科忌**的能量，往往是因緣際遇所感召的。

三、**盤面四化**—**祿權科忌**的能量顯而易見。**宮位自化祿權科忌**的能量屬隱潛作用。

四、**盤面化祿**—是受益及慷慨，各宮均蒙其利。**宮位自化祿**是該宮既得的益處。

五、**盤面化權**—是能量展現關懷、控制權及勞碌的，它觸及全面性。

六、**宮位自化權**—是該宮自己展現的控制能量。

七、**盤面化科**—是吉祥能量，可化解困境與危機，引起全面效應。

八、**宮位自化科**—僅限於該宮展現隨緣順勢的能量。

九、**盤面化忌**—是障礙的主因，危機四伏。

十、**宮位自化忌**—是該宮本身問題的所在。

五、掌握財運的祕訣

大環境的變化，最先影響整個社會的生活層面，當屬財經發展的趨勢，這其中包括進出口的業務，物價上漲指數，國內人民的消費指數，國內各中小事業體發展的盛衰狀況，人民擁有現金及存款的安全係數……等等。人民擁有財產的多寡，往往與其生活面的幸福程度息息相關，因此，全球財經趨勢的走向，維繫著人民生活的穩定度。

二００八年雷曼兄弟事件的引爆，導致各國之間的投資者，在一夕之間崩盤，此事件影響層面造成財經發展的危機。可見一個單純的理財行為，即有可能引動全球經濟風暴與危機，這現象與「蝴蝶效應理論」是相通的。

希臘的財經危機，促使國內政治局勢動盪不安，波及歐盟各國，相對的也影響到全球財經狀態的失衡。政府冒然的實施財經改革，往往會直接波及人民的生存狀態。種種的財經景氣好否，「股市」是最直接反應的試煉所，其大盤走勢與個股之間，存在著消長盛衰的「糾纏現象」。少數人因此致富，大部份的投資者卻血本無歸，其個人的生活層面陷入困境者每每聽聞，處境悲慘，令人不勝唏噓。

擁有恰當的財產，不但能使生命的存在有安全感，也因此條件讓生活提昇幸福感，甚至，也可能進而探索生命存在的終極意義，進而開發潛能使得心靈得以躍進。一切的作為皆以生理的最基本需求為主。所以說，缺乏財物資源者，往往在現實層面的生活上較為辛苦，這是因為缺乏安全感的緣故。心理學家「馬斯洛」的**需求層次理論**（Maslow's hierarchy of needs），將人類一生的活動列出五個重要的需求。

◎馬斯洛的需求層次理論：

一、**生理的需求。**

二、**安全的需求。**

三、**隸屬的需求。**

四、**尊重的需求。**

五、**自我實現的需求。**

《紫微斗數》針對個人財務運勢的基本面，以及依每年財經趨勢來看個人財務運勢的消長狀態，這是一套可予以運用的預測工具，透過個人命盤的解碼，即可從中解讀個人在財務方面的優勢及缺失所在，因此，透過盤面訊息的傳達，即可從中拿捏理財應用的方略，進而規避未知的風險與危機。

只要善用網站所提供的線上軟體，APP軟體庫、Google Play軟體商店，輸入個人的出生資料時，即能轉換成個人專屬的紫微命盤，若能列印更好，可對照解讀盤面的訊息源，做為個人財務與風險管理的參考。

個人財運的走向，可從基本盤來解碼，本命盤是一生活動過程的主程式，要了解「財帛宮」的運勢順否，單從此宮來解析財運仍有不足之處，其它的十一宮與「財帛宮」之間，具有正負能量的交集作用，甚至，也可能與其它宮位之間，產生「糾纏現象」。

流年的盤面，主要是以當年為一期的運勢走向來訂定的，其推論原理同基本盤，因此，流年值守的「四化星」，以及各個宮位的「天干」配置，成為非常重要的推理依據，以下用範例來說明。

※財帛宮化祿、飛祿的交集作用：（祿：資源、好處、利益、受蔭、好緣所在）

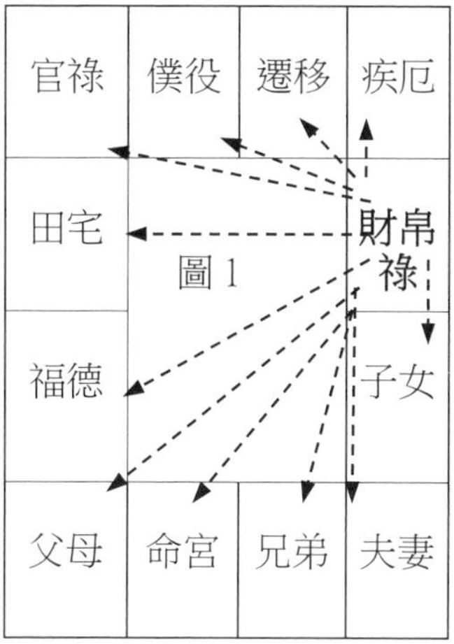

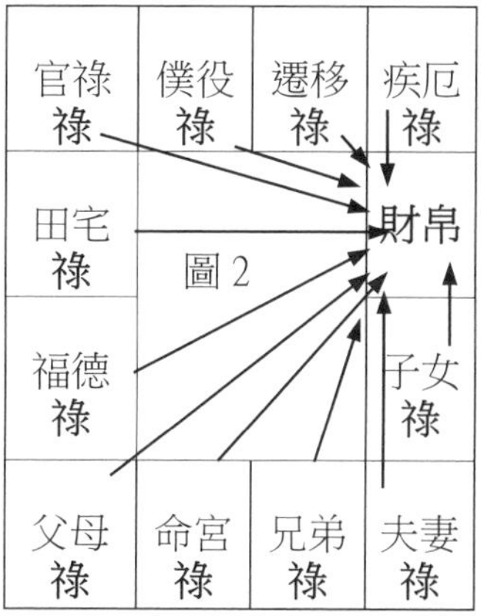

◎說明：圖一—財帛宮可利及各宮。圖二—各宮可能化祿飛入財帛宮—有利助緣的因素。

※財帛宮化忌的交集作用：

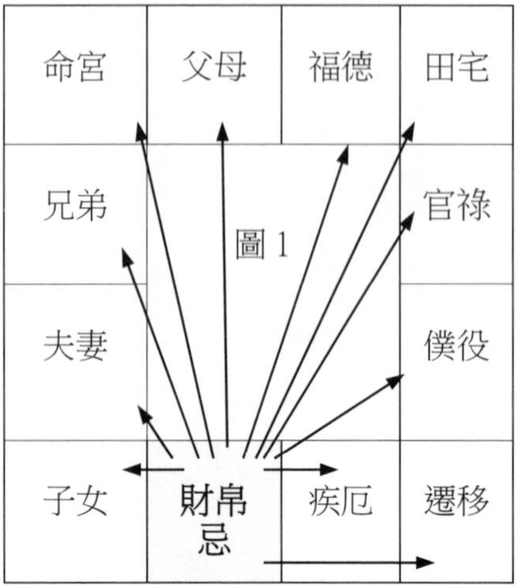

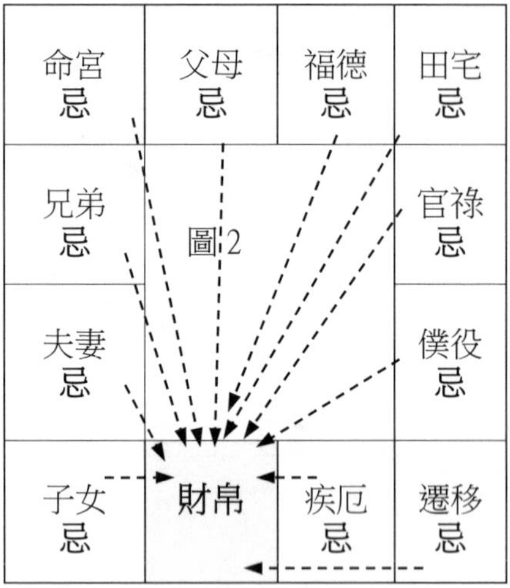

◎說明：

一、圖一—財帛宮化忌化忌飛入它宮的緣故，形成該宮財源的短缺。

二、圖二—各宮可能化忌飛入財帛宮，形成不利財運的因素，也是財運缺失的所在。因為，財源的短缺或耗失，往往會有其它因素來牽制。

註：「忌」—困難、、風險、障礙、麻煩、過勞、沒有往來的能量分配宮位。

※財帛宮・運勢起伏的格局—例一

天梁 -2 子女	七殺 地空 +3 夫妻	兄弟	廉貞 +4 命宮
天相 紫微 **地劫** +2 +2 **財帛**	1:財帛宮坐地劫 2:地劫沖福德宮		父母
巨門 天機 +4 +3 疾厄		例 1	破軍 +3 福德
貪狼 0 遷移	太陰 太陽 +4 -1 僕役	天府 武曲 +4 +3 官祿	天同 +4 田宅

◎例一—略解：

一、財帛宮坐「地劫」為六煞之主、主劫財，又坐「財帛宮」正位，凡有類似此盤局者，在財務方面，收入與支出頗有失衡之象。

二、地劫沖入對宮的「福德宮—心理層面」，因財務不佳或受困於日常生活所需，導致彼人承受很大的身心壓力，鬱鬱寡歡。

三、福德宮坐破軍，意謂著：「彼人過於注重物質方面的享用」。

※財帛宮・運勢起伏的格局—例二

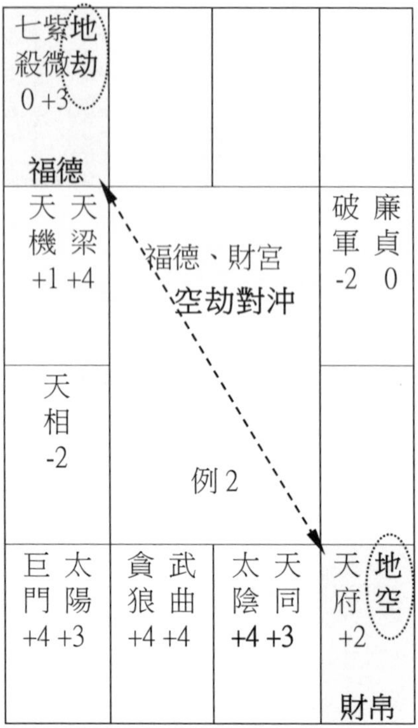

◎例二—略解：（財帛、福德宮—空劫對沖）

一、凡子時、午時出生者，在巳、亥兩個宮位，形成「地空、地劫」對沖的格局。

二、財帛宮「**地空**」因財務有空虛之象。福德宮「**地劫**」為籌措錢財應付日常所需，而帶來精神上的壓力。

三、財帛、福德兩宮的「地劫」及「地空」具有交互沖擊的作用，凡有類似格局者，宜應保守理財，才能遠離財務的風險及危機。

※若有落陷的羊、陀、火、鈴，坐落在財、福任一宮位時，也屬財運不佳的格局。

※財帛宮‧運勢起伏的格局—例三（詳如後章說明）

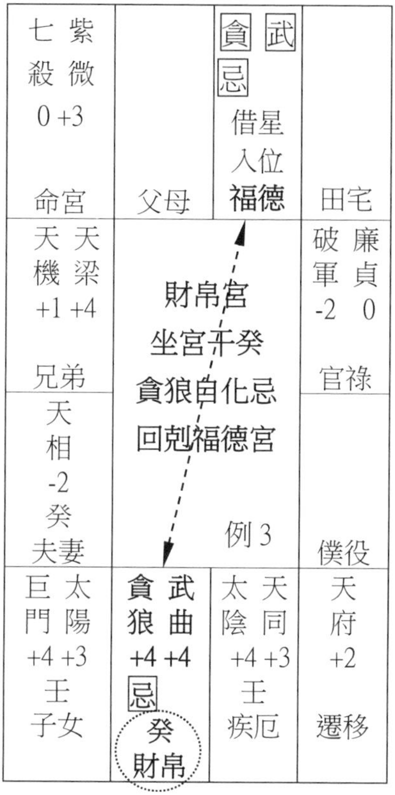

◎例三—略解：（財帛宮—貪狼自化忌）

一、財帛宮坐「武貪」本為雙星同聚的好格局，但本宮卻坐「癸干—貪狼自化忌」，形成欲得反失的格局，所以，易感召財物莫名流失或無妄之災的困擾，此局常為錢財周旋所得有限，唯若保守理財，當可避免耗失的風險。

二、由於財宮自化忌的緣故，因此，會將其自化忌的能量，轉換成回頭剋福德宮，導致彼人常為周旋財務及缺錢所苦，在精神層面上，帶來極大的壓力與煩惱。

※財帛宮・運勢起伏的格局—例四（詳如後章說明）

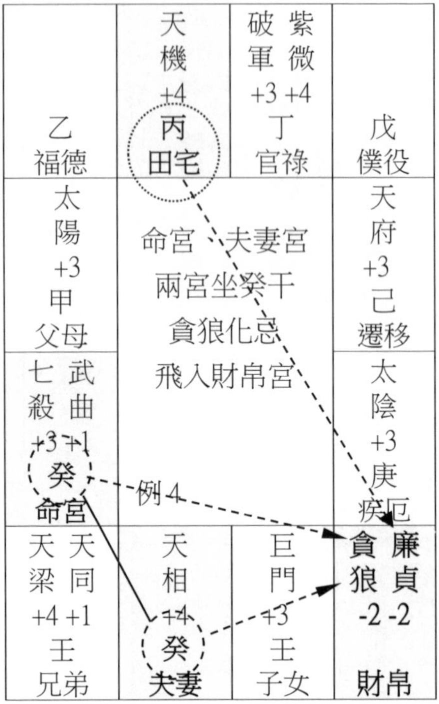

◎例四—略解：（貪狼化忌—飛入財帛宮）

一、命宮坐「癸干—貪狼化忌」飛入財帛宮，此局財運有阻滯之象。

二、夫妻宮也坐宮干「癸」，「癸干」貪狼化忌飛入財帛宮，宜應保守理財較好。

三、此盤田宅宮坐「丙干」廉貞化忌飛入財帛宮，這種格局意謂著：「彼人的家庭開銷有難以支應的窘境」。

※財帛宮—有利運勢的格局—例一

巨門 +3 田宅	天相 +4 廉貞 0 官祿	天梁 +3 科 僕役	七殺 +4 遷移
貪狼 +4 權 福德	己年生人 或者逢遇 己流年 己流月		天同 0 疾厄
太陰 -2 父母	財宮武曲化祿 福宮貪狼化權 例1		武曲 +4 祿 財帛
天府 +4 紫微 +3 命宮	天機 -2 兄弟	破軍 +4 夫妻	太陽 -2 子女

◎例一—略解：**（祿權交會格）**

一、正財星「武曲」坐財帛宮，這是得其正位的格局，財運頗佳，處世應物常有好際遇，在理財方面也常有財源的回饋。甚至，彼人在生活層面不虞匱乏，擁有好的生活品質。

二、財帛宮武曲化祿，匯入對宮的福德宮，這意謂著彼人福報甚好，因物質條件的豐富，而滿足其在生存上的安全感。然福德宮中的「貪狼化權」在理財運作上，又很有積極作為的企圖心，兩宮「祿、權」交會，堪稱是鑾好的格局。

※財帛宮有利運勢的格局—例二

天機 0 父母	紫微 +4 福德	田宅	破軍 +2 官祿
七殺 +4 命宮	財帛宮坐戊 貪狼自化祿		僕役
天梁 太陽 +4 +4 兄弟		例 2	天府 廉貞 +4 +1 遷移
天相 武曲 +4 +2 夫妻	巨門 天同 -1 -1 子女	貪狼 +3 戊 財帛	太陰 +4 疾厄

◎例二—略解：（單論財帛宮）

一、財帛宮坐「**戊干—貪狼自化祿**」，彼人有很好的財運，凡事只要善用方略，即有財源不絕的回饋，由於財帛宮自化祿的緣故，彼人理財態度保守，所以能積蓄錢財。

二、財帛宮將自化祿的「祿氣」匯入對宮的福德宮，因此，彼人在物質享用上，常會顧及品質的提昇，以此來帶動內心的愉悅滿足感，唯須留意是否有過度物化的問題。

※財帛宮有利運勢的格局—例三

天機 0 遷移	紫微 +4 疾厄	左輔 右弼 **財帛**	破軍 +2 子女
七殺 +4 僕役	左輔、右弼 雙吉星助長 財帛宮運勢 例 3		夫妻
天梁 太陽 +4 +4 官祿			天府 廉貞 +4 +1 兄弟
天相 武曲 +4 +2 田宅	巨門 天同 -1 -1 **福德**	貪狼 +3 父母	太陰 +4 命宮

◎例三—略解：（單論財帛宮）

一、財帛宮坐「左輔、右弼」雙吉星，凡有類似格局者，意謂著彼人的財源往往有左右逢源的好際遇。

二、「左輔、右弼」雙吉星，將吉氣匯入對宮的福德宮，使彼我兩宮的正面能量相互提升，有利於彼人能享受及品味生活的樂趣。

※財帛宮有利運勢的格局—例四

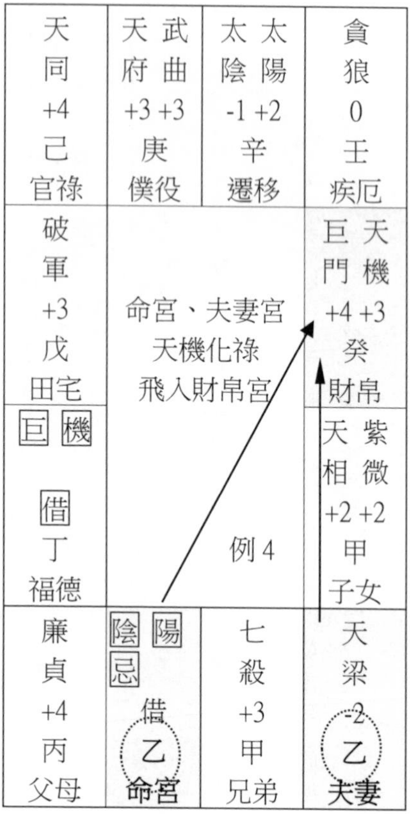

◎例四—略解：（單論財帛宮）

一、命宮及夫妻宮皆坐「乙干：天機化祿」，兩宮天機化祿飛入「財帛宮」，意謂著：凡有類似格局者：一者彼人有得財的好際遇。二者來自夫妻宮的能量，助長彼人在財務方面的益處。

二、彼人命宮無主星，借對宮的「太陰、太陽」入位，唯因命宮坐宮干「乙—太陰自化忌」，詳細論述部份，可參閱拙著《紫微算病—知青出版）。

※財帛宮．有利運勢的格局—例五

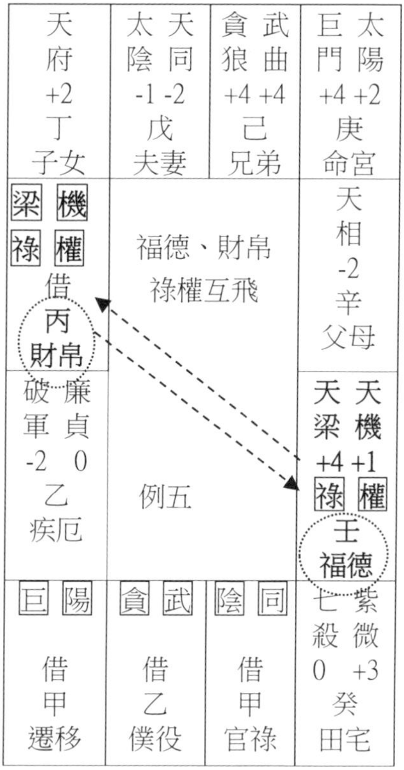

◎例五—略解：（財帛、福德兩宮—祿權交會格）

一、福德宮坐「壬干」天梁自化祿飛入對宮的財帛位，此為「福、財」兩宮天梁雙化祿，此為有利財運的格局。（註：財帛空宮借福德宮機梁入位）

二、財帛宮坐「丙干」天機自化權飛入福德宮，此為祿權交會的「祿馬交馳格」，此為有利財運的格局。

※命宮坐財星化祿的有利格局—例六

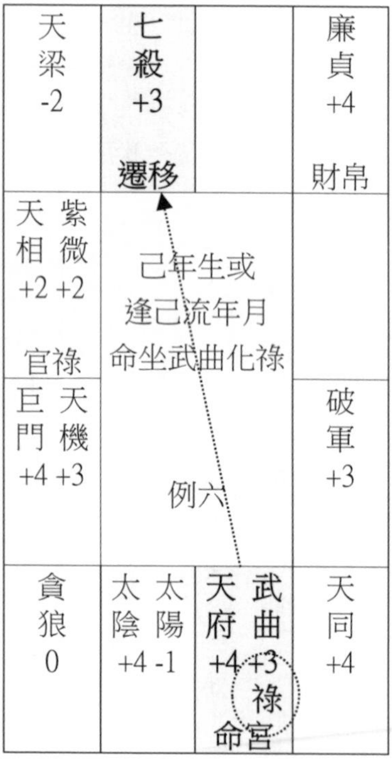

◎例六—略解：（命坐財星化祿格）

一、己年生者或逢流年月「己」，盤面見武曲化祿坐命宮，武曲化氣為財，此星主掌財運，既是財星當令入命宮者，在財運方面將有好的際遇。

二、武曲化祿若入「六親宮」皆主財運，因此，可以推演「父、兄、夫、子、僕」等五個宮位人物的財運跡象。

三、武曲化祿的財氣匯入遷移宮，彼人在外慷慨大方，廣結善緣，擁有很好的人脈，財運也是不錯的。

※備註：太陰化祿為富—保守聚財而富。武曲化祿為財—為財周旋致富。

※雙祿扶命宮格局—例七（父母與兄弟姐妹、好友的助緣）

天梁 -2 祿→ 兄弟	七殺 +3 命宮	陽 陰 祿 ←丁 父母	廉貞 +4 福德
紫微 +2 天相 +2 夫妻	壬年生或 或逢壬流年 天梁化祿 在兄弟宮 父母宮丁干 太陰自化祿 **雙祿拱命格** 例七		田宅
天機 +3 巨門 +4 子女			破軍 +3 官祿
貪狼 0 財帛	太陽 -1 太陰 +4 疾厄	武曲 +3 天府 +4 遷移	天同 +4 僕役

※雙祿扶財帛宮格局—例八（健康狀態與子女的回饋）

廉貞 -2 貪狼 -2	巨門 +3	天相 +2	天同 +3 天梁 -2 祿 丙 疾
太陰 -2	庚年生或 逢庚流年 子女宮坐 太陽化祿 疾宮坐丙干 天同自化祿 **雙祿拱財格** 例八		武曲 +1 七殺 +3 權 財帛
天府 +2			太陽 -2 祿 子女
	紫微 +4 破軍 +3	天機 +4	

如上所列舉的種種盤局，雖無法一一詳盡，唯其邏輯規則是可比量推理的。所以說，要做好個人的財務管理，往往需要規避風險，尤其是處在這變化莫測的世代，然訊息的走向真真假假，往往是很難去判斷分析的，這也是為什麼股市投資者，認陪者眾多，賺者少之又少。更重要的是面對生活上的種種誘惑，尤其對於錢財運用與投資上，實在是難以修鍊擁有更穩定的心性，以及踏實的心性來增加所得及財產。

《易經》**山水蒙卦**大意是說：「山上起霧，形成一片迷茫的景象，就連山路也被霧氣蓋住了，行走起來變得非常危險。除非有耐性的等待霧退去了，山路自然會清析的顯現出來，這時候來採取行動最好，可以避免不必要的風險」。這卦隱喻人生的路途，難免會碰到迷惘的時候，所以，應有相輔的訊息來幫助自己做判斷，免於無端的風險及損失。

下篇「如何做好財務風險管理」，將接續本章的論述來做進一步的解析，讀者可將前後章所例舉的範例做整合，延伸其論理，在對照命盤時，往往會駕輕就熟，瞭解其中奧妙之處。《紅樓夢》的開端有一首詩寫的很好，也蠻切合人生的處境。

《紅樓夢．第五回—賈寶玉夢遊太虛》

假作真時真亦假，

無為有處有還無。

六、如何做好財務的風險管理

誠如前篇「掌握財運的秘訣」所述，個人財務雖然與大環境的財經趨勢息息相關，唯其中仍有個人運勢的變化問題，景氣好的時候，有人賺有人賠，即使景氣蕭條的時期，也是如此。所以說，財運的好壞盛衰，牽涉到個體之間的運勢差異，這與個人出生時空的數字有關，只要能解開這「生日密碼」，即可能從中解讀彼人一生活動過程的訊息。

盤面上的三方四正，主要是指：「命宮、財帛宮、官祿宮、遷移宮」，這四個宮位是人們終其一生重要活動的能量所在，命宮─宿命所發動的禍福吉凶，以及盛衰運勢的消長狀態，命宮與在外能力的展現有極大關聯。所以說，遷移宮與命宮形成一個相對的宮位。財帛宮指的是：維持生命所需的物質條件，這部份需要以事業展現的形式來完成使命。因此，個人財務與事業運勢的走向是互相依附的。又因事業運勢與婚姻結構，兩者有相輔相成或互相牽制的窘境。這部份可在盤面上的「官祿、夫妻」兩宮看出端倪。

財物雖是維持生命存在的基本條件，它屬於「生理的需求」，唯財務狀況的好壞，與個體或其家庭的生活品質緊密聯繫著。福德宮代表彼人的心理生活、精神層面的發展狀態，以及是否擁有財運際遇的福報。

綜上所述，紫微盤面具有因果關係的宮位有六對，直接影響兩宮關係的運勢走向。

◎六組宮位的因果關係表解（體例一～二）

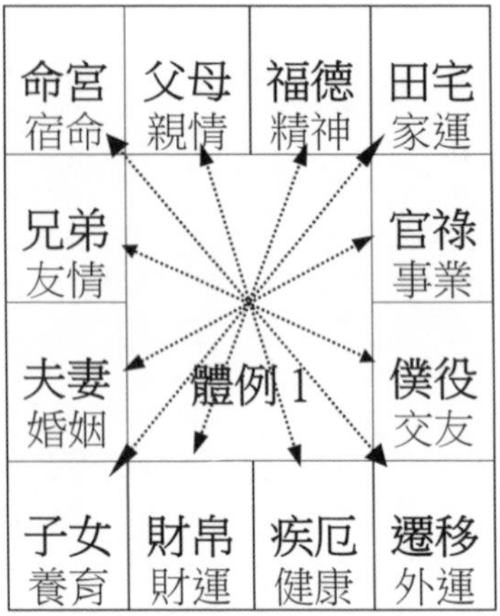

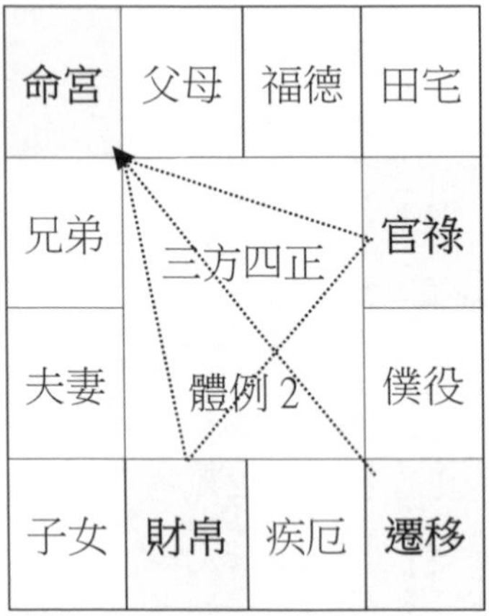

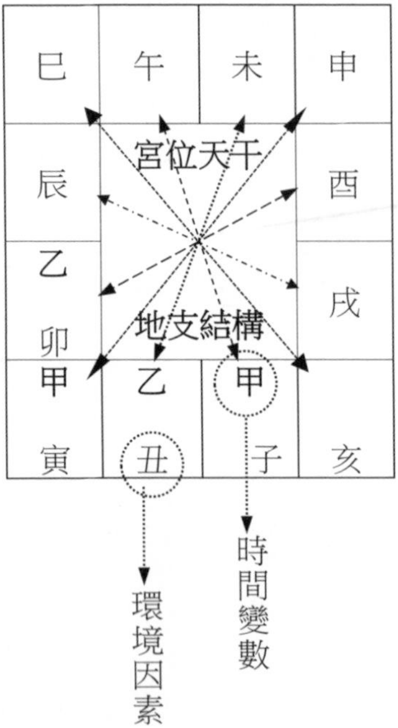

第一組：命宮—遷移宮。
第二組：兄弟宮—僕役宮。
第三組：夫妻宮—官祿宮。
第四組：子女宮—田宅宮。
第五組：財帛宮—福德宮。
第六組：疾厄宮—父母宮。

《紫微斗數》的命盤，在時空環境的變遷之下，盤面上共有六層不同的時空差異盤，它相應於個體在運勢走向上的盛衰消長狀態，這六層時空雖交錯，卻也有著相互重疊的影響作用，我稱它為時空交錯的「宮位重疊效應」，以下是六層時空的盤面分解。

第一層：本命盤─基本盤─一生運勢起伏的消長與盛衰狀態。

第二層：大限盤─每十年為一個概括運勢的走向。

第三層：流年盤─每一年運勢的走向。

第四層：流月盤─每一個月運勢的走向。

第五層：流日盤─每一天活動的運勢走向。

第六層：流時盤─每天十二個時辰的生命活動。

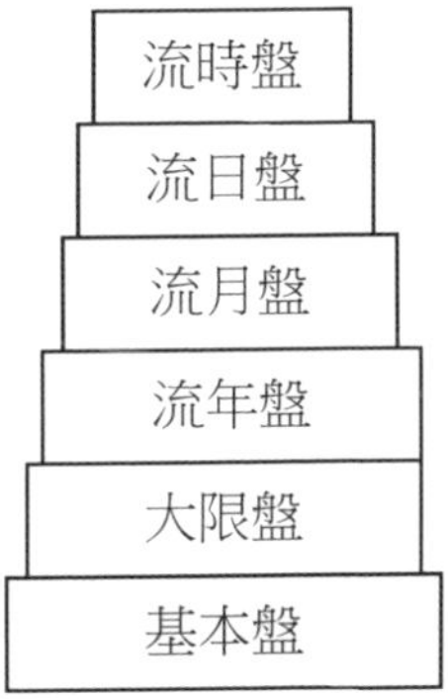

如上所述的六層時空盤，常用的是**基本盤**及**流年盤**，用來判讀個人生命活動的走向，因此，在做為個人財務運勢預測的工具時，若能詳實解讀這基本盤、流年盤的話，將能進退有據，不至於暴露風險與危機，導致損失或無妄之災。**本書所述及的相關理論，原則上，都是採用基本盤來貫通流年盤的，至於，大限盤、流月日時盤的推理，可以從基礎理論來延伸則可應用自如，其原理應是相通的。**

紫微盤面有四化─祿權科忌所入的宮位，凡「**化祿**」的宮位，即是該宮好處、利益、慷慨、資源、實質受益的宮位。「**化權**」是該宮活動能量強盛、奔波勞動、掌控及分配事物能量的宮位。「化科」是該宮隨順人情、開展智慧、逢凶化吉的能量宮位。「化忌」是該宮障礙、處境艱難、煩惱及缺失所在的宮位。以上四化星的各個能量展現明顯易於判讀，因此，宜從盤面四化—「祿、權、科、忌」所入的宮位來探索優勢的進取之道，或者是缺失方面的彌補之道。

可從自己的優勢與缺點所在，來應用進退之道，
知進知退的藝術，可讓人免於暴露在風險之中，
進而在生命活動過程，朝向幸福之路前進，
不但造就自己及家人，也能利及他人，
這是自我實現的終極目的。

凡是「化祿」所在的宮位，必然會將其正面能量匯入對宮，使得對宮的運勢得到助長，以有利彼我兩宮的發展，所以說，「化祿」是優勢的能量，應當要善加運用才是。然而，「化忌」卻有反向的拉扯作用，這阻礙能量會沖入對宮，使得對宮的運勢受到某種程度的牽制，阻礙彼我兩宮的運勢，因此，還得要有好的對治方略來因應，總能轉化逆境的，俗語說：「事在人為」，「天下無難事，只怕有心人」。

不怕化忌來考驗，只怕自己猶豫心不堅，
不怕劣運來磨練，只怕不知如何來對治，
不是不能轉運勢，只怕困在固有思維中，
不是做不來，只有願意不願意去做，
只要觀念轉個彎，生命就能無限寬。

《易經》六十四卦裡，䷊地天泰卦與䷋天地否卦，兩卦形成一對物極必反卦，

「卦」有「掛」在那裡的意思，明明擺著的現象，世間事物的發展，往往是朝兩極態勢發展的，也即是陰陽的兩個面向。地天泰卦的「泰」字，具有成功、有所成就的意思，人生走運的時候，心曠神怡，在運勢順遂之際，往往就易於忘乎所以，難於守成。於是事情的發展就會朝著「否」的方向發展，所以說，「泰極轉否」乃是物極必反的常態。然而，若要扭轉這已經形成的頹勢，那就得要大費周章了，「否極泰來」需要歷經種種的磨難，才能重見光明的到來。

「䷜ **坎為水**」、「䷝ **離為火**」兩卦，也在在的詮釋了遇到種種的險難，仍需懷著積極的意志，來迎接美好的未來。**坎水—險難的象徵**。**離火—光明在望**。所以說，人生總是在失敗與成功之間反復周旋，從不止息。

為了營造美好幸福的人生，若能知解個人的優缺點時，即可能從中規避風險，充份發揮有利於自己的勢面，那麼，運用《紫微預測工具》恰可做為這方面的指南針，給自己一個充份了解自己的機會，如此能善於發揮優勢，以及能進而彌補過失之處的話，人生是無往不利，處處皆有好際遇的。

䷌ **天火同人**與 ䷍ **火天大有**兩卦也是一體兩面的相通之卦，**同人**則能廣結善緣，積聚廣泛的人脈資源。**大有**就呈現了積極做為的好運勢。所以說，人脈是生命活動的最大資源，這兩卦說明了擁有善緣的好處。

以下列舉範例來做為「風險管理」的實際操作理論，讀者可從基礎邏輯裡，去對照盤面上的結構，若未能詳列的部份，在往後章節裡，應有詳盡的論述。

一、財帛宮坐化忌星：

財宮忌	財宮忌	財宮忌	財宮忌
財宮忌	財帛宮 坐化忌星		財宮忌
財宮忌	**財務受困格** 體例一		財宮忌
財宮忌	財宮忌	財宮忌	財宮忌

二、福德宮坐化忌星：

福宮忌	福宮忌	福宮忌	福宮忌
福宮忌	福德宮 坐化忌星		福宮忌
福宮忌	**憂心財務格** 體例二		福宮忌
福宮忌	福宮忌	福宮忌	福宮忌

三、財帛宮自化忌：

<table>
<tr><td>財宮
自忌</td><td>財宮
自忌</td><td>財宮
自忌</td><td>財宮
自忌</td></tr>
<tr><td>財宮
自忌</td><td colspan="2" rowspan="2">財帛宮
所坐宮干
自化忌
得財難守格
體例三</td><td>財宮
自忌</td></tr>
<tr><td>財宮
自忌</td><td>財宮
自忌</td></tr>
<tr><td>財宮
自忌</td><td>財宮
自忌</td><td>財宮
自忌</td><td>財宮
自忌</td></tr>
</table>

四、福德宮自化忌：

<table>
<tr><td>福宮
自忌</td><td>福宮
自忌</td><td>福宮
自忌</td><td>福宮
自忌</td></tr>
<tr><td>福宮
自忌</td><td colspan="2" rowspan="2">福德宮
所坐宮干
自化忌
抑鬱寡歡格
體例四</td><td>福宮
自忌</td></tr>
<tr><td>福宮
自忌</td><td>福宮
自忌</td></tr>
<tr><td>福宮
自忌</td><td>福宮
自忌</td><td>財宮
自忌</td><td>福宮
自忌</td></tr>
</table>

五、財帛、福德宮—七煞星同宮：（體例五）

七煞：擎羊、陀羅、火星、鈴星地空、地劫、陰煞。但以落陷的負面威力最大。

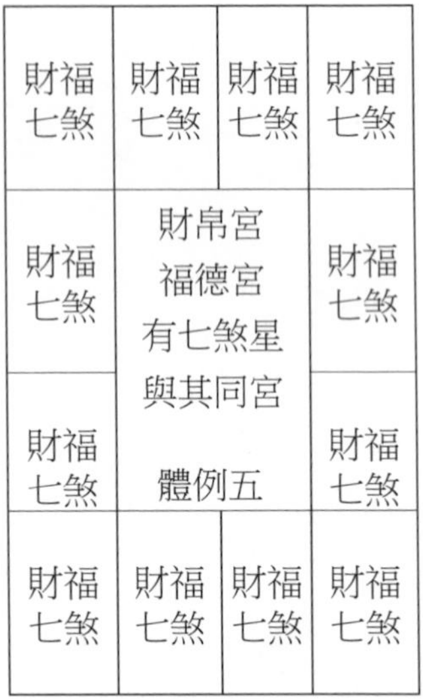

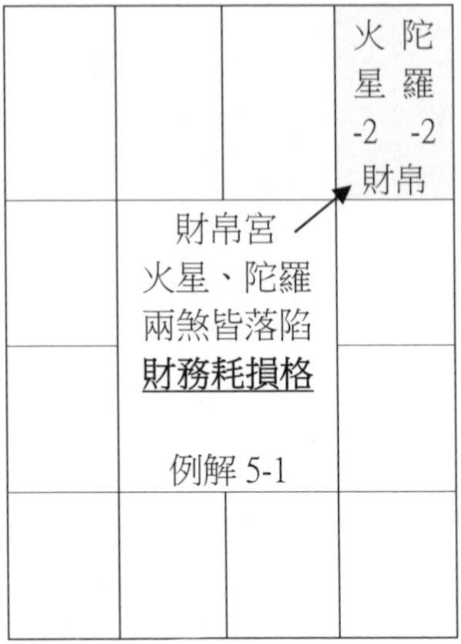

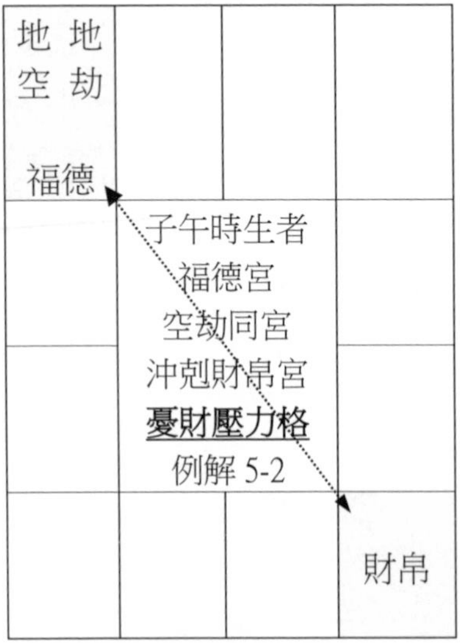

六、命宮化忌飛入財帛宮：（例解六）

	命宮坐甲干 太陽化忌 飛入財帛宮 **<u>得財辛苦格</u>**		
	例解六		太陽 -2 忌 財帛
甲 命宮			

七、財帛宮化忌飛入命宮：（例解七）

天相 +2 田宅	天梁 +4 官祿	七殺 廉貞 +4 +1 僕役	遷移
巨門 -2 福德	財帛宮 坐戊宮干 天機化忌 飛入命宮 **<u>守財不易格</u>**		疾厄
貪狼 紫微 +1 +3 庚 父母	例解七		天同 0 戊 財帛
太陰 天機 +3 +2 忌 命宮	天府 +4 辛 兄弟	太陽 -2 庚 夫妻	破軍 武曲 0 0 己 子女

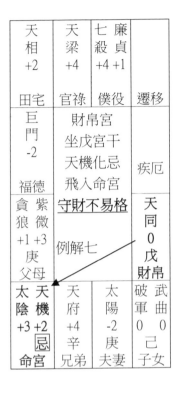

八、命宮、財帛宮—兩宮互飛化忌：（例解八）

天梁 -2 己	七殺 +3 庚	辛	廉貞 +4 壬 財帛
紫微 +2 天相 +2 戊	命、財兩宮互飛化忌		癸
天機 +3 巨門 +4 丁	<u>囚困財務格</u> 例解八		破軍 +3 甲
貪狼 0 丙	太陽 -1 太陰 +4 丁	武曲 +3 天府 +4 丙 命宮	天同 +4 乙

※例解八—命、財兩宮化忌互飛：

一、命宮坐「丙干」化忌飛入財帛宮廉貞位，形成命宮化忌飛入財宮的囚困之格，凡有類似格局者，屬於得財辛苦，難聚錢財格。

二、財帛宮坐「壬干」化忌飛入命宮武曲位，凡有類似格局者，屬於得財難守的耗損格局，彼人視錢財有如過路財神。

三、綜論：此盤局財運有限，獲財不易，因此，對於錢財打理還是要保守的好。甚勿盲從於各種投資的行動，否則恐易招來損失或無妄之災。

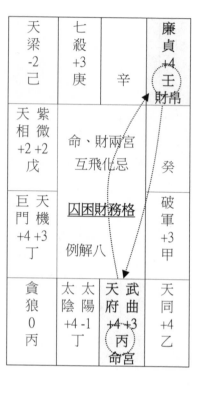

九、福德宮—自化忌回剋財帛宮：（例解九）

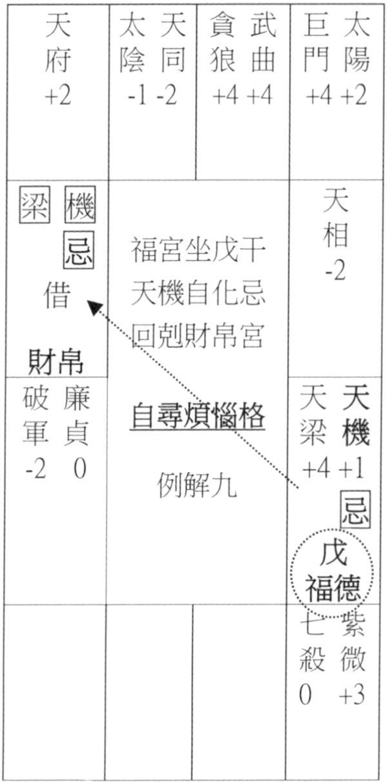

※例解九—福德宮自化忌回頭剋財帛宮：

一、福德宮坐「戊干」，本宮形成**天機自化忌格局**。

二、因為福德宮自化忌的緣故，將此化忌能量回頭過來沖剋財帛宮，這使得需借對宮主星入位（機梁）的財帛宮，形成彼我兩宮**天機化忌**的結構，凡有類似格局者，由於財帛宮受到福德宮的擊刑，使得財運易見阻滯之象。

三、福德宮自化忌易因財物受困的緣故，促使彼人在心理上承受極大的壓力，難得見其開朗，導致有鬱鬱寡歡的傾向。

十、忌煞夾擊財帛宮：（例解十）

福德	天機 +4 田宅	紫微 +4 破軍 +3 官祿	僕役
太陽 +3 父母	地空、地劫夾擊財帛宮	**財物耗斯格** 例解十	天府 +3 遷移
武曲 +1 七殺 +3 命宮			地空 太陰 +3 忌 疾厄
天同 +1 天梁 +4 兄弟	天相 +4 夫妻	地劫 巨門 +3 子女	廉貞 -2 貪狼 -2 **財帛**

※例解十—忌煞夾擊財帛宮：

一、子女宮坐地劫主耗財之象，也是好動難閒的格局。

（註：子女宮可另立太極做為子女的命宮—**取用神**）。

二、疾厄宮是彼人飲食、健康、坐息活動、工作體能的宮位，此宮位太陰化忌，易令彼人在日常活動上偶有「氣虛」的現象，此體能狀態與賺取錢財有重要的關係。

三、子女、疾厄兩宮，一忌一煞夾擊財帛宮，此盤局易令彼人的財務，周旋於子女的養育，以及體能的適應狀態，兩宮夾擊會困住彼人的財務。

十一、財帛宮雙化忌：（例解十一）

太陽 +3 子女	破軍 +4 夫妻	天機 -2 兄弟	天府 +2 紫微 +3 命宮
武曲 +4 忌 忌 財帛 壬	壬年生或逢壬流年 財宮坐壬干 武曲自化忌 **雙忌沖福宮**		太陰 +3 父母
天同 0 疾厄	例解 11		貪狼 +4 福德
七殺 +4 遷移	天梁 +3 僕役	天相 +4 廉貞 0 官祿	巨門 +3 田宅

※例解十一—**財帛宮雙化忌**：

一、凡壬年生、或逢壬流年時，盤面即有**武曲化忌**入位。

二、本盤財帛宮坐**武曲化忌**，宮中又坐「壬干」形成**武曲自化忌**。

三、總看財帛宮屬於「武曲雙化忌」格局，財務總有耗費甚大的窘境。

四、財帛宮帶著雙化忌的威勢，沖擊對宮的福德宮，使得福德宮承受極大的財務壓力，心境也易囚困其中，難得見其開朗。

十二、福德宮雙化忌：（例解十二）

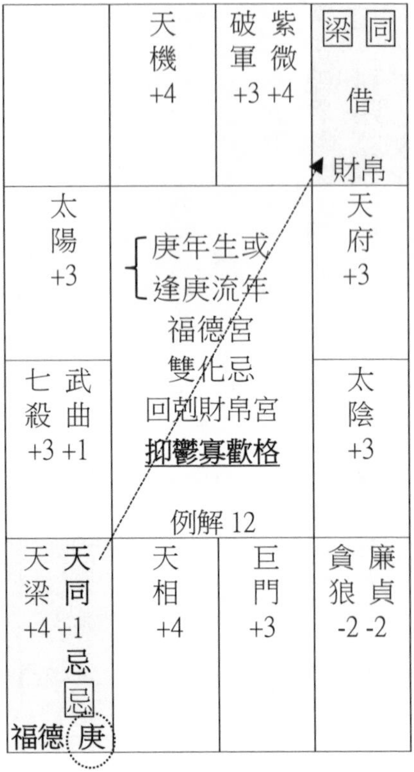

※例解十二—**福德宮雙化忌**：

一、凡生年庚或逢流年庚，福德宮坐天同化忌。

二、本宮又坐「庚干」，形成福德宮天同自化忌。

三、福德宮天同雙化忌，夾帶其威勢沖擊對宮的財帛宮，形成拖累財務的局面。

十三、財帛宮、福德宮坐陰煞：（例解十三）

	陰煞 財帛 福德 午		陰煞 財帛 福德 申
陰煞 財帛 福德 辰	寅辰午 申戌子 六宮坐陰煞 財帛、福德 坐陰煞		
	<u>得財難守格</u> 例解 13		陰煞 財帛 福德 戌
陰煞 財帛 福德 寅		陰煞 財帛 福德 子	

如上佐以各種不同格局的例解，主要目的在於說明不利於財帛宮的各種格局，**所有列舉的盤局，均適用於基本盤、大限盤、流年盤，甚至，可以延伸到流月日時盤等**。所以說，若能瞭解個人盤局的優缺點時，即可能遠離不當理財的風險，也可能彌補損失的過患。然而，尚有無法完全列出的劣勢盤局，不過，讀者可從中推理運用，想必能激發更多思維去解析盤中的奧妙之處。

《總結》

與其經常周旋於財務波動的風險裡，

不如另類的選擇保守因應，
盤面的格局雖只提供參考，
但凡事還是謹慎因應的好，
凡是財運不濟者，更應遠離風暴圈，
否則，動輒得咎，往往會導向耗損的結果。

第五篇

財經趨勢的循環效應

一、十年四化輪值推理邏輯表

※十天干輪值—四化星快速索引對照表：

值年	祿 權 科 忌	西元年份
甲年	廉 破 武 陽	2024, 2034
乙年	機 梁 紫 陰	2025, 2035
丙年	同 機 昌 廉	2016, 2026
丁年	陰 同 機 巨	2017, 2027
戊年	貪 陰 右 機	2018, 2028
己年	武 貪 梁 曲	2019, 2029
庚年	陽 武 陰 同	2020, 2030
辛年	巨 陽 曲 昌	2021, 2031
壬年	梁 紫 左 武	2022, 2032
癸年	破 巨 陰 貪	2023, 2033

◎以下論述採「化祿、化忌」論述，因其現象明顯可供觀察。

二、財經趨勢的盛衰循環周期

■**以每十年為一個循環，天干四化在財經上的歸納現象：**

西元	農曆	天干	四化星	股市表現	備註
一九八八	七七年	戊年	**貪**陰右**機**	金融危機，巨幅震盪	924 證交稅跌 19 支跌停板
一九八九	七八年	己年	**武**貪梁**曲**	開低走高—大漲	股市第一次上萬點
一九九0	七九年	庚年	**陽**武陰**同**	開高走低—巨幅震盪	股市創歷史高點 12893
一九九一	八0年	辛年	**巨**陽曲**昌**	狹幅震盪—平	
一九九二	八一年	壬年	**梁**紫左**武**	股市低潮—差	財星化忌之年
一九九三	八二年	癸年	**破**巨陰**貪**	有支援—觸底反彈	
一九九四	八三年	甲年	**廉**破武**陽**	開平震盪收小紅	
一九九五	八四年	乙年	**機**梁紫**陰**	股市低潮—差	

西元	農曆	天干	四化星	股市表現	備註
一九九六	八五年	丙年	**同**機昌**廉**	開低走高—中紅	
一九九七	八六年	丁年	**陰**同機**巨**	續走高—危機已現	
一九九八	八七年	戊年	**貪**陰右**機**	金融危機—巨幅震盪	1997-1998 亞洲金融風暴
一九九九	八八年	己年	**武**貪梁**曲**	開低走高—大漲	財星化祿之年
二〇〇〇	八九年	庚年	**陽**武陰**同**	開高走低—巨幅震盪	
二〇〇一	九〇年	辛年	**巨**陽曲**昌**	狹幅震盪—平	美國 911 事件
二〇〇二	九一年	壬年	**梁**紫左**武**	股市低潮—差	財星化忌之年
二〇〇三	九二年	癸年	**破**巨陰**貪**	有支援—觸底反彈	
二〇〇四	九三年	甲年	**廉**破武**陽**	開平震盪收小紅	Sars，319 事件
二〇〇五	九四年	乙年	**機**梁紫**陰**	狹幅震盪—平	

西元	農曆	天干	四化星	股市表現	備註
二〇〇六	九五年	丙年	**同**機昌**廉**	開低走高—中紅	
二〇〇七	九六年	丁年	**陰**同機**巨**	續走高—危機已現	
二〇〇八	九七年	戊年	**貪**陰右**機**	金融危機—巨幅震盪	AIG，雷曼兄弟，金融海嘯
二〇〇九	九八年	己年	**武**貪梁**曲**	開低走高—大漲	金融MOU，ECFA，H1N1
二〇一〇	九九年	庚年	**陽**武陰**同**	開高走低—巨幅震盪	
◎註：二〇一一年以後的四化變動現象，請上網查詢並自行做統計分析。					

◆左列篇幅為四化在財經表現上的等級能量表，茲提供予做為參考。

三、十年周期──化祿增益能量分析

◆依十年天干──化祿增益程度比較（★星數越多能量越強）

天干	值星	增益等級 化祿	顯象	排行
己年	武曲	★★★★★ ★★★★★	財星坐鎮， 金氣具足。	1
庚年	太陽	★★★★★ ★★★★	景氣昇平， 百業興隆。	2
癸年	破軍	★★★★★ ★★★	政府資源， 它資湧入。	3
丙年	天同	★★★★★ ★★	物資充足， 消費享福。	4
辛年	巨門	★★★★★ ★	市場景氣， 熱絡之象。	5
甲年	廉貞	★★★★★	服務導向， 開發客源。	6
乙年	天機	★★★★	創意取勝， 策略行銷。	7
丁年	太陰	★★★	金融得勢， 房地產旺。	8
戊年	貪狼	★★	流行趨勢， 時尚導向。	9
壬年	天梁	★	天時巧遇， 受人之蔭。	10

四、每十年循環—化忌能量減損比較表

■化忌減損能量等級比較：（★星數越多能量越弱）

天干	值星	減損等級 化忌	顯象	排行
己年	文曲	★	鼎盛旺勢， 疏於溝通。	1
庚年	天同	★★	百業旺勢， 忙不得閒。	2
癸年	貪狼	★★★	人氣平淡， 疏於人際。	3
丙年	廉貞	★★★★	展現企圖， 囚困人際。	4
辛年	文昌	★★★★★	往來交易， 帳務煩擾。	5
甲年	太陽	★★★★★ ★	政局起伏， 影響民生。	6
乙年	太陰	★★★★★ ★★	金融勢弱， 房市未濟。	7
丁年	巨門	★★★★★ ★★★	景氣暗動， 蘊藏危機。	8
戊年	天機	★★★★★ ★★★★	經濟走勢， 動盪起伏。	9
壬年	武曲	★★★★★ ★★★★★	金氣渙散， 景氣低迷。	10

五、益損強度比較分析

■益損勢力的消長及強度比較：（★星數越多，能量越強）

天干	值星	益損等級十分法	顯象	排行
己年	武曲化祿	★★★★★★★★★★	金價走勢，否極泰來。	1
庚年	太陽化祿	★★★★★★★★★	事業旺相，景氣昇揚。	2
癸年	破軍化祿	★★★★★★★★	政府資源，外資進入。	3
丙年	天同化祿	★★★★★★★	物資充足，消費趨勢。	4
辛年	巨門化祿	★★★★★★	市場景氣，熱絡之象。	5
甲年	太陽化忌	★★★★★	政局起伏，影響民生。	6
乙年	太陰化忌	★★★★	金融業困，房市低迷。	7
丁年	巨門化忌	★★★	物事相爭，暗中波動。	8
戊年	天機化忌	★★	經濟景氣，遽起遽落。	9
壬年	武曲化忌	★	金氣渙散，景氣低迷。	10

六、十年輪動—化祿效應虛擬圖

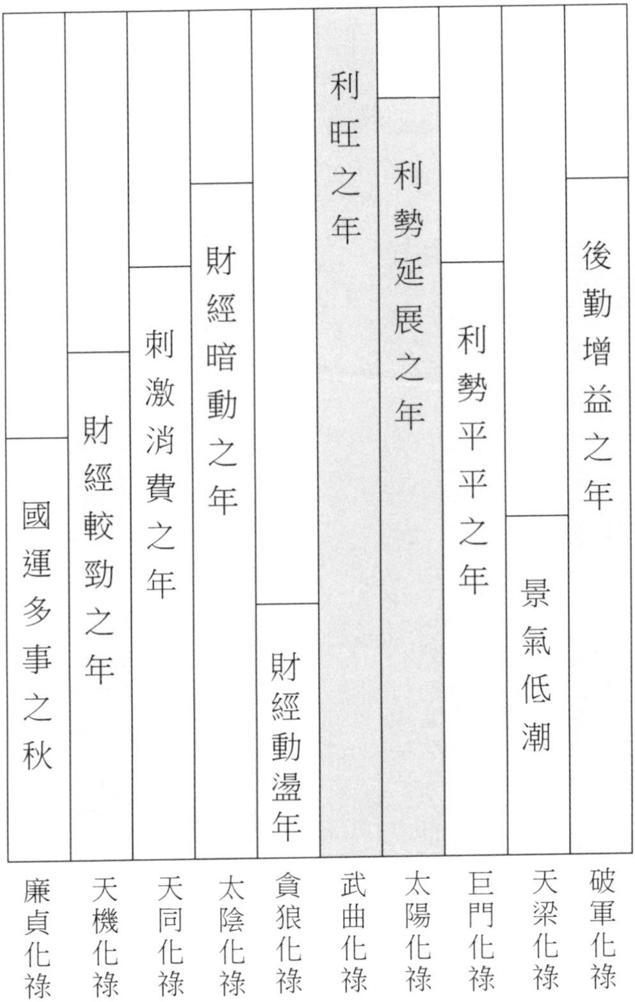

七、祿權科忌的交叉作用

左列四化星的「化祿、化權、化科、化忌」，在《紫微斗數》的盤面裡，不論坐落在哪一個宮位，會將其吉助能量匯入對宮，也會將阻礙的能量沖入對宮，然祿權科忌在彼我兩宮雖遙遙相對，但其吉凶呈象是明顯易見的。因此，以下將宮中若有兩顆以上的四化星同宮，或者彼我兩宮有兩顆以上的四化星相對時，其四化星的交叉作用，做了如下的歸納及簡意註解，以如此簡明的圖表來對照命盤，應可掌握其作用原理。

■ **祿權科忌的交叉作用：**

祿	權	科	忌

一、**祿**隨**權**走－想要擁有就得努力的付出。
二、**祿**隨**科**走－雖能擁有，但也能隨緣順勢，讓自己過得更好。
三、**祿**隨**忌**走－擁有過程頗為辛勞，唯恐先盛後衰或得而復失。
四、**權**隨**科**走－積極努力的過程，也能調適身心使其動靜有道。
五、**權**隨**忌**走－雖然極為努力的付出，但往往因緣未具，未能遂願。
六、**祿**隨**權**隨**科**走－想要擁有所以積極以赴，最終能享有悠閒的生活品質。
七、**忌**隨**科**走－發揮智慧來化解所面臨的危難。
◎如範例說明。

■科忌同宮的作用（範例一）

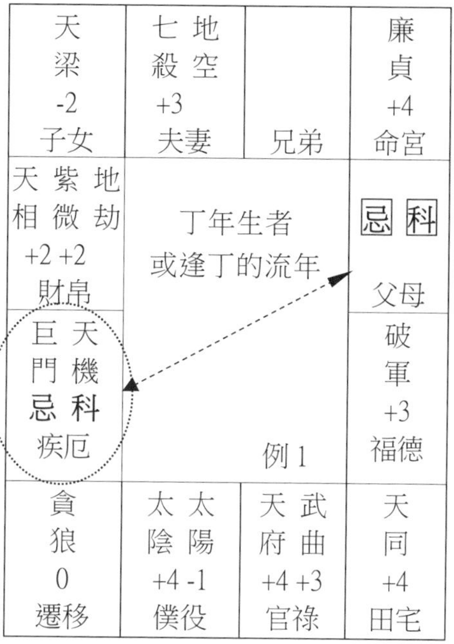

◎例一說明：（忌隨科走─化科可解化忌的困擾）

疾厄宮坐「天機、巨門」，凡逢丁年生者，或是逢遇「丁流年」時，此命盤結構為「天機化科」、「巨門化忌」，一科一忌同坐**疾厄宮**，會將「化科、化忌」的正負能量匯集入對宮的父母宮。至於**疾厄宮**「科、忌」同宮的交叉作用可解讀為：

在飲食及坐息上有身體違和之處，易導致氣虛的現象發生，「**然只要透過觀念的轉化，好好來調整日常生活方式，就能讓身體回復在平衡的狀態**」。

■範例二：祿權交會的作用（範例二）

巨門 +3 田宅	廉貞 0 天相 +4 官祿	天梁 +3 權 僕役	七殺 +4 遷移
貪狼 +4 權 福德	乙年生者 或逢乙流年 **兄友助我格** 例 2		天同 0 疾厄
太陰 -2 父母			武曲 +4 財帛
紫微 +3 天府 +4 命宮	天機 -2 祿 兄弟	破軍 +4 夫妻	太陽 -2 子女

◎例二說明：（祿權交會—能量匯集彼我兩宮—日常所投入的活動）

兄弟宮坐「化祿星」，意謂著手足之間，或者與我往來甚為密切的友人，對我甚好，也願將其好處或資源分享。**兄弟宮**化祿是實質性的關照，也是能助我的優勢宮位。對宮的僕役宮坐「化權星」，代表著：凡與我往來的友人，我與其互動甚為頻繁或密切相處，在這些人脈裡，不乏有能力關照我的貴人。「兄祿僕權」交會的結果，可以簡論為：**「雖周旋於人際往來事務上，但也常能得到手足及友人的照應」**。

第六篇

每十年循環的周期效應

一、甲年的財經趨勢

■甲年在財經趨勢方面：

●甲年的四化星：

廉貞化祿。破軍化權。武曲化科。太陽化忌。

西元：一九八四。一九九四。二〇〇四。二〇一四。二〇二四。二〇三四……。

農曆：七十三年。八十三年。九十三年。一〇三年。一一三年。一二三年…。

※廉貞化祿在財帛宮—開發財源，擁財為樂。

※太陽化忌在財帛宮—得手之財，輕易耗失。

◎甲年/廉貞化祿的財經優勢：

一、人際（人事）往來之間，透過人脈的交流，彼此互惠互利。

二、受財經趨勢的表相誘惑，而想透過投資（投機）從中獲利。

三、透過人際交情的互動，或可從中謀得益處，唯易招致人情方面的包袱。

四、在理財運作上，或有小利可得，也傾向於保守理財，積存致富。

五、財務支出與人際活動相關，也易從中獲至回饋。

六、人事周旋之間，財務周轉頻繁，於其中小利可得。
七、提升服務品質，以客戶為導向的運作，帶來甚大利益。
八、人事默契的建立，內部訓練、溝通、談判獲益之年。
九、宣導、廣告、促銷活動、公司、品牌、產品、形象建立之年。
十、個人形象塑造、廣結善緣、募集資源與人脈積聚之年。
一一、服務類相關的投資活動與運作，此年跡象明顯。
一二、電子業相關類別帶動經濟活絡。
一三、餐飲、會館或聚會場所，生意興旺。
一四、精品、禮品業、保險、傳銷業等，業務有旺盛之勢。
一五、其它……

◎甲年／太陽化忌的財經問題：

一、理財的運用、規劃、管理及支配方面，易對局勢誤判，因而導致損財之患。
二、家庭財務的收入與支出，在管控方面，易招至失衡的狀態。
三、財經政策之實施，往往有判斷失誤的過患，或有招來眾怨的困擾。
四、財政雖有大量支出之象，唯易囚困經費短絀，難以圓成其事。
五、股市交易雖見資金有活絡之象，唯投資者易誤判，導至損失的過患。
六、因理財不慎導致此年財務受囚困，難以維持平衡狀態。
七、此年花費不易管控，導致財務有捉襟見肘之象。

八、帳面華麗，實質的應入帳款，往往有囚困難解之象。
九、此年於職場與主管、老闆的認知差距甚大，導致離職者財務短絀。
十、求償債務者，於此年難以如願，或者有醞釀索賠的種種活動。
一一、此年財經發展僅見表相，實是囚困尚難解脫之年。
一二、擁有財務運作權或決策者，此年易剛愎自用，導致在執行面上的種種過患。
一三、其它……

■甲年／在人事變動方面：

壹：廉貞化祿的人事優勢：

※廉貞化祿在人事—周旋人際，廣結善緣。

一、人際往來有互動頻繁及熱絡之象，易為對方情誼所感動，甚至，捨得為對方付出。
二、於人際往來之間，互套交情，可為雙方帶來各自的好處。
三、人際往來重情份，喜以圓融方式因應事務，不喜得罪他人，因為，此舉顯然對自己沒有什麼好處。
四、此年桃花遍處開，兩性濃情蜜意的一年，彼此願為對方的情意所感動，薰陶在愛戀的氛圍裡。
五、兩性訂婚、聯姻喜樂之年。
六、人際往來熱絡之年，尤其在交際、應酬、聚會方面顯然增多，情誼的聯繫也在此年變得較為密集。

七、領導、經營管理者，嚐試以親民方式，縮減彼我距離感的方式活動，期使博得眾人的認同。

八、加盟、和解、結盟、談判、開店之年。

九、盡釋前嫌、讒訟解怨、消解囚牢、官司糾纏之年。

十、其它……

貳：太陽化忌的人事問題：

※太陽化忌在人事—憂柔寡斷，決策有失。

一、領導、經營管理者、創業者、為人師長者、凡為各階層的帶領者，其創思、決策、施行作為等，若未能謹慎保守，恐有誤判的過患。

二、國運較為動盪之年，領導、經營管理者，易逢挫折及逆境的考驗，於人事上有變動之患，所施行之方案往往有滯礙之象。

三、領導、經營管理者的決策，或與訊息傳達的現實有所差距，導致彼我的認知差距，雖然強調溝通，但在過程極為艱辛，難以有效的達成目的，成為極具考驗的一年。

四、全球局勢有動盪之象，凡為領導、經營管理者，在於大環境趨勢變動之下，其領導與管理風格，將面臨重大的考驗，因此，其施行方略往往有滯礙之處，或者好事多磨。

五、身為創業者、領導、經營管理者，易有改弦更張調整策略之舉，或者易逢人事違和，使得在執行面上偶有困擾。

六、其它……

二、乙年的財經趨勢

●乙年四化星：

天機化祿。天梁化權。紫微化科。太陰化忌。

西元：一九八五。一九九五。二００五。二０一五。二０二五。二０三五……。

農曆：七十四年。八十四年。九十四年。一０四年。一一四年。一二四年……。

■乙年／在財經趨勢方面：

※天機化祿在財帛—運用策略，廣招財源。

壹：天機化祿的財經優勢：

一、不動產及房市低迷，可予觀察，並於有利時機置產。

二、股市易見波動之象，證券交易缺乏穩定度，保守理財以降低風險。

三、固守財務，只要不輕舉妄動，可離於損失的憂患。

四、以開發、創作、點子、設計、發明為策略的應用，易獲利至。

五、整年以精算、策略分析、市場導向，引導消費活動而獲利的一年。

六、各種因應生活與休閒的軟體設計，遊戲軟體、各類型的機器人帶動商機。

七、研發、創作、點子，輔以宣傳活動的策略應用、改變思維突破以往的侷限，易改善現況，並且帶來甚大的益處。
八、符合時尚的獨特創意商品，博得消費者的青睞，帶來無限的商機。
九、3C產品的創意研發，為生活帶來便利外，商機處處。
十、電腦作業軟體、符合新世代的遊戲軟體，各種廣告、促銷活動與競賽紛紛出籠，大行其道。
一一、機器人發明事業的鼎盛時代，相關搭配機器人的軟體開發事業、各類遙控電子產品的企業大行其道，獲益良多。（例如：遙控機、電子監控、家電WI-FI……）。
一二、腦力開發科技的應用產品漸露曙光，大行其道。
一三、取代燃料油的各種汽機電動車的復興年代，從產品研發至設備的升級等等，帶來甚大的商機。
一四、綠色能源事業的復興年代，替代傳統能源供給方式的新設備產品，商機無限。
一五、景觀、植栽、種苗、綠化生活的相關創意產品，深入各階層，商機處處。
一六、蘊釀及施行藍海策略的有利之年，也是以智取勝之年。
一七、銀行或與金融相關的投顧單位，將釋出利多的專案來回饋客戶，或者頻出策略來穩定公司的業務。
一八、其它……

貳：太陰化忌的財經問題：

※太陰化忌在財帛─賺錢辛勞，求不得苦。

一、營利事業公司的營運缺乏穩定度，在計劃施行時，其獲益不如預期理想。
二、施政部門所編列的預算，或有經費短絀之象，在執行作為上，難以彰顯效率。
三、有關股市證券交易，投資基金、保險業務的運作，易見波動起伏之象，獲利有限。
四、財務單位的業務運作，由於此年經濟活動不夠熱絡，在資金往來的交易量有限，或者於應收、支出帳款上，往往耗費心思來突破困境。
五、資金的應用及調度，較為缺乏各方資源的支持，導致此年有負債者增加的趨勢。
六、房市低迷，買氣不旺，投資者或仲介業者，遇到瓶頸，其交易價格不如預期理想。
七、小利可得，過度計算或患得患失，適得其反。
八、借貸不如預期，請款、索償也是。
九、金融單位的景氣較為低迷，連帶影響整個經濟層面，因此，頻出奇策來突破窘境。
十、財物單位應收帳款難達預估效益，負債難償者有增加趨勢。
一一、財經單位頻頻出策，挽救經濟劣勢，但往往適得其反，招致民眾的抱怨。
一二、相關財經及房宅土地法令的制定與施行，其但效益難以彰顯。
一三、其它……。

■在人事趨勢方面：

※天機化祿在人事—思維細膩，機智善巧。

壹：天機化祿的人事優勢：

一、人事相處以和諧為基礎，心存善念，善待對方，因此優勢帶來種種益處。

二、依托宗教信仰，帶來心靈層面的提升，人際活動也從中擴展。
三、生活陷入困境者，易得他人資助。
四、公益活動頻繁，各方志工的投入熱絡，廣為募集社會資源。
五、慈善及公益事業的推廣，尤其在身體保健的肝病、失智預防宣導上，大行其道。
六、全球性公益活動頻繁，尤其在環境資源、森林土地資源的維護上，大行其道，凸顯人性的良善。
七、團隊策略的討論、計劃縝密與決策施行之年，以因應危機及降低業務風險。
八、團隊動能激發與在職教育訓練之年，適當的人事調整有利運作，彌補以往的缺失。
九、軟體規劃與設計、開創新意、籌謀劃策，謀定而後動之年。
十、其它……

貳：太陰化忌的人事問題：

※太陰化忌在人事—多愁善感，抗壓不足。

一、人情世故的往來，或者是所參與的聚會活動，往往有所支出或消耗錢財之象。
二、經營者、領導管理階層，此年耗費心力在策略及活動執行上，但往往付出不成比例，難於彰顯效益。
三、由於縮減財務支出的緣故，所以，於人事常有異動之象。
四、女性經營者、領導管理者，在策略施行上，往往有滯礙之處，或常有挫折的煩惱。
五、廣泛的女權運動，在推動訴求的實際作為上，往往事與願違。

六、女性候選人在競選過程中，逢遇嚴峻的逆境考驗。

七、兩性的感情發展，女性挫折多，難以順心如意，往往有抑鬱寡歡的處境。

八、人際往來僅見表相，往往有先熱後冷、先盛後衰之象。

九、逢遇挫折導致心情鬱悶之年，凡事宜以智取，強行效率未必彰顯。

十、其它……。

三、丙年的財經趨勢

●丙年的四化星：

天同化祿。天機化權。文昌化科。廉貞化忌。

西元：一九八六。一九九六。二00六。二0一六。二0二六。二0三六……。

農曆：七十五年。八十五年。九十五年。一0五年。一一五年。一二五年……。

■丙年/在財經趨勢方面：

※天同化祿在財帛—天時巧遇，財源廣進。

壹：天同化祿的財經優勢：

一、社福政策利民，安撫民怨。或者也有回饋民眾的財經福利措施。

二、各行業釋出利多的消費方案，刺激經濟活絡。

三、民生物資豐富，買賣交易熱絡，景氣似有回升之勢。

四、休閑娛樂、流行趨勢的商品帶動買氣，成為消費主流。

五、民生相關需求的用品，如：農產品、油、瓦斯…等物價有上揚的趨勢。

六、餐飲、休閑業大行其道。

七、精品、特色商品、稀有物品，此年買氣旺盛。

八、物流、運輸業務熱絡，帶動整體經濟的發展。
九、股市、證券交易熱絡，保守理財，小利可得。
十、刺激消費的策略與促銷活動頻繁，帶動業績上揚。
一一、國內旅遊、休閒業應用策略推廣行銷，釋出利多予消費者。
一二、人際往來常以聚會、宴會、飲食活動來聯絡感情，餐飲業者大行其道。
一三、百業興旺之年，商機普見復甦之象。
一四、其它……。

貳：天機化權的財經趨勢：

※天機化權在財帛—擅長謀略，交易得利。

一、軟體開發設計、自動機器、手機、電腦、遙控通訊、雲端事務等相關行業，大行 其道。
二、環境及資源維護、農產品、有機農業、、植栽業者等，有利於推廣。
三、電動車替代能源的產業陸續出籠，擴張版圖。
四、股市交易的走勢起伏甚大，還是保守因應的好。
五、其它……。

參：文昌化科的財經趨勢：

※文昌化科在財帛—心思細膩，理財有方。

一、帳務精算及管控、改善、調整、調度之年。
二、所實施的財經方略及問題處理，為顧及多數人的觀感，從中調整因應。
三、各種預算的編列縝密精簡，控制財務耗損的風險，凡事以節源為要。
四、財經方案的措施，往往有新作為的突破性行動，而且易見成效。
五、其它……。

肆：廉貞化忌的財經問題：

※廉貞化忌在財帛——囚困錢財，入不敷出。

一、主觀意志所推動的相關財務措施，在施行上易囚困於輿論，或因人事壓力而調整策略因應，或者有延緩其執行的可能性。
二、民生消費有往上攀升之趨勢，相對的，此年貸款難償或負債者的比例增加。
三、此年凡被囚困於財務者，在索償行動上阻滯難行，難以如願以償。
四、在投資理財方面，僅見表相，資金易陷囚困之境，或有人事上的是非困擾。
五、若於財務糾紛的索償問題，此年訴諸法律行動的現象顯著。
六、既有的支出或償貸事務，或有囚困於人情的壓力。
七、於財物調度上，得付出相對的代價，方能抒解困境。
八、相關社政的福利措施，看似利多，卻在預算編列上逢遇窘境。
九、於人情世故的往來上周旋，也易於將錢財花費其中。

十、於理財投資活動上，易被囚困，由於起伏波動甚大，於中得而復失。

一一、雖有利多的方案確應執行，但往往囚困經費或資金短絀，導致施行效率不彰。

一二、其它……。

四、丁年的財經趨勢

●丁年的四化星：

太陰化祿。天同化權。天機化科。巨門化忌。

西元：一九八七。一九九七。二〇〇七。二〇一七。二〇二七。二〇三七……。

農曆：七六年。八六年。九六年。一〇六年。一一六年。一二六年……。

■丁年／在財經趨勢方面：

※太陰化祿在財帛—保守理財，儲蓄致富。

壹：太陰化祿的財經優勢：

一、消費方式傾向於保守，但趨於選擇良好的品質。

二、時尚流行的各種發表會，也傾向於品牌及品味，如下列：

1：衣飾、妝飾傾向保守的走向。（其流行趨勢的色彩傾向於：寶藍色、白色、黑色）

2：居家生活的百貨用品，業績有提升的趨勢。

3：飲食消費傾向於傳統美味，博得消費者的喜愛。

三、在消費上的金錢支出，傾向於保守的節儉態度。

四、相關金融、保險業者大行其道，普見業務熱絡之象。

五、房地產普見活絡之象，帶動土地資源的價值走向。
六、女性領導、經營管理者，或具有影響力者，施行有利於眾的福利方案。
七、公司或家中掌財經女性，雖傾向於保守，但能施惠於員工或家人。
八、傳統產業在趨勢發展中，佔有優勢地位。
九、在儲蓄或投資方面，資金穩定，且有小利可得。
十、行政單位在財經或策略的投資上，傾向於易獲利或能從中回收，以平衡支出。
一一、貨幣、黃金、精品、古董等升值率佳，當有可獲之機。
一二、農產相關事業、有機農業、有機食品、種苗植栽業，此年業務順勢發展。
一三、婦科醫療專業、男性泌尿、腎膀胱相關疾症醫療、保健養生事業、老人服務與日間照護事業，易見攀升趨勢。
一四、骨科、牙科、耳疾、相關癌症重症治療的醫療事業，以及復健、另類療法事業，此年有攀升趨勢。
一五、水資源及相關開發事業、飲水（品）業、灌溉疏濬、水土保持、水災害防治業等，此年大行其道。
一六、失智症預防醫學與防治事業，長照安養中心事業，此年有顯著投入的趨勢。
一七、其它……

貳：巨門化忌的財經問題：

※巨門化忌在財帛——財務損失，招是非事。

一、經濟發展緩和之象，但表相中易暗藏玄機，其中的投資者，易陷入失察或誤判的窘境。
二、在財經面的預算編列及施行，往往有經費短絀之象，易於失察，導致效率不彰。
三、財務收入及支應往來上，易見諍訟或是非、違和之年。
四、在日常生活支應上，雖然存款利息低，仍能以保守及儲蓄因應。
五、於投資理財上，往往有潛伏的風險存在，或者有四面楚歌之象。
六、在資金挹注方面，易見表相，益中帶損，損而又損。
七、普遍性的薪資停滯或收入短缺之象。
八、股市表相旺，但易見潛隱性的瞬息變化，難以掌握其漲跌趨勢的走向。
九、財經政策與執行面，猶豫難定之象，且易招來議論、置疑或衍生莫明事端。
十、房地產表相有活絡之象，但其所帶動的實質效應有限。
一一、貸款或負債者，此年償債頗為辛苦。
一二、銀行、保險業方面的資金流通，僅見表相，實質效益有限，唯在業務方面的推廣，易招至解約、背信、或者是客戶的投訴。
一三、丁年又逢丁月，此月易形成動輒得咎的氣勢，所以，當防損財，損之又損。
一四、此年所招致的財務糾紛及是非訟事等，易見攀升之勢。
一五、其它……

■丁年/在人事變動方面：

※太陰化祿在人事—積蓄致富，持家有道。

壹：太陰化祿的人事優勢：

一、人際往來的互動傾向於溫和保守，凡事以和諧為要，雖不致於過從甚密，但也得維持良好的人際脈絡。
二、人們訴求安定與和諧的社會，因此，相關社團特別關注這方面的議題。
三、人際往來的情誼傾向平淡，雖然不是缺乏人情味，而是以考量動輒得咎的緣故。
四、衣著及儀表傾向於淡雅，雖不崇尚奢華，但也頗富風味與格調。
五、在交際應酬方面，傾向於保守，於應對往來之間以節約為原則。
六、女性持家有成，愛家有道，克盡職責。
七、在行政事務上，採取較為被動的方式執行策略，這可能考量唯恐造成無端的誤解，或者招來無妄之災。
八、女性得勢的象徵，也是普惠大眾之年。
九、其它……。

貳：巨門化忌的人事問題：

※巨門化忌在人事—暗招是非，招咎自責。

一、人際往來雖傾向於保守，但也易因溝通、默契或協調不佳，而感召莫名是非，給自己帶來無謂的困擾。

二、在國會、各地區議會、法人團體、股東會、各種行政會議等等，易因雙方理念的差距，而有溝通不良的現象，甚至，也可能形成對立的局面，或者有訟事訴諸於法院之爭，巨門化忌是感召是非、明爭暗鬥的年份。

三、理念、政見、說明會、各造之間的溝通協調、訊息傳達等，易感召評論或起紛爭。（註：丁年是每十年為一運的顛峰期）。

四、各種政策施行的經費編列傾向保守緊縮之年，在執行計劃時，也易感召莫名的抗爭、困擾或被置疑。甚至，也可能有暗中較勁的意謂，導致易陷窘境，頻添運作上的阻力。

五、人際往來的活動，在言語上若缺乏保守的態度，過度「直白」易感召無妄之災。

六、行事易受表相蒙蔽，招來無端的損失。

七、人事往來之間，有權勢之間的消長問題，暗中較勁。

八、其它……。

五、戊年的財經趨勢

●戊年四化星：

貪狼化祿。太陰化權。右弼化科。天機化忌。

西元：一九八八。一九九八。二〇〇八。二〇一八。二〇二八。二〇三八……。

農曆：七十七年。八十七年。九十七年。一〇七年。一一七年。一二七年…。

◎戊年：貪狼化祿的財經優勢：

※貪狼化祿在財帛──趁機進取，投資有方。

一、財經見表相旺勢，投資面傾向於從眾趨勢的理財方式，貪狼故名思義為「貪」，凡貪求過大，希望短期獲利的投資，雖能從中獲利，但也易因資訊有限而陷入困境，先益後損，損而又損。

二、流行、時尚或潮流趨勢的商品，或其外觀包裝頗具吸引者，易刺激消費，這可以譬喻下列事項說明之：

a：頗具創意的時尚食品、飲品、餐旅頻出奇招。

b：美容、美妝、醫美專業、保健食品、休閒娛樂等業，大行其道。

c：人們傾向於追求儀表、衣飾的時尚潮流，大方展現個人特色，與其相關商品大發利市。

d：3C及電子的創意商品，在流行趨勢中，佔得重要的地位，擄獲人心。
e：網路遊戲、網購商城、線上競賽遊戲、各種虛擬實境產品，大發利市。
三、只要能發動人潮聚集或熱鬧之處的活動，即有大眾趨之若鶩的錢潮。
四、帶領經濟重心的金融界，開發及推行各類商品，鼓勵客戶參與投資。
五、領導、經營管理者，期望推出有利大眾的福利措施，使其領受實質的利益。
六、人性貪婪與物化顯現的年份，貪狼星之「貪」，在此年表露無遺。
七、資金財物交易活絡之年，尤其股市易見動盪起伏的極大落差現象。
八、國內財經表現虛而無實，須防國際金融波動，影響多數人的權益。（這是因為天機化忌所引動的能量，通常會帶來極大的震盪）。
九、其它……。

◎戊年：天機化忌的財經問題：

※天機化忌在財帛——思違常理，財務動盪。

一、凡逢西元1978、1988、1998、2008、2018、2028年為天機化忌年，由股市的數據資料統計分析顯示，在2008年全世界掀起經濟危機的風暴，各國經濟體系也頻受波及。因此，凡逢上述年份時，在投資理財方面，除了審慎保守之外，也應培養面對危機處理的能力。
二、華麗表相的經濟面，往往暗藏玄機，通常於此年浮上抬面，衝擊社會各層面的發展，天機化忌年所引動的結果，使得投資理財的大眾，易遭受「共業所感召的損失」。

三、理財及投資活動與現實的趨勢演變，往往有極大的差異，也即是：「錢財投注之處，易感召反效果的衝擊」，得而復失，損而又損。西元二００八年的經濟風暴就是最好的寫照。

四、企業在營運上僅見表象，內部的困境，若一但浮上抬面，終究有危機四伏的險難。

五、在理財收入與支應上，通常耗盡心思，難以有效率的下定決策，導致因猶豫不決所帶來的損失。

六、財務危機的處理及因應，易導致損財者的抗爭，憤憤不平。

七、領導、經營管理者，在財經政策的施行上，易感召大眾的不平之鳴，甚至，引起某種程度的抗爭與對立。

八、經濟風暴年，宜有先見之明以渡過危機。

九、其它……。

■在人事變動方面：

※貪狼化祿在人事──才華出眾，趨向時尚。

•戊年：貪狼化祿的人事優勢與問題：

一、此年為展現才華與營造個人魅力之年，有利於行運的進展。

二、普見人際脈絡連結的相關活動。譬如：集體結婚、團隊形象的塑造、拉籠粉絲，各型演唱、才藝表演會、婚姻聯誼活動、網遊交友、各種交際活動、網站媒體直播、點播的閱覽率普遍攀升。

三、結婚及生育率提升。(因為**貪狼化祿**的時空能量推動所致，十年一運的桃花臨風喜氣，於此年最盛)。

四、對領導、經營管理者，或頗具魅力的公眾人物來說，其行運有加分的趨勢，有利於大局的發展，因此，易得人氣的支持。

五、各種聯誼活動熱絡，為因應人情世故，所以，常有周旋人際的繁忙現象。

六、公眾人物或具有某種知名度者，或具有才藝、人際魅力的人，在此年易展身手，一改往年之勢，成為人生重要的轉捩點。

七、以個人或產品魅力所發表的各種活動陸續展開，為人生再造顛峰。(譬如：各種發表會、演唱會、才藝展現、展示會、招商會……等等。)

八、兩性關係的議題，易受到大眾及媒體的關注。

九、人們追求時尚潮流的走向，以悅己者榮為出發點，因此，帶來無限的商機。

十、於各種媒體常見美男、美女大膽表現衣著、身材的發表會。

一一、浮現於媒體上的知名度或擁有粉絲魅力者，往往易招誹聞或感情問題，成為大眾注目的焦點。

一二、網路極盡各種情色發展的運作模式。

一三、兩性情意謀合及戀愛、婚姻之年。

一四、營造大眾魅力及蘊釀受擁護之年，易增添粉絲及熱烈支持者。
一五、人際往來之間，常見幽默、活潑、開懷的氛圍，一改往年僵滯的現象。
一六、人們普遍需要好的人際脈絡，廣結善緣的種種活動，在此年甚為熱絡。
一七、擁有群眾魅力者，於此年往往有意想不到的收獲。
一八、演藝事業、才藝出眾者新人倍出，其魅力往往造成某種程度的轟動，帶動新流行的風潮。
一九、凡各種時尚、熱鬧的活動，易帶動人們聚集，因此，凡有人潮湧至之處、即是錢潮匯聚之處。
二十、其它……。

•戊年：天機化忌的人事問題：

※天機化忌在人事—自尋煩惱，自以為是。

一、人際往來雖頻繁、熱絡、親蜜、講求友誼聯繫、團隊之間的互動等，也易因頻頻應對之故，而給雙方帶來某種程度的困擾。
二、人事所講究的情份，易因個人一廂情願之故，而帶來初善終惡的結果。
三、易因局勢判斷有誤或過度作為，以致立場偏頗，帶來恩裡生害的過失。
四、人性的善良及慈善面易被誤解，導致給自己帶來無端的困擾或損失。
五、在逢遇困境或瑣事纏身時，易將心窗關瑣，導致有自尋煩惱的傾向。

六、人事往來上，易過度慮及對方，忽略個人感受及權益，而有損己利人的現象。

七、新世代的年輕族群崇向時尚，特別注重粧扮及儀表，唯恐趨於物化，適得其反。

八、領導、經營管理者，於施行有利的福利作為時，易招至他人誤解，效益難彰。

九、各層面的領導及營運者，蒐集創意、挖空心思，以策略來突破所面臨的困境，但往往與現實面有所差距。

十、各慈善團體在會務推廣面上，易遇瓶頸或困境，比如：會務推行不如預期理想，導致資金短缺。

一一、人事往來僅見表相的緣份，較為缺乏實質的誠意與信實，互信基礎也較為薄弱。

一二、擁有特殊才華或頗具群眾魅力者，易受盛名之累，給自己帶來無端的困擾。

一三、領導、經營管理者，在面臨重大決策時，雖然思慮縝密，但在付諸執行時，所呈現的效益與現實之間的差距甚大。

一四、其它……。

六、己年的財經趨勢

●己年的四化星：

武曲化祿。貪狼化權。天梁化科。文曲化忌。

西元：一九八九。一九九九。二〇〇九。二〇一九。二〇二九。二〇三九……。

農曆：七十八年。八十八年。九十八年。一〇八年。一一八年。一二八年…。

■在財經趨勢方面：

※武曲化祿在財帛—經營有道，財神常隨。

◎己年：武曲化祿的財經優勢：

一、財經發展顯見成長趨勢，緩和往年以來運勢未濟的窘境。

二、經營管理者，帶動民生經濟整體發展，因此，國際間的物流頻繁，人民消費指數有攀升之勢。

三、此年股市行情有見旺相之勢，一掃去年天機化忌的大幅動盪，武曲化祿之年因金氣旺盛之故，股市交易熱絡，小利可得。

四、金價有上揚之勢，這是因為「武曲金星—化氣為財」的緣故，金氣在本流年中，化祿為財之精，金旺則百業興旺。

五、金融、股市、帶動百業發展，除了本年—「己年」，也會相應於「己月」均為金氣旺盛的月份。
六、財星化祿金旺之年，物資流通茂盛，生意盎然，商機無限。
七、全球景氣有普遍復甦氣勢，一掃往年低迷的景氣。
八、反應在經濟成長上的幾項重要指標：
　a：金價看好。
　b：股市熱絡。
　c：物流通暢。
　d：彩券熱市。
九、彩券中獎率提高，彩金也有攀升之勢，給挹注人帶來另類發財的新希望。
十、時尚飾品業、精品業、黃金鑽石、貴金屬等、具價值典藏品、證券⋯等，商機無限。
一一、相關財經單位為帶動整體經濟成長，在財經方略上，當可顯見有利作為。
一二、民眾消費能力普遍提升，有利於整體經濟的循環及永續發展。
一三、符合潮流時尚的商品，在本年度大行其道，譬如：
　a：電器、電子、電腦、手機、其它3C、網路行銷業者。
　b：創意商品的推陳出新，廣告及資訊宏揚競逐於國際間，貨物流通無遠弗界。
一四、資訊躍進的大轉變時代，軟體設計業者擴及人類所能觸及的各個層面，帶動設備的更新與升級。譬如：機器人設計的升級、各種虛擬實境及遊戲軟體的進化、傳統醫學設備與軟體的升級（檢測與外科醫學的大進化）、身心醫學軟硬體的突破、疾病預防醫學軟硬體的開發與應用、結合居家生活 WI-FI 管控的新世代…等。

一五、本年「貪狼化權」的緣故，所以，在電動車業、自動作業系統（機器人的再進化），心智科學與電子科技的應用（如：念力遊戲的商品）、凡可觸及應用的相關軟體與遊戲競賽頻繁，帶動軟體科技的新未來。

一六、凡商品以精緻、細膩、創意、時尚、特殊賦意來包裝行銷者，商機無限。這是因為逢**武曲星**金氣顯現於外的貴氣所致，也意謂著此年的消費指數攀升。

一七、武曲化祿為財氣顯現之年，此年收入穩定也較往年來得好，在各行業裡，甚至有突破往年業績的趨勢。（註：每十年中，逢己年才輪到武曲化祿，宜當把握時機。）

一八、儲蓄與各種理財活動，往往是全球普遍性的現象。

十九、國際貨幣的流通暢旺──**武曲化祿**為財金最旺之年。

二十、其它……。

◎己年：文曲化忌的財經問題：

※文曲化忌在財帛──經手之財，風波不斷。

一、財經顯見旺相之勢，從以往股市走勢的統計分析，凡逢此年為景氣昇平的榮景，唯其中仍隱含暗動之象，所謂暗動是指：「具有爭議性的投資標的為潛伏風險」。

二、財物在交易上，往往有意見傳達、溝通不良的現象，導致有客訴的困擾。

三、服務業的相關作業人員，在與客戶互動之間，較為缺乏柔性委婉的愛語，所以或多或少的影響業績的進展。

四、在財務管理及應用上，易見股東（合夥者）認知及共識不足之象，導致在執行面上有溝通及默契不足的狀況，難免有些隔閡。

五、在投資理財及風險管控能力上，易受衝動心理影響，導致獲利銳減或短收。

六、以每十年為一個循環趨勢的流年裡，以**己年—文曲化忌**的負面效應為最低，凡逢「己年—武曲財星」的能量為最旺之時，應積極把握此年的行運。

七、在投資理財方面，可順勢以進取，唯不可乘勝追擊，**文曲化忌**的發動，易感召得而復失的波動現象。

八、其它……。

■在人事變動方面：

※武曲化祿在人事—財物福報，理財有道。

●己年：武曲化祿的人事優勢：

一、人事往來有財物流通的活絡現象，甚至以財物來回饋股東、員工、消費者等。

二、一掃往年經濟風暴的陰霾，人們在生活上的支用，或在貸款的因應較為寬鬆，相對的稍減一些經濟上的壓力，給人們帶來新的展望。

三、經營管理者，一掃往年業績的低迷氛圍，本年顯見新機運來臨，緩解人事上的壓力。

四、就業率及穩定度比往年佳，帶動景氣的成長。
五、對領導、經營管理者而言，本年面臨財務壓力減緩，唯仍得尋求永續經營方略，以有利於大眾、股東、員工或家人。
六、人們因禮尚往來，而促進彼此情誼之間的聯繫，帶動餐旅業、聚會場所的商機。
七、大環境的經濟條件於本年有所機轉，普羅大眾的生活與工作也得到顯著的改善。
八、人與人之間顯見談及財經話題，此年相關財訊易成為大眾關注的焦點。
九、各種彩券的挹注顯見熱絡之象，得獎率也頻頻升高，本年又增添不少的樂透得主。
十、其它……。

•己年：文曲化忌的人事問題：

※文曲化忌在人事—言語耿直，招來過失。

一、人事往來之間，唯於溝通、表達、或在意見交流上，較為缺乏共識與默契。
二、兩性往來在言語表達上，往往缺乏溫和委婉的對待，導致有溝通不良的違和之象。
三、易因說話過於直白，往往得罪於人而不自知，使得人際變得有疏離感。
四、易因快言快語而招來他人微詞或議論。
五、人事運作的意見傳達或溝通，存在異同的明顯差距，尚需磨合才能對焦。
六、說話及表達的內容，與事實的呈現有所差距，當事者往往有難言之隱的苦處。
七、團隊人事易因溝通不良，而有共識及默契的問題，或因某方案存在著認知差距，而有對立的過失。

八、領導、經營管理者，在其運作理念付諸於施行時，在訊息傳達或宣導上有所不足，導致易起諍論，甚至頻頻應付所引起的波動。

九、其它……。

七、庚年的財經趨勢

西元：一九九〇。二〇〇〇。二〇一〇。二〇二〇。二〇三〇。二〇四〇……。

農曆：七十九年·八十九年。九十九年。一〇九年。一一九年。一二九年……。

■在財經趨勢方面：

※太陽化祿在財帛—得人蔭財，樂善好施。

◎庚年：太陽化祿的財經優勢：

一、百業見興旺的榮景，財經顯見活絡頻繁之象，延續己年的財經氣象。。

二、各行各業之間，顯見略增趨勢，帶動整體經濟的發展。

三、相關趨勢發展的行業及商品，此年大行其道，如下列：（僅供參考）

a：電子業。

b：軟體設計業。

c：各行業的自動作業系統。

d：機器人生產業。

e：資源回收業、運輸業。

f：燃料、儲電、電池、替代能源、食用油品、酒品業…等。

g：電動車業（新能源交通運輸系統）。
h：社團或國際間的交流事務。
i：股市、黃金交易熱絡。
j：銀行、基金、保險業。
k：餐旅、聚會場所、娛樂業。
l：精緻農業。
m：應用精緻鋼鐵品業。
n：生活用品百貨業。
o：魅力或形象塑造行銷業。
p：顧問、策略諮詢業、趨勢管理分析業。
q：擴展跨國性的企業。
r：網購商城及物流通路業。
s：節能與相關用品事業。
t：運動、健身、養生、保健等相關行業。
u：其它……。

◎庚年：天同化忌的財經問題：

※天同化忌在財帛—為財勞碌，所得有限。

一、為周旋財務奔波勞碌，此年乃為商機及事業延續之年，所以，既為事業或工作辛勤付出，唯因財務有張羅調度以支應的頻繁之象。

二、個人或家庭為周旋財務而勞心勞力，不得悠閒。

三、在經濟發展層面上，雖有景氣延續之象，但身為領導或經營管理者，在財務支應上，頗有周旋於預算協調的反覆勞碌現象，所以，往往有先易後難的呈象。

四、為增加營收，或者是個人的收入也好，此年為普遍性積極進取所得的勞祿之財。

五、股市、金融、基金、保險等相關行業，普見業務運作忙碌，業績也有略增之勢。

六、股市顯見熱絡之象，但因**天同化忌**之故，使得錢財頻繁波動，甚勿得而復失。

七、太陽化祿是經濟榮景之年，然**天同化忌**則是為財務周旋，努力付出而有所得之年。

八、天同化忌為財務周旋及儲蓄之年，人們總想看住荷包，應用各種管道儲蓄或投資較為穩定的理財方案。因此，集體意識的價值觀顯然傾向於穩定獲利的理財活動。

九、**天同化忌**為財周旋，約略的說，人們雖勞心費力賺錢，但為支應日常所需，所以財務頻頻波動，周轉有道。

十、其它……。

■在人事變動方面：

• 庚年：太陽化祿的人事優勢：

※太陽化祿在人事——熱衷事業，行善為樂。

一、人事往來聚會頻繁，帶動餐旅及聚會場所的商機。
二、領導、經營管理者，對於人事方面的調整頗能提高運作效率。
三、在施政團隊或企業體系裡，著重人員的自我成長，以及在相關專業能力的提昇，因此，顯見各種激勵成長的課程應運而生。
四、應用策略能提升團隊效率，易因人事資源的匯聚，有益整體業務的成長。
五、業務運作與推廣有利行事，為其事業紮下根基，永續發展。
六、景氣延續前一年，各行各業於此年趁勢積極作為，強化運作能力。
七、領導、經營管理者，極欲有所作為，常於人事調整以利行事，且能發揮實際作為，效益顯著。
八、各行各業的人材倍出，也帶動專業提升及再學習的風氣盛行。
九、具有人際魅力或得到公眾的認同者，此年運勢再展企圖，為其帶來延續的利益。
十、桃花臨風處處開，兩性感情的往來，在本年開花結果多，因此，結婚率普遍提升。
一一、凡於此年出生者，往往有很好的福報，其中有為數不少的大企業家。因此年為事業主**太陽化祿**之年，有利於彼人的事業發展，而且能帶動經濟發展。
一二、於人事上為普遍晉升之年，凡多年辛勞付出者，於本年度易得長上賞識，或者得到晉升的機會。
一三、其它……。

●庚年：天同化忌的人事問題：

※天同化忌在人事—有福難享，勞而少獲。

一、常周旋應付人事往來的事務，致使個人在身心上有煩勞奔波之象。

二、人們常將心思投注於學業、事業工作中，因此，常忽略休閒方面的規劃。

三、常為事業工作奔波走動，本年**天同化忌**乃為「驛馬」發動之年。

四、常為他人事務或福利問題奔走，勞己利他。

五、本年也是每十年一運裡，負面影響較輕的年份，十干化忌呈象簡意如下：

一：甲年的**太陽化忌**—憂愁寡斷之年。政局起伏之年。

二：乙年的**太陰化忌**—操勞事務之年。房地產受制之年。

三：丙年的**廉貞化忌**—囚困人情之年。囚困財務之年。

四：丁年的**巨門化忌**—感召是非之年。財經暗動之年。

五：戊年的**天機化忌**—多愁善感之年。財經震盪之年。

六：己年的**文曲化忌**—溝通滯礙之年。無傷大局之年。

七：庚年的**天同化忌**—主身心勞祿之年。財務周轉調度之年。

八：辛年的**文昌化忌**—學業、文書與人事阻滯之年。帳務疏失之年。

九：壬年的**武曲化忌**—鬱鬱寡歡之年。財務困境之年。

十：癸年的**貪狼化忌**—孤鸞年。貪得反失之年。

八、辛年的財經趨勢

西元：一九九一。二〇〇一。二〇一一。二〇二一。二〇三一。二〇四一……。
農曆：八十年．九十年。一〇〇年。一一〇年。一二〇年。一三〇年……。

■在財經趨勢方面：

※巨門化祿在財帛──生意創意，周轉有道。

◎辛年：巨門化祿的財經優勢：

一、整體經濟發展仍見榮景之象，唯巨門化氣為暗，在「辛年」財經往往有「巨門化祿→走向→文昌化忌」的先盛後衰、先得後失、開高走低的現象。
二、領導、經營管理者，在財務出入頗有頻繁之象，唯較缺乏業務後續的支援動力，因此在營收上往往先盛後衰之勢。
三、從事理財活動者，易先獲其利，唯若戀棧恐易導致失察的損失。
四、財務預算或編列有略增之勢，在執行面上也易招來失察的過失或爭議。
五、普遍的投資市場有交易熱絡之象，也易從中有小利可得。
六、股市交易先見熱絡效應，但在整體走勢有開高走低之勢，唯投資人當要有所節制，避免從眾所招來的風險。

七、普遍的投資市場，在本年—**辛年**易見下列現象：

a：先得後失。

b：先贏後損。

c：得而復失。

d：開高走低。

e：先盛後衰。

f：瞻前顧後的損失。

g：對於失察的損失。

八、整體經濟發展的投資活動復萌，產品淋瑯滿目，挑動投資者的趣向，因此，往往易見大筆資金的挹注，唯凡事若能謀定後動，可免於得而復失的過患。

九、社會各層面普見資金的流通，善於運用其中資源者，往往能蒙其利，唯得有所節制，因**巨門化祿**隱藏著化氣為暗動的風險，所以，有先益後損的趨勢。

十、相關於金融的財經業務熱絡，由於資金的交易為其帶來相當的利益，此年百業有大興利市的趨勢。

一一、借貸或資金調度的趨勢盛行，唯宜審慎恐有失察之處，此為本年**文昌化忌**所致。

一二、此年餐旅業大興利市，也意謂著：飲旅之風盛行，人們捨得將錢花費其中。

一三、在本年的下列行業易見興旺之象：（僅供參考）

a：醫美、愛美粧飾、保健等行業。

b：流行與潮流時尚的聳動商品。
c：餐旅業、休閒業。
d：金融、保險、相關基金運作業務。
e：水事業、飲品業者。
f：股市的投資者。
g：演藝、特殊才華者。
h：演講、補習、顧問、經紀人、徵信業、諮詢服務、推廣教育者，有利其業務。
i：影視編製、廣告傳播、網路影音事業。
j：從事溝通、協商、律師、代書事務業者。
k：網路行銷、網購商城業者、網購第三方支付業者。
l：醫療事業—有關「耳鼻喉科、胸腔科、皮膚科、大腸科、婦科、腎泌尿科、骨科…」等事業。

◎辛年：文昌化忌的財經問題：

※文昌化忌在財帛—不善理財，帳面有失。

一、財務管理雖有緩解之象，唯若進行投資活動時，需得留意得而復失的風險。
二、增添居家設備或生財器具，宜量入為出的好。
三、領導、經營管理者，在財務方面往往需留意帳務方面的疏失。

四、在消費者的信用方面，刷卡族的負債率有明顯增加的趨勢。
五、往來帳務雖見頻繁，唯在應收帳務方面，往往有遲滯或拖延之象。
六、帳務往來的契約或合同，在支付或兌現上，宜當審慎評估因應，不致招來損失。
七、股市易趨開高走低、先盛後衰的走勢，所以，不如預期理想，若能拿捏得宜，或有小利可得。
八、全球性掀起一股投資熱潮，在**巨門化祿**之年看似有利可圖，唯須留意其實質性與「契約」內容的相關資訊，才能避免欲得反失的風險。
九、各種形形色色的投資型商品紛紛出籠，令人眼花繚亂，目不暇給，這是因為**巨門化祿**的緣故，唯須留意**文昌化忌**的負面效應，此年要留意祿隨忌走—欲得反失的效應。
十、各大小企業、商店的業務推展氣勢旺盛，唯在訂單方面的合約宜當審視再三，方能因應風險的處置。譬如：合約內容的疏忽。商店與客戶服務的誤失。餐館菜單的疏失。網路文案或商品標價的紕漏。帳務與資金流的疏失。應收帳款的疏失。
一一、帳務處理方面，宜防疏失之處所帶來的不必要損失。
一二、業務往來的履行規約上，宜當審視再三，避免招至無端的損失。
一三、本年—逢「辛年**文昌化忌**」的緣故，易因財務收支的失察，而導致業務上的違和現象發生，所以，宜將未知的風險降到最低的程度。
一四、其它……。

■在人事變動方面：

※巨門化祿在人事—飲食之福，愛語與人。

•辛年：巨門化祿的人事優勢：

一、人際往來頻繁綿密，常見網路傳達個人的訊息，或者參與群組的活動，這意味著巨門化祿的年代，人們持較為開放的態度，所以於各種聚會場所，可見熱絡往來之象。

二、**巨門化祿**主飲食之福的**食祿**，意謂著：「此年於人事往來上，頗有以飲食聚會為樂、或以交際、應酬、會議場所討論事務的頻繁之象。

三、人們在禮尚往來方面，頗有頻繁熱絡之象，以禮物來互通人事往來的誠意，因此年為人事往來的綿密之年。

四、於人事上的話語及意識傳達上，傾向於直白、好言、勸諫的方式，唯其背後易招暗處難察的是非。

五、以教育、講學、補習、業務、媒體的口才專業者，在職場及專業上能有很好的表現，為其事業帶來效益。

六、領導、經營管理者，對景氣的發展趨勢，頗有信心喊話的強化趨勢，藉以帶動整體經濟以及社會的安定。

七、擁有特殊才華者，於此年新人倍出，往往有邁向顛峰的展望與企圖。

八、從事餐旅業的菁英，此年也有新人倍出的趨勢，大行其道。（註：凡有相關餐旅方面的需求大增，在十年一運的辛年天干輪值裡，**巨門化祿**為其盛行之年。）

九、**辛年**為愛語之年，人事往來說好話的年份，也是廣結善緣之年。

十、**巨門**五行屬水（化氣為暗），乃為一顆好動的星座，**巨門化祿**雖主人事往來的頻繁現象，唯於媒體上易見「緋聞」，引起社會大眾的關注。

一一、人事往來，因為**巨門化祿**帶有暗氣的緣故，所以，易見左列徵象：（僅供參考）

a：直白招怨。

b：背後是非。

c：先親後疏。

d：恩裡生害。

●辛年：文昌化忌的人事問題：

※文昌化忌在人事—才華難顯，懷才不遇。

一、人事往來有先熱後冷的現象。

二、領導、經營管理者，在行政企劃及方案的實施上，易於失察或招至過失所在，這意謂著：「在文昌化忌之年，凡有重大策略之施行，宜審視再三，當予防範失誤所造成的損失」。

三、**文昌星**化氣為「科名、才學」，也有「應試、會考、學業運勢」之意，因此，本年凡有重大考試、科考、招生、進用人員、職務的升遷與分派等，在計劃與執行上易有疏漏之處，或者滯礙難行的過失。（註：普遍的應試運勢較為低落，整體氣氛也較為低迷）。

四、此年於於事業運作上，宜防下列疏失：

一、契約或合約上的爭議。

二、持有文書、文件上的爭議。

三、策略及計劃擬定上的文案疏失。

四、因報告、立論上的爭議。

五、選舉或宣傳活動及文案上的爭議。

六、選務或應試科考的爭議。

七、政策方案或法案條例訂定的爭議。

五、公眾人物的形象易於受創之年，此乃誇大而缺乏實質所致的過失。

六、本年文昌化忌的負面作用，還是要審慎因應才好：（僅供參考）

a：因文書、文件、規約而起的訟事。

b：人事違和或有對立之處，易遭受無實或文宣、網傳的損傷。

c：策略擬定宜縝密以及對風險的考量，否則恐易造成莫大的缺失。

七、本年**文昌化忌**，考場失意者眾，或者於職場的升遷與調動也有如此的意謂。

八、**文昌化忌**值守，此年教育政策的導向、興學、講學、文宣、網訊傳達的策略擬定等，傾向於年運的低潮期。

九、其它……。

九、壬年的財經趨勢

西元：一九九二。二〇〇二。二〇一二。二〇二二。二〇三二。二〇四二……。

農曆：八十一．九十一年。一〇一年。一一一年。一二一年。一三一年…。

◎壬年四化星：

天梁化祿。紫微化權。左輔化科。武曲化忌。

■在財經趨勢方面：

※天梁化祿在財帛—受蔭之財，享受生活。

◎壬年：天梁化祿的財經優勢：

一、普見各種福利政策，或者利於大眾的措施，顯見預算編列有增添趨勢，唯後繼力不足。

二、普羅大眾因領導、經營管理者，集思廣益的措施而實質受惠。

三、各事業體、商家受到顧客的照應，使得業績有略增趨勢。

四、個人財務的行運，易受到長輩、父母、師長、經營管理者、貴人蔭照的福報。

五、此年中彩券的人甚多，也是財神爺眷顧之年—這是此年**天梁化祿**的「蔭氣」所致。

六、本**壬年**為繼承祖業之年，或者也有繼承財務或事業之年，「守成」為今年的集體共識。

七、本年也為互相「贈禮」之年，因**天梁化祿**為蔭照之星的緣故，凡走運之人，往往能得到豐碩的禮物。

八、本年財經走向為「守成之年」，對於投資理財者來說，顯然保守多了。

九、股市傾向於先緩後衰的走勢，這是因為先蔭後損的氣勢所致，也是十天干「壬年」的特色，這也隱含著：「在保守的態勢上，容易受到從眾心理的影響，進而感召欲守反失的過患。

十、此年的行業發展及趨勢走向：（僅供參考）

a：傳統式或以手工創作成為特色的行業。

b：金銀寶石及精品業。

c：土地買賣或房仲界業。

d：餐旅服務業。

e：禮贈品業。

f：宗教及相關用品業。

g：身心醫學相關行業。老人醫學服務業。

h：專業諮詢、顧問、律師、代書、藥師、營養師、保健師等。

i：老人安養照護、樂齡推廣活動、長照業。

j：生命關懷事業。

k：土地開發事業、道路養護、國土及土地資源養護業。

l：房宅改造事業。都更計畫及相關的營利事業。

m：陶磁開發精品應用的先進技術專業。
n：有機農業。糧食業。另類耕作事業（室內栽植）、農田水利養護事業。
o：其它……。

◎壬年：武曲化忌的財經問題：

※武曲化忌在財帛—財運阻滯，負債累累。

一、領導、經營管理者在計劃施行上，往往有預算不足的困擾（或者追加預算），因此，在成果及效益方面有所缺失。
二、在房宅、土地、道路、部落、森林、生態資源維護的經費編列上，顯見利民的作為，唯其經費編列大費周章。
三、人們在理財上易受從眾心理的聳動，得而復損或有難於彌補的缺失。
四、股市表現較往年低迷，也可能有持平走低的趨勢，這意謂著：「壬年的**武曲化忌**是金氣難聚之年，此年的收入或儲蓄易於有所減損」，這是因為財星化忌的緣故。
五、本年為「金氣難聚之年」，這是天行之年的金氣化忌導致，此年整體財濟僅見表相，卻蘊含各商家在此年的整體業績有走低的趨勢。
六、本年以**武曲化忌**的思路來推理「黃金、貴金屬」於此年的行情較為弱勢。
七、此年的負債率比起往來略有攀升之勢，因為**武曲化忌**的緣故，人們在財務運用上易於失衡。

八、存貸款利率的走勢及其起伏頻繁波動，也意謂著物價波動的幅度頗大。
九、股市投資者，在持平不定的走勢裡，保守因應的穩定力不足，這是因為**天梁化祿**的福星有庇蔭之機，然**武曲化忌**卻隨之在後，形成祿隨忌走的耗損局勢。
十、雖為金氣難聚，難於有效獲利之年，但危機也許是轉機的因應之年。
一一、資金或帳務方面，易陷入本年的迷思及窘境，或在周轉上出現延滯的現象。
一二、**天梁化祿**的福星先蔭在前，所以在投資方面，易見資金的注入，頗有大展鴻圖之勢，唯應有所節制才是，避免招來財星化忌的風險。
一三、全球性的貨幣值，易見波動的不穩定態勢，影響投資者的交易活絡度。
一四、財經發展的走勢，根據天行之**壬年**、**壬月**為其低潮期。
一五、其它……。

■在人事變動方面：

※天梁化祿在人事—受蔭蔭人，利他為樂。

●**壬年：天梁化祿的人事優勢：**

一、人事往來著重彼我互利互惠，不論個人、商家或企業團隊，均努力爭取主客雙方的認同，進而成就此年的企圖。
二、**天梁化祿**化氣為「**蔭**」為貴人顯現之年，在十年輪值的天干裡，本年是貴人來蔭與際遇之年。

三、可見普羅大眾所顯現的善業是：
a：由上而下的關懷及蔭照：家人、部屬、員工、客戶、或與我有緣份的人等。
b：領導、經營管理者，常能施以有利於大眾的措施，即使部屬也常能得自於長上的賞識或提攜。
c：此年人生際遇殊勝，往往能逢貴人的照應，進而轉化自己的運勢。
四、天行為「蔭氣之年」，人們易於此年承受下列好處的福報：（僅供參考）
a：財產贈列或者有財務方面的支援。
b：得到他人關照的好處及福利，或者冥冥之中有善緣的福報。
c：勞而有獲，雖是受蔭也是努力的成果。
d：各行各業的經營管理者、客戶給自己的努力加分，因此，此年是以客為尊之年，若能應對得當，當可於此年積極展現個人的企圖。
e：人際之間的應對及禮儀受到注重，因此，商家及企業往往加強服務的品質，為其帶來附加價值的利益。
f：人際往來講究「以禮至上」，從個人言行及態度上展現謙卑，易於建立優勢的人脈資源。
五、領導、經營管理者，在營務上易見有利之機，唯其注入資金時，卻往往得中有損，這是因為財星化忌所感召的緣故。所以，此年應是審慎保守、守成以應之年。
六、其它……。

●壬年：武曲化忌的人事問題：

※武曲化忌在人事—人事疏離，缺錢所苦。

一、本年**天梁化祿**雖為「蔭福之年」，唯**武曲化忌**—化氣為「寡宿」，**寡宿**意謂著：「人事之間先親後疏的徵象」。因此，儘管此年為禮尚往來之年，於人際往來之間須發揮善知進退的智慧。這是因為，天梁化祿雖有承蔭的福份，可是武曲化忌的後座力，易從中帶來下列效應：

a：**受蔭之福，進退得宜**。

※註：天行之氣走到武曲化忌之年，因此，雖能得天梁化祿的貴人照應，但因武曲化忌為寡宿的緣故，所以，在與父母、長輩、師長、老闆、主管、貴人之間的互動，往往缺乏主動積極的動力，或與其較為疏離，這是因為「寡宿—先親後疏」所導致。所以，本論點才有「受蔭之福，進退得宜」的論點。

b：**人際往來**：有先親而後疏的徵兆與呈象。

c：**兩性緣份**：兩性往來的聚合，表相令人羨慕，唯在情意及心靈默契上，未能與對方切合，所以先親而後疏。

二、本年武曲化忌化氣為「寡宿—姻緣不定之年」，因此，可予以推理此年為「孤鸞年」，於此年的結婚率比起往年來說，往往有偏低的趨勢。或者也可解讀此年的離婚率頗有偏高的傾向。

三、簡要歸納此年的人事徵象，有下列意涵：（僅供參考）

a：先親後疏。
b：先熱後冷。
c：先得後失。
d：先合後離。
e：恩裡生害。
f：初善終惡。
g：先益後損。

四、於人事上往往共識或默契不足，或彼此有認知上的差距，使得在往來上有疏離感。

五、**武曲化忌**化氣為「寡宿」的緣故，可據理推論逢此年出生者（**機率為六分之一**），往往有個性上的主觀認知，其陽剛個性易導致處事快意決策，或者有剛愎自用的缺失，以致於在面對各種風險的控制力不足。也可能於人事往來之間，較為缺乏柔剛並濟的對待。因此，容易凸顯其「寡宿性格」，導致在人生的運途上，起伏波動甚大，有如浪裡行舟一般。

六、於人事往來易因個人的失察，而感召無端的損失。簡略的歸納有以下徵象：（僅供參考）
a：感情易逢挫折或打擊。
b：財物上的耗損。
c：人情的疏離。
d：識人之誤，無妄之災。

e：從眾心理的誘惑，感召無端的損失。

七、壬年「寡宿」的天行之氣，易感召婚姻危機之年，或者於此年所引動的現象為聚少離多、或在離婚率上往往有略升之勢。（註：壬年寡宿之氣，導致姻緣不定數之年。）

八、壬年武曲化忌─化氣為耗財，此年為因應人情事故的耗財之年，或者往往有難以預估的損失或無妄之災。總之，本年度的財星化忌，還是謹慎因應為要。

九、其它……。

十、癸年的財經趨勢

西元：一九九三。二〇〇三。二〇一三。二〇二三。二〇三三。二〇四三……。
農曆：八十二．九十二年。一〇二年。一一二年。一二二年。一三二年……。

■癸年四化星：

破軍化祿。巨門化權。太陰化科。貪狼化忌。

■在財經趨勢方面：

※破軍化祿在財帛──積極企圖，資源雄厚。

◎癸年：破軍化祿的財經優勢：

一、領導、經營管裡者，在財經運作的方略上，頗有釋出資源及相關利他的福利措施。
二、領導、經營管理者，於本癸年（或癸月）往往有回饋利他的福利措施，普羅大眾也能蒙受其益。
三、財經資源的調度及應用充裕，財經預算的編列有利於業務的進行。
四、各企業能蒙財經方略及福利措施而獲益，帶動整體經濟的發展。
五、股市有增添後勤資源的現象，在整體表現上，有利於全民經濟的發展。
六、股市行情，若逢癸月或有較好的表現。

七、由於本年後勤資源較為豐富的緣故，下列所概括的行業僅供參考：
a：休閒娛樂業。酒品業。
b：餐旅業（素食業難敵其勢）。
c：生活百貨業。精品業。SOHO族。
d：物流業。期貨業。網路行銷及網購商城。
e：會計。代書業。採用行動支付的商家。第三方支付服務業。
f：保健食品業。銀髮族服務業。長照業。
g：醫療服務業—腎泌尿科、婦科、齒骨科、疼痛科等。
h：其它……。

◎癸年：貪狼化忌的財經問題：

※貪狼化忌在財帛—欲計大利，貪得反失。

一、本年於財經措施的方略，在編列預算與執行效率上，往往與大眾的認知有所差異。
二、領導、經營管理者，雖有擴充資源的利基，唯在施行面上，易有節外生枝的疏失。
三、各事業體所編列的預算事務，不易達成共識，而形成溝通不良的現象。
四、商家在業務上雖有擴展之勢，唯往往缺乏有效的控制與風險評估，導致有欲求過度而感召失策的風險。
五、癸年是資源會聚的年代，各行業有所企圖的大展身手，唯若過度擴展風險越高。也易感召先得後失，先盛後衰之象。**貪狼**為欲望之星，當以保守態度**善知進退**（**註**）。

六、在股市的整體表現上，因資源有會聚的整合現象，所以有令人看好的預期心理，唯投資者的欲求宜當有所節制，才能遠離風險。

七、本年雖為資源及財物會聚的景氣優勢年，唯在物資流通上，易因過度屯貨而招損失。

※註：

善知進退：引用《易經》陰陽之道而建立的理論基礎，進退好比陰陽之一體兩面，因此，應知陰陽兩極之間的消長及盛衰變化：

a：「陽盛」—運勢好到了極點，將轉成事物發展的另一面「陰」，**泰極轉否**。

b：「陰盛」—運勢阻滯到達了低點，終將漸漸回歸到基本面「陽」，**否極泰來**。

九、**貪狼化忌**為資金注入的保守之年，其主要原因在於投資者的心態—欲求不可過度。

※僅供參考的建議：

一、《易經》六十四卦中的「水澤節卦」，啟示著人們須知水患所造成的害處。同樣的，若將卦象應用於人生的話，若能對於投資活動有所節制的話，凡事則不致於自招損失，或者感召動輒得咎的無妄之災，四字建議：「**節制有道**」。

二、於財務的管理運用上，適度節制是有好處的，可以減低一些不必要的風險。

三、**貪狼化忌**也有福報不足的含意，若遇事快意決策，恐導致「欲益反損」的憾事。

◎總結歸納：

本年資源會聚，守成以應其象，

順勢保守較好，知於進退有道，
善知節制無咎，平心應事有利，
若冒進險中求，貪狼化忌有失，
觀勢斟酌進取，時時有利可得。

■在人事變動方面：

※破軍化祿在人事—豪氣出眾，人脈豐厚。

●癸年：破軍化祿的人事優勢：

一、癸年**破軍**得令**化祿**為後勤資源，於人事往來上，彼我有互相支援、互蒙其利的趨勢。

二、領導、經營管理者，在利於眾人的福利措施上，釋出多項重大的建設方案，帶動經濟的活絡與後續發展，因此，為資源釋出的有利之年。

三、各企業易取得有利的後勤支援（資源），往往有合作或併購的運作，展現磅礴的氣勢。

四、人事往來以互惠為本，因此，在交際應酬、協商、談判、結盟等，有頻繁互動之象。

五、各行業、商家所服務的客戶，於本年有略增趨勢，帶動業績的成長。

六、**破軍化祿**為食祿、追潮時尚，安逸及休閒娛樂，因此，於各種餐旅及熱鬧場所，可預見人潮聚集的趨勢。

七、在日常生活層面，普見守成、安於現狀、庸懶、姿情放任…的現象。

八、人事、人力的調配，易取得後勤資源的援助，有利於領導、經營管理者的運作。
九、普見兩性情誼有頻復往來之象，感情發展也有攀升之勢，唯後續穩定度往往不足。另一方面，在媒體上的緋聞也較為常見。
十、其它……。

●癸年：貪狼化忌的人事問題：

※貪狼化忌在人事—人緣侷限，姻緣路艱。

一、人際往來雖有熱絡頻繁之象，因此年貪狼是人際魅力星座化忌的緣故，所以，在兩性感情的往來上，易見下列現象：

a：先熱後冷。

b：先親後疏。

c：先是印象好，後續好感退祛，緣份淺薄的緣故。

※備註：

一、從事公關事務者、櫃抬員、解說員、店長、店員、連絡溝通的互動者等，也在以上所述及的範圍。

二、此年為兩性姻緣較為淺薄之年，雖然壬年為孤鸞年，然**癸年**的「貪狼化忌」也帶有兩性姻緣阻滯的呈象，凡有下列現象者，易逢挫折或帶來心理的煩惱：

a：夫妻宮坐**某星化忌**或**自化忌**者。

b：命宮、夫妻宮坐**貪狼化忌**，或貪狼在任一宮位坐癸的天干為**貪狼自化忌**者。

◎如左例僅供參考：（本命基本盤及流年盤均適用）

貪狼忌
命宮
夫妻宮
癸年

貪狼忌
癸宮干
命宮或
夫妻宮
自化忌

c：命宮坐癸干—化忌飛入夫妻宮貪狼位。

d：夫妻宮坐癸干—化忌飛入命宮貪狼位。

e：命宮、夫妻宮坐貪狼化忌者。

f：福德宮、夫妻宮，兩宮化忌互飛者。

g：夫妻宮、官祿宮，任一宮位有落陷煞星（羊陀火鈴）、地空、地劫、陰煞同宮或由對宮沖入者。

h：命遷宮、夫妻宮坐孤辰、寡宿者。（註：男命遷坐孤辰。女命遷坐寡宿）。

i：命遷宮、夫妻宮坐**紅鸞**、**天喜**，但與**孤辰**、**寡宿**、**化忌**同宮，或由對宮沖入，此局雖有姻緣上的喜事氣氛，但往往有遲滯的徵象。

三、結婚率往往有略降的趨勢，兩性感情問題的面對及處理，於此年也較為煩擾。

四、夫妻之間的相處，較為缺乏互動的美感。

五、欲躍上舞台的新新公眾人物，僅見表相，欲突破新局較為艱辛。

七、公眾人物的形象與魅力，本年度應更加努力以博取大眾的認同，突破舊有的格局。

八、此年也為好聚好散之年，聚散既是因緣而起，所以，常於癸的流年度發動。

九、其它……。

◎附註：

有關以上所提及的飛星論述，可參考拙著《紫微算病》書中有詳述。

第七篇

財經趨勢的循環效應

一、重置天干的四化星效應

基本盤在「子、丑、寅、卯」四個宮位，各有兩個重覆的天干，這是因為十個天干要分配給十二宮位，所以會有兩個天干重覆，盤面上共有五組重覆天干的結構，以下圖解說明。

◆盤面宮干結構表解：

丁巳	戊午	己未	庚申
丙辰	圖一 甲乙為基點		辛酉
乙卯			壬戌
甲寅	乙丑	甲子	癸亥

己巳	庚午	辛未	壬申
戊辰	圖二 丙丁為基點		癸酉
丁卯			甲戌
丙寅	丁丑	丙子	乙亥

辛巳	壬午	癸未	甲申
庚辰	圖三 戊己為基點		乙酉
己卯			丙戌
戊寅	**己丑**	**戊子**	丁亥

癸巳	甲午	乙未	丙申
壬辰	圖四 庚辛為基點		丁酉
辛卯			戊戌
庚寅	**辛丑**	**庚子**	己亥

乙巳	丙午	丁未	戊申
甲辰	圖五 壬癸為基點		己酉
癸卯			庚戌
壬寅	**癸丑**	**壬子**	辛亥

◆五組盤面重覆天干為：
甲乙甲乙。丙丁丙丁。
戊己戊己。庚辛庚辛。
壬癸壬癸。

◎以上五組天干在宮位自化、飛星四化的推演當屬重要的部份，甚勿忽視。

■基本盤的舉例圖解：（大限、流年月日時盤以此類推）

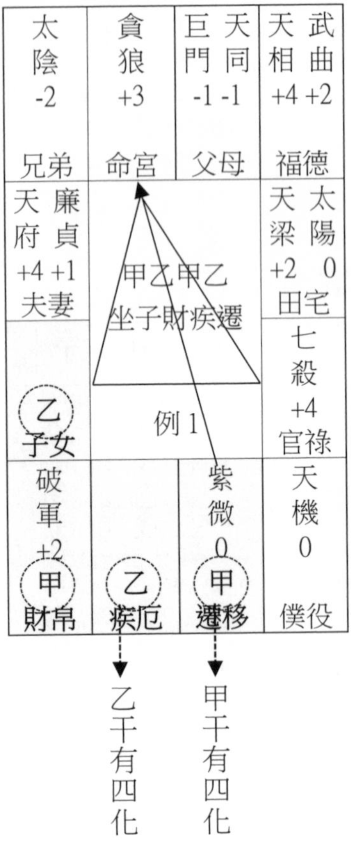

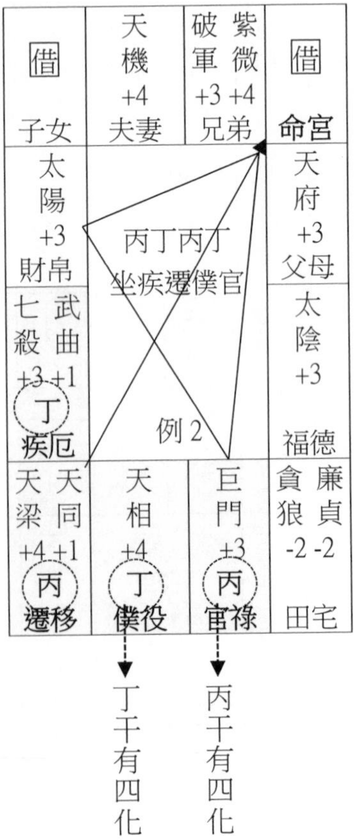

二、牽動財運的主客關係

財帛宮為錢財運勢盛衰與消長的主要宮位，福德宮與其有連帶的因果關係，唯命宮是財帛宮的主人，命宮與福德宮之間，具有禍福相依的重要關連，至於，其它宮位則為客屬，但也頗有影響財運的一些重要因素，這主客之間的正負面作用及其所產生的效應，簡略的說，有如下的因素：

一、出生當年所值守的四化星，進入彼人盤面的相應宮位，形成財運的正負面作用。

二、前後宮位相扶，或者形成夾擊某宮的狀態。譬如：財帛宮受前後宮位忌煞的夾擊，致使財帛宮成為受因困的格局。

三、盤面十二宮裡，有某些宮位的星性組合，與其所坐宮位的天干產生四化的作用。譬如：財帛宮自化祿，或者也可能自化權、自化科、自化忌，這要檢視各宮再來論定。

四、盤面三方四正的宮位—**命**、**財**、**官**、**遷**為影響財運的四個重要因素。

五、檢視財帛、福德宮所坐落的位置，譬如：四馬地、四墓地、四旺地，或者是在天羅地網之地。

六、其它如：**兄**、**夫**、**子**、**疾**、**僕**、**田**、**父**等宮，均可能影響個人的財運，若是在某十年的大限期間，甚至在逢遇流年時，往往會發動對財運的正負面效應。

七、煞星若坐在落陷宮位時，對彼宮將造成某種程度的阻力或困難。譬如：福德宮坐**地**劫，地劫化氣為「劫」，這劫氣將會沖入對宮的財帛宮，影響彼人的財運。即使是基本盤或遇到「大限、流年」的格局，應可同此論。

八、盤面各宮的四化連動現象，將會影響彼人財務運勢。（後篇會有論述）

九、十二宮的各宮之間，形成四化星互飛的狀態，這飛星狀態會影響各宮之間的盛衰運勢，所以，這部份在論述方面，經常被列為重點，因其影響的因果關係較為細微。

十、其它……。

◎以上所提及的項目，有的在前篇中已有述及，在以下篇幅將未提及的部份，以簡要圖解來綜合說明。

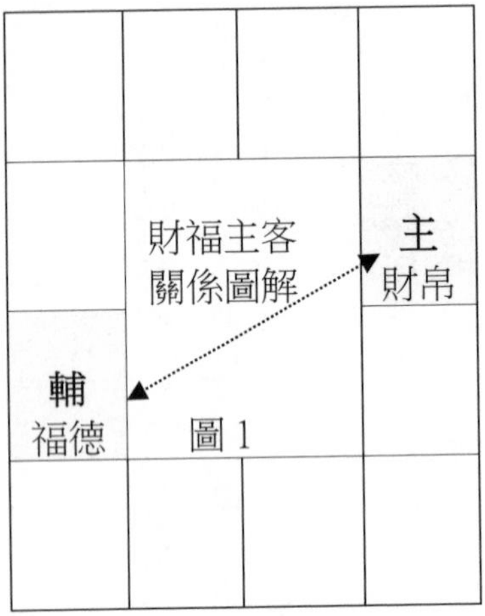

圖 1

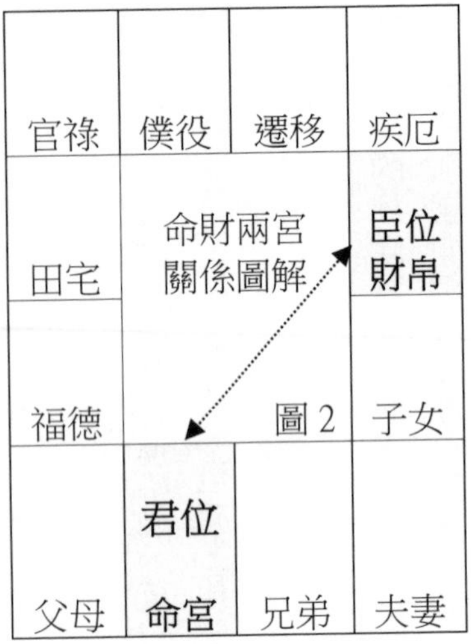

圖 2

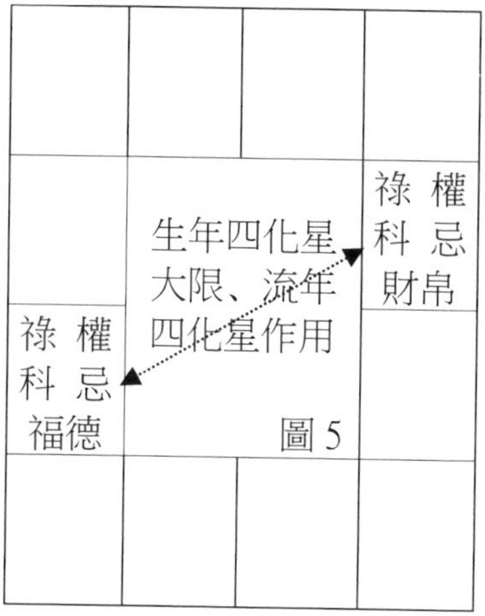
祿 權
科 忌
財帛
生年四化星
大限、流年
四化星作用
祿 權
科 忌
福德
圖 5

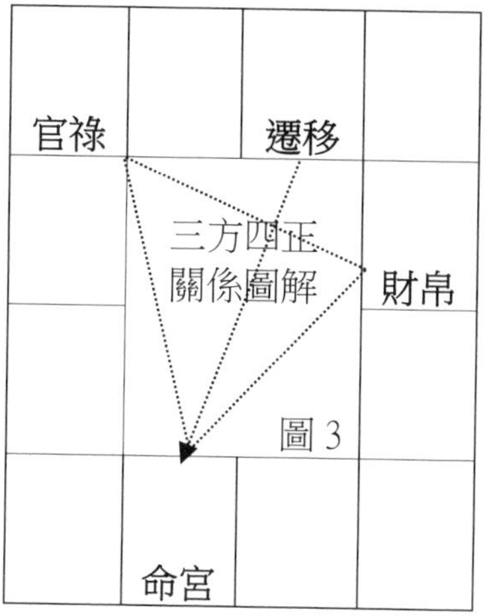
官祿
遷移
三方四正
關係圖解
財帛
命宮
圖 3

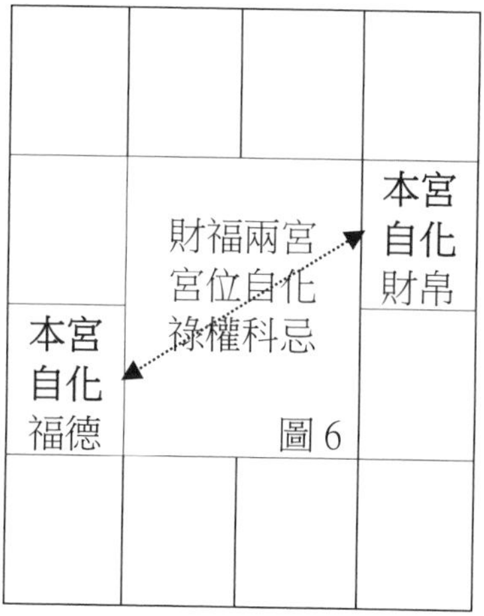
本宮
自化
財帛
財福兩宮
宮位自化
祿權科忌
本宮
自化
福德
圖 6

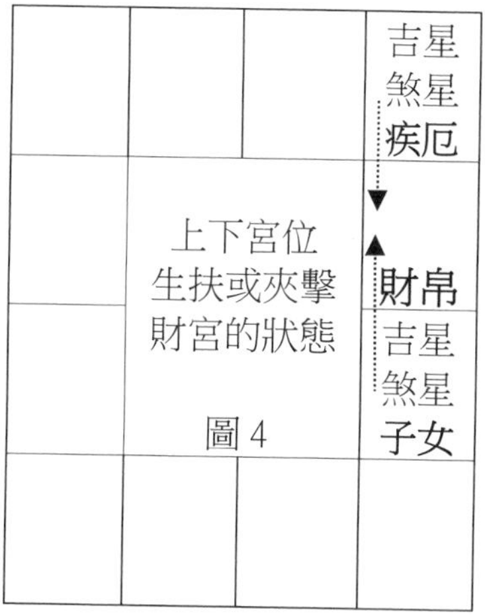
吉星
煞星
疾厄
上下宮位
生扶或夾擊
財宮的狀態
財帛
吉星
煞星
子女
圖 4

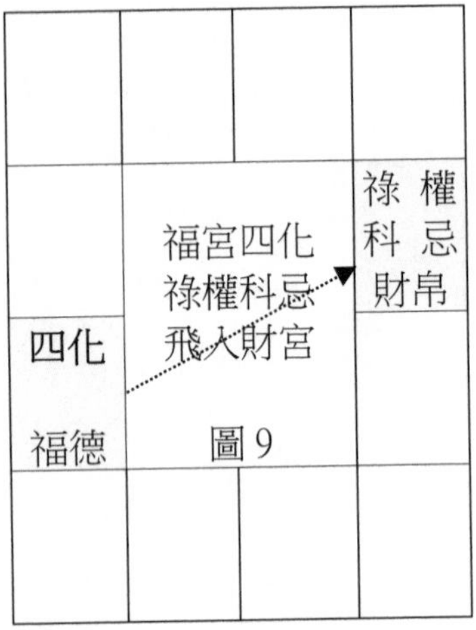
祿 權
科 忌
財帛
福宮四化
祿權科忌
飛入財宮
四化
福德
圖 9

四化
財帛
財宮四化
祿權科忌
飛入命宮
祿 權
科 忌
命宮
圖 7

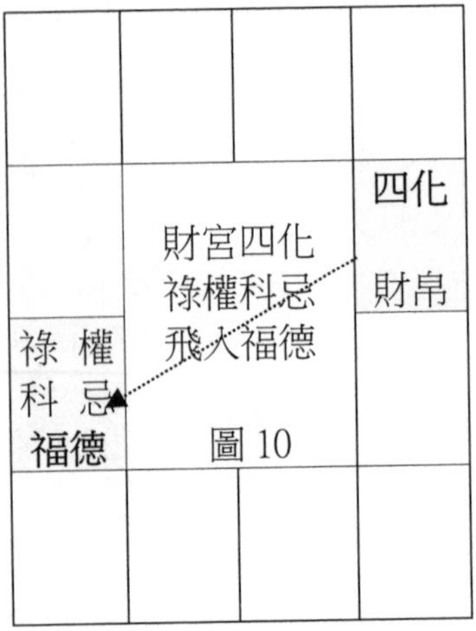
四化
財帛
財宮四化
祿權科忌
飛入福德
祿 權
科 忌
福德
圖 10

祿 權
科 忌
財帛
命宮四化
祿權科忌
飛入財宮
四化
命宮
圖 8

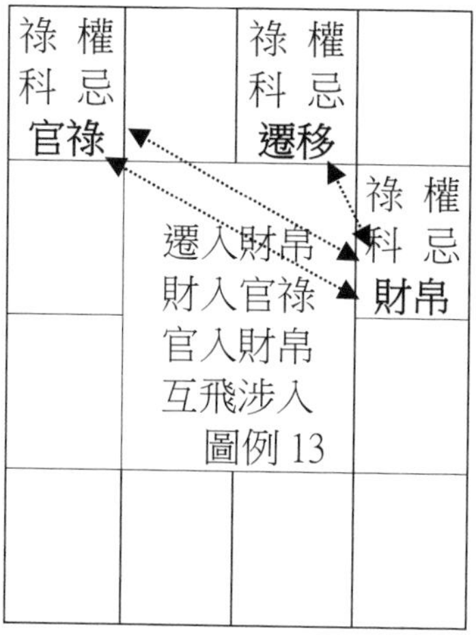
祿 權
科 忌
官祿
祿 權
科 忌
遷移
祿 權
科 忌
財帛
遷入財帛
財入官祿
官入財帛
互飛涉入
圖例 13

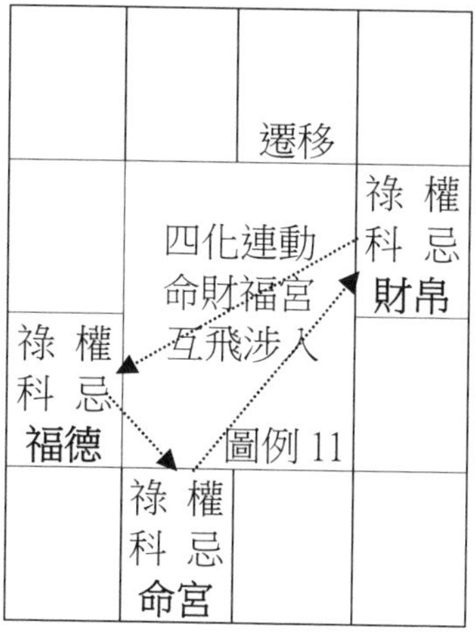
遷移
祿 權
科 忌
財帛
四化連動
命財福宮
互飛涉入
祿 權
科 忌
福德
圖例 11
祿 權
科 忌
命宮

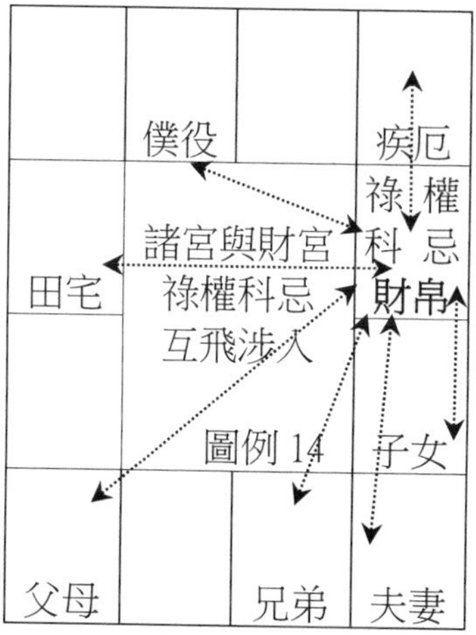
僕役
疾厄
祿 權
科 忌
財帛
諸宮與財宮
祿權科忌
互飛涉入
田宅
圖例 14
子女
父母
兄弟
夫妻

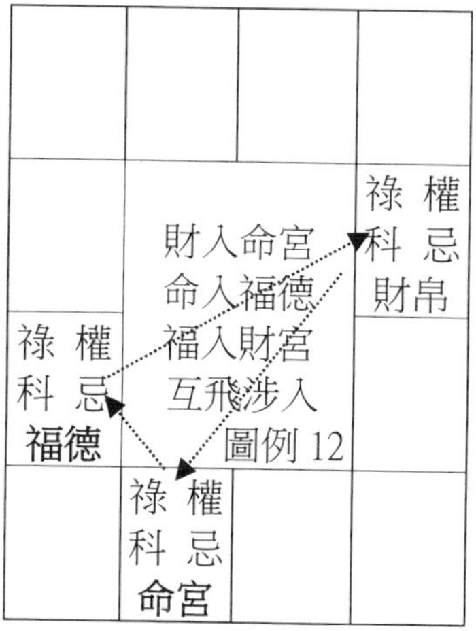
祿 權
科 忌
財帛
財入命宮
命入福德
福入財宮
互飛涉入
祿 權
科 忌
福德
圖例 12
祿 權
科 忌
命宮

三、命宮、遷移宮的財運效應

命宮、遷移宮若有「化祿、化權」飛入財帛宮，彼人在財運方面將有蠻好的助緣，這是因為「命宮」為本命盤的基礎（或流年也同此論），將所得的財源回饋於自己。至於，出門在外的遷移宮，易將所獲得的資源，轉化成實質的財源來回饋本身。這命遷兩宮的好處，都是將資源回饋進入自己的財庫。也就是說，凡擁有類似格局者，在賺錢能力上，頗有很好的福報，容易聚集資源獲得財利，或者也有偶有意料之外的財運。

◎命宮、遷移宮化祿飛入財帛宮圖解例。

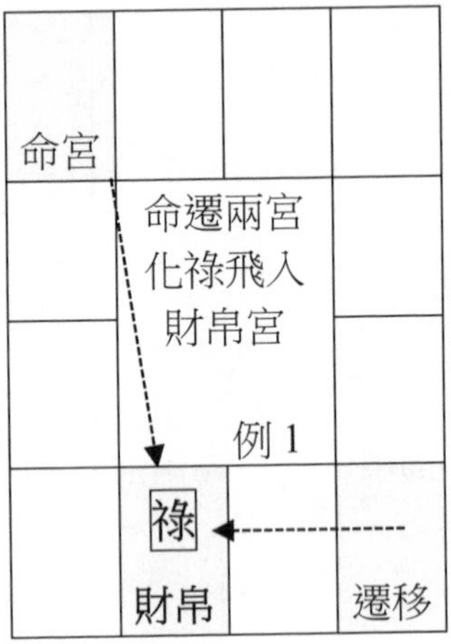

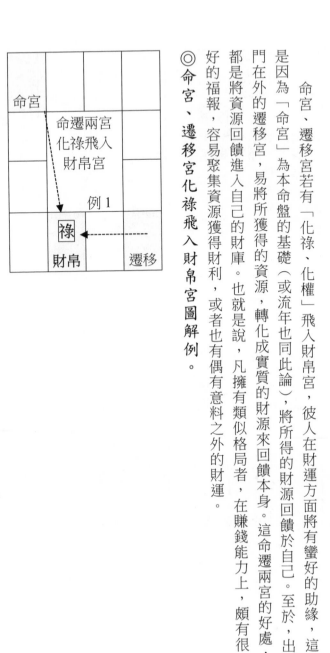

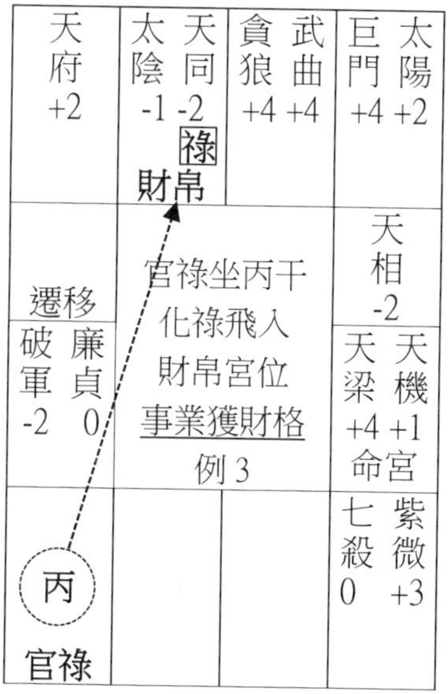

若是命宮、遷移兩宮化權飛入財帛宮，這就意謂著：「彼人為賺錢財而常周旋忙碌，但也能從其所擁有的資源獲利，只是往往有勞累身心的徵象。若命、遷兩宮有化科飛入財帛宮，這表示彼人對於錢財的運用及管理較為隨緣順勢，也即是比較不執著錢財，所以，對於財物的運用方面也較為豁達。

假設若有命宮化忌飛入財帛宮，彼人在賺錢方面就會顯得辛苦，因為命宮是生命力維生的所在，若缺乏物資的供給，在生活各方面就會顯得清苦，相對的會影響想心緒的穩定性。然遷移、財帛兩宮若有化忌互飛的格局，往往是在外易於耗損錢財的徵象。若有類似格局者，當要有方法來對治才好。以下採用圖例來說明。

◆命宮、遷移宮與財帛宮的化忌涉入格局：

太陽 +3
破軍 +4
天機 -2
天府 紫微 +2 +3
武曲 +4
命宮坐乙干
化忌飛入
財宮太陰位
財難積聚格
例 1
太陰 +3
忌
財帛
天同 0
貪狼 +4
七殺 +4
天梁 +3
乙
命宮
天相 廉貞 +4 0
巨門 +3

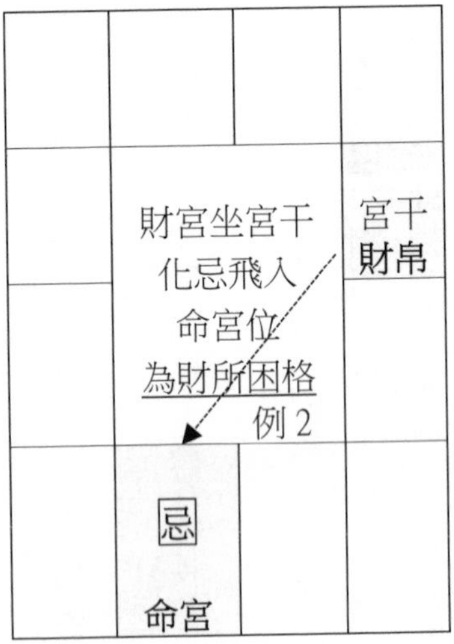
財宮坐宮干
化忌飛入
命宮位
為財所困格
例 2
宮干
財帛
忌
命宮

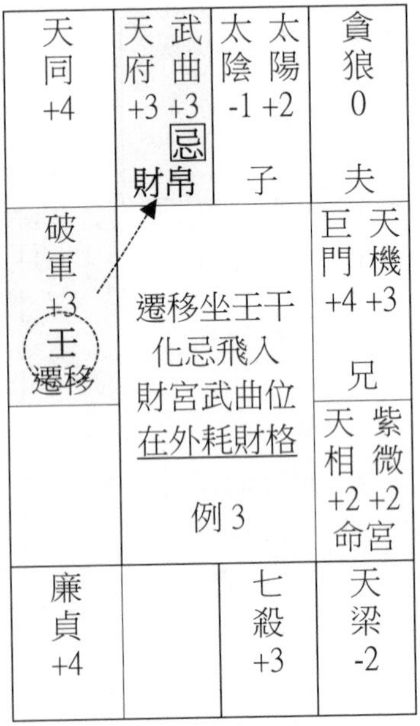
天同 +4
天府 武曲 +3 +3
忌
財帛
太陰 太陽 -1 +2
子
貪狼 0
夫
破軍 +3
壬
遷移
遷移坐壬干
化忌飛入
財宮武曲位
在外耗財格
例 3
巨門 天機 +4 +3
兄
天相 紫微 +2 +2
命宮
廉貞 +4
七殺 +3
天梁 -2

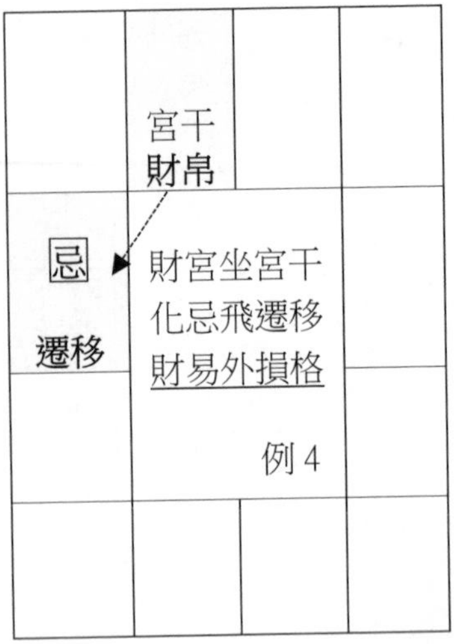
宮干
財帛
忌
遷移
財宮坐宮干
化忌飛遷移
財易外損格
例 4

四、兄弟宮、僕役宮的財運效應

凡為我的兄弟姐妹，或與我往來甚為密切，且可堪稱為手足之情的友人，均屬兄弟宮所列及的對象。然僕役宮是在人際互動往來的朋友，一者親、一者較為需要周旋的人事，兩者對個人的財帛宮也具有重要的影響力。俗語說：在家靠父母，出外靠朋友。兄弟宮是原生家庭的手足情誼，本宮的結構性若美的話，會將其吉氣或助力匯集入對宮，能夠助長彼人在外的人際運勢，處處皆有善緣來助。然若兄弟宮中的星性及結構不美的話，將會波及對宮，使得僕役宮（交友宮）的運勢較為缺乏有利的助緣，甚至也可能因損友而帶來困擾，或者是無妄之災。因此，兄弟宮是「因」，僕役宮是「果」，改善了兄弟宮的手足互動關係，即能影響並扭轉在外人際往來的好運勢。

兄弟、僕役兩宮對個人財務，也是頗具影響力的，有人因好友而富，但也有因損友而耗盡家財，世間的事往往是多面向的。以下將兄弟、僕役兩宮對個人財帛宮所具有影響力，整理重要的論述事項：

◆兄弟宮對個人財帛宮的影響力：

一、兄弟宮所坐的宮干化祿飛入財帛宮：手足情誼或往來的友人，對方欲助我在財務上能夠有更好的表現，且以實際的行動來助我。

二、兄弟宮化權飛入財帛宮：手足或往來密切的好友，與我有財務往來上的交集，也能從中獲得他們的助緣，或者受到對方的照應。

三、兄弟宮化科飛入財帛宮：手足或往來的友人，著重在情誼的互動，雖能彼此關照，然於財務上也較沒有什麼交集—往來無交害。

四、兄弟宮化忌飛入財帛宮：手足或往來的友人，會影響我的財務狀況，導致錢財的付出或耗損。

◆財帛宮對兄弟宮的財務影響力：

一、財帛宮**化祿**飛入兄弟宮：彼人總想方設法要來幫助手足或好友，來改善他們的財務狀況，甚至，也能以實際的行動及作為來影響他們—利他的純粹作為。

二、財帛宮**化權**飛入兄弟宮：彼人頗為關心手足或好友的財務狀況，在自己有能力作為的情況下，總想讓他們的財務能有所改善及好的發展。因此，往往有財物方面的提供，或主動接濟的作為。

三、財帛宮**化科**飛入兄弟宮：與手足或好友之間，於財務上雖無所交集，唯若有所往來，也常不計較於錢財的細節。

四、財帛宮**化忌**飛入兄弟宮：與手足或好友之間，常因錢財方面的問題，而有支出或不斷付出的徵象，導致彼人在財務支應上有所困擾，也因其是財務缺口的耗損點，所以，多少給彼人帶來財務上的壓力。

◆僕役宮對個人財帛宮的影響力：

一、僕役宮所坐的宮干化祿飛入財帛宮：人際往來的友人，有助於個人財務的提升，也因為有這方面的善緣，使得個人多多益善。

二、僕役宮化權飛入財帛宮：友人與個人在財務方面有所交集，但也能受到他們的照應，對個人財務有提升的效應。

三、僕役宮化科飛入財帛宮：友人與個人的財務較無明顯的交集，彼此互動也較無財物方面的利害關係。

四、僕役宮化忌飛入財帛宮：人際往來的友人，對於個人的財物往往有所損耗，也因此，給個人帶來財務上的困擾與壓力。

◆財帛宮對僕役宮的影響力：

一、財帛宮化祿飛入僕役宮：我常關心友人的生活狀況，總希望在能力範圍上，以實際的作為，來幫助對方改善財務狀況，或使其增加收入—利他的純粹作為。

二、財帛宮化權飛入僕役宮：我於人事往來上，常有財務方面的交集，唯也甚為關心彼方的財務狀況，所以，總希望一些作為能有利於對方的財務。

三、財帛宮化科飛入僕役宮：我於人際往來上，較無財務方面的交集，所以，也就沒有什麼利害關係。但若有機會的話，總希望能獻策來有利於彼方的財務發展。

四、財帛宮化忌飛入僕役宮：我於人際往來上，常有財務方面的困擾，或者也因損友給個人帶來財物方面的損失。凡有類似格局者，在理財方面還是要謹慎的好。

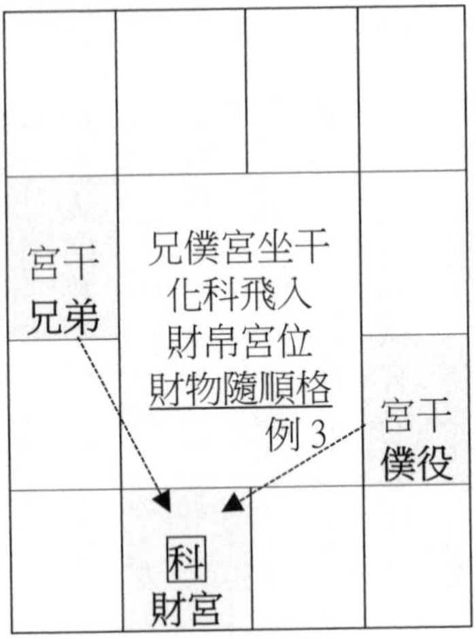
宮干
兄弟
兄僕宮坐干
化科飛入
財帛宮位
財物隨順格
例 3
宮干
僕役
科
財宮

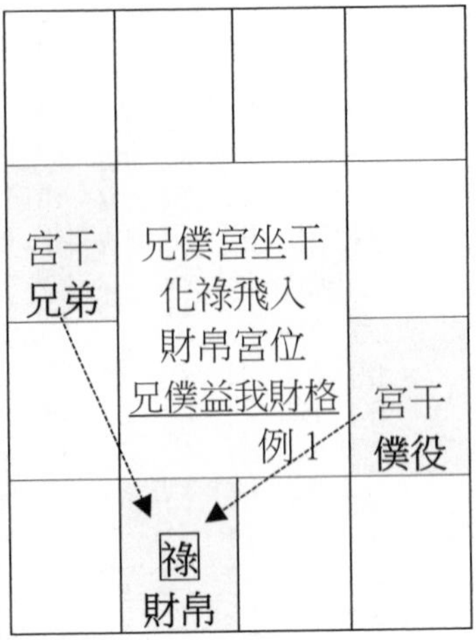
宮干
兄弟
兄僕宮坐干
化祿飛入
財帛宮位
兄僕益我財格
例 1
宮干
僕役
祿
財帛

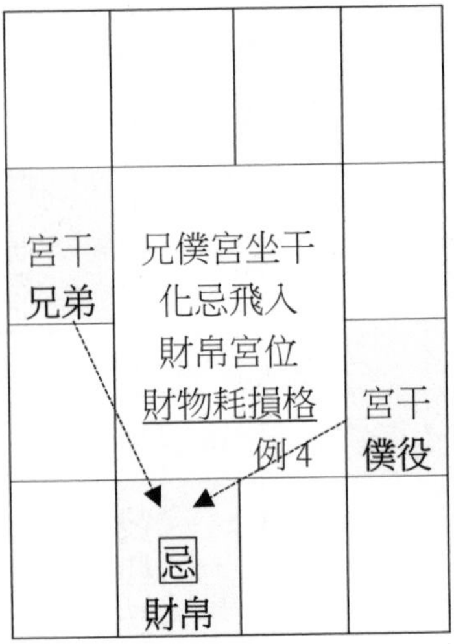
宮干
兄弟
兄僕宮坐干
化忌飛入
財帛宮位
財物耗損格
例 4
宮干
僕役
忌
財帛

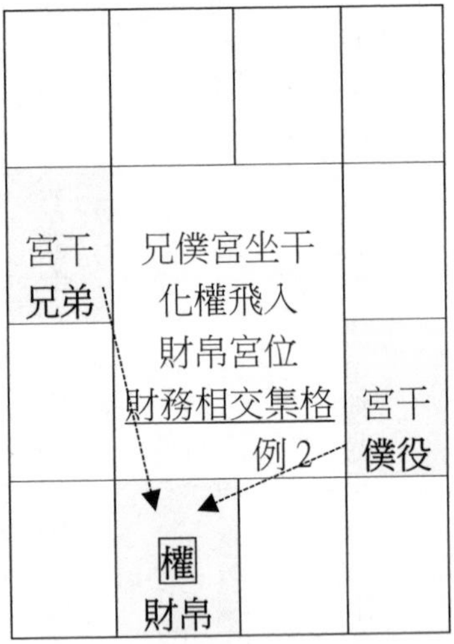
宮干
兄弟
兄僕宮坐干
化權飛入
財帛宮位
財務相交集格
例 2
宮干
僕役
權
財帛

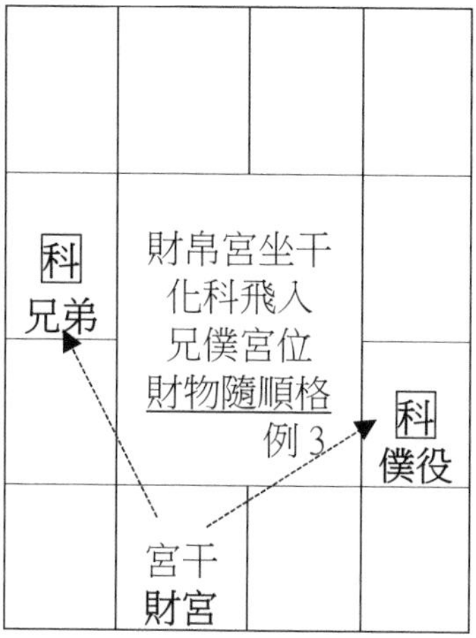
科
兄弟
財帛宮坐干
化科飛入
兄僕宮位
財物隨順格
例 3
科
僕役
宮干
財宮

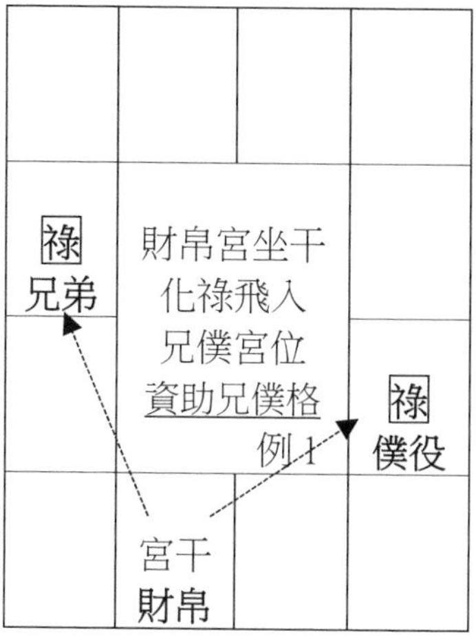
祿
兄弟
財帛宮坐干
化祿飛入
兄僕宮位
資助兄僕格
例 1
祿
僕役
宮干
財帛

忌
兄弟
財帛宮坐干
化忌飛入
兄僕宮位
財流兄僕格
例 1
忌
僕役
宮干
財帛

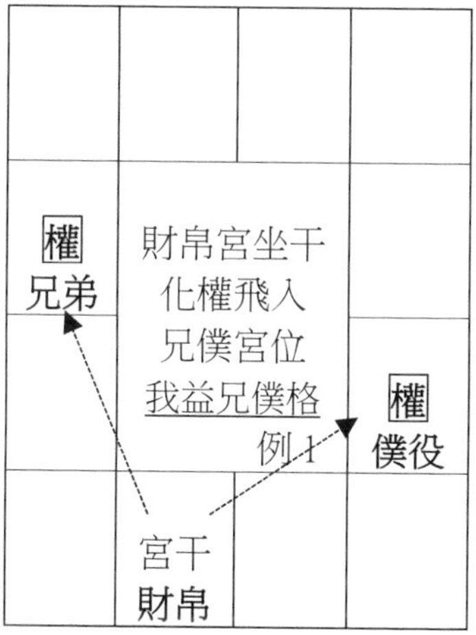
權
兄弟
財帛宮坐干
化權飛入
兄僕宮位
我益兄僕格
例 1
權
僕役
宮干
財帛

五、官祿宮、夫妻宮的財運效應

人賴以為生的作業是「事業」，職場是賺錢營生的場所，所以「官祿宮」與財帛宮是對等的重要性，然婚姻與事業卻也是密不可分的連帶關係。因此，官祿、夫妻、財帛三宮，具有同等重要的因果鏈，以下將這三宮彼此產生四化交集的種種現象，採重點式論述及以圖解來說明。

◆官祿宮對財帛宮的影響力：

一、官祿宮所坐宮干**化祿**飛入財帛宮位：凡有類似格局者，相關於事業上助緣多多，常能財源廣進—事業益財格。

二、官祿宮**化權**飛入財帛宮：拼博事業的過程較為勞碌，唯其財務雖有出入頻繁的現象，但能有效的獲利，甚至掌理個人的財務—勞碌獲財格。

三、官祿宮**化科**飛入財帛宮：於職場上賺錢的運勢平平，但往往有後勤資源的助緣，使其錢財源源不絕。只是對於投資於事業的企圖心不強，唯若能以創意、研發做為智慧財產的領域，應當是不錯的。

四、官祿宮**化忌**入飛入財帛宮：於職場上賺錢的能力付出頗為辛苦，往往所得與現實生活有所差距，因此，常為缺錢所苦。或者很想創造一番事業，但往往僅止於想法，難於付諸實際的行動，縱使有所投資或注入資金，往往難於有所收成。

◆**夫妻宮對財帛宮的影響力：**

一、夫妻宮所坐宮干**化祿**飛入財帛宮：伴侶善於理財，而且能強化個人的財運，使財有所增長—善於理財格。

二、夫妻宮**化權**飛入財帛宮：伴侶對於個人的財務狀況甚為關切，而且也善於打理及運用財務—細膩掌財格。

三、夫妻宮**化科**飛入財帛宮：伴侶對於個人的財務收支狀況，通常採較為隨順的態度，不會給對方太大的壓力，也會在財務方面協助伴侶處理日常事務—隨順財務格。

四、夫妻宮**化忌**飛入財帛宮：於個人的財務狀況裡，伴侶的理財觀念較為薄弱，以及缺乏保守的心態，所以，於家庭財務的支應上，往往在理念上有所差異，默契不足。也因此，經營家務難以有效的積聚錢財—財難積聚格。

◆**財帛宮對官祿宮的影響力：**

一、財帛宮所坐宮干**化祿**飛入官祿宮：個人的收入有助於投資理財，或者注入資金於其它方面的理財活動，增添個人在財務上的收入—投資理財格。

二、財帛宮**化權**飛入官祿宮：於理財方面的資金出入頻頻，因此，心思也常勞煩其中—勞而有獲格。

三、財帛宮**化科**飛入官祿宮：理財觀念保守，但也能平安渡日—財務平平格。

四、財帛宮**化忌**飛入官祿宮：於職場的收入有限，或往往難於平衡日常支應，所以，對於投入其它理財活動的動機欠缺。唯若有所資金挹注時，往往難於其中獲利，甚至，損而又損－事業困財格。

◆財帛宮對夫妻宮的影響力：

一、財帛宮所坐宮干**化祿**飛入夫妻宮：個人所擁有的錢財，願交由伴侶來掌理，而且所提供的財物資源延續－財益夫妻格。

二、財帛宮**化權**飛入夫妻宮：對於個人的收入及所得，能夠有條件式的交予伴侶理財，而且財源不絕－督促財務格。

三、財帛宮**化科**飛入夫妻宮：個人的收入願交與伴侶來掌理，雖然所得有限，但仍能永續提供財源－與財無爭格。

四、財帛宮**化忌**飛入夫妻宮：個人所得在提供予伴侶掌理運用上，往往甚少有共同的交集與默契，導致在財務共享的資源上有所失衡。或者個人也傾向獨立掌理財務，使得伴侶在財源方面的應用較為欠缺－分配失衡格。

◎備註：

如上所述種種格局，以下進一步採用圖說的方式，使大家能加深印象。

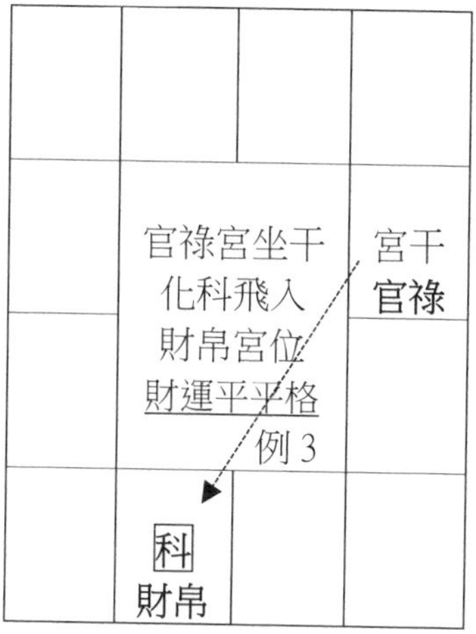
官祿宮坐干
化科飛入
財帛宮位
財運平平格
例 3
宮干
官祿
科
財帛

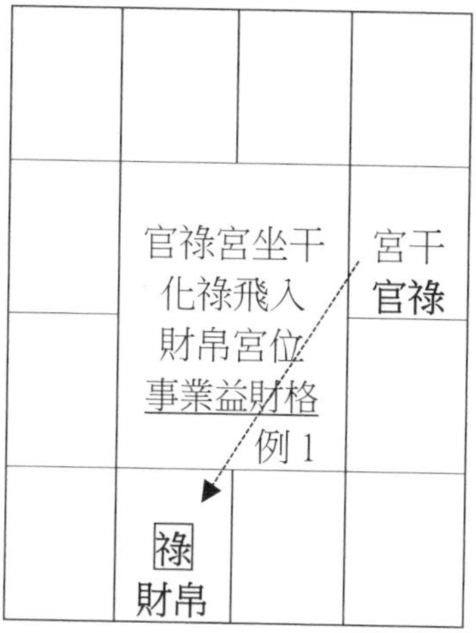
官祿宮坐干
化祿飛入
財帛宮位
事業益財格
例 1
宮干
官祿
祿
財帛

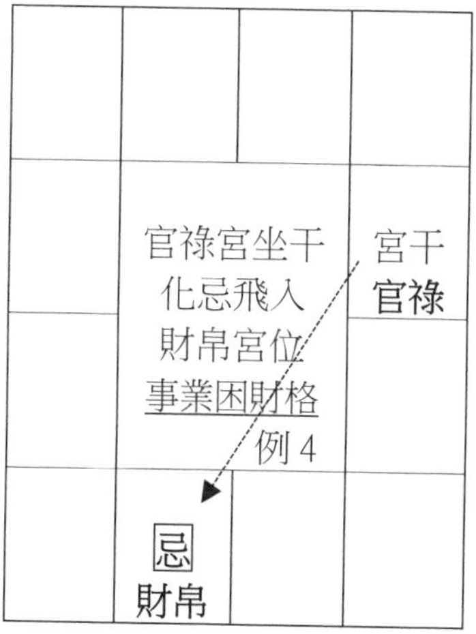
官祿宮坐干
化忌飛入
財帛宮位
事業困財格
例 4
宮干
官祿
忌
財帛

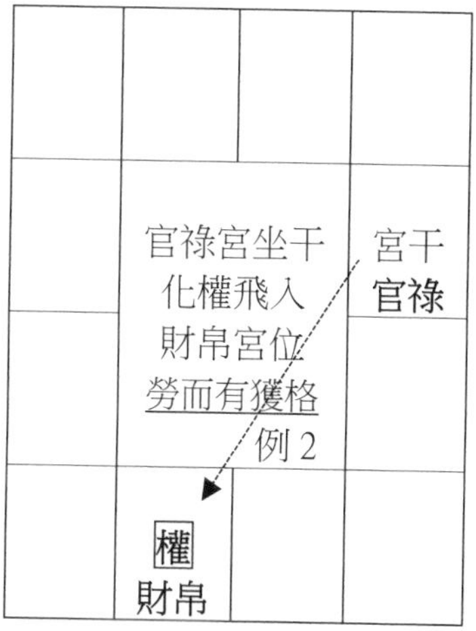
官祿宮坐干
化權飛入
財帛宮位
勞而有獲格
例 2
宮干
官祿
權
財帛

夫妻宮坐干
化科飛入
財帛宮位
隨順財務格
例 3
宮干
官祿
宮干
夫妻
科
財帛

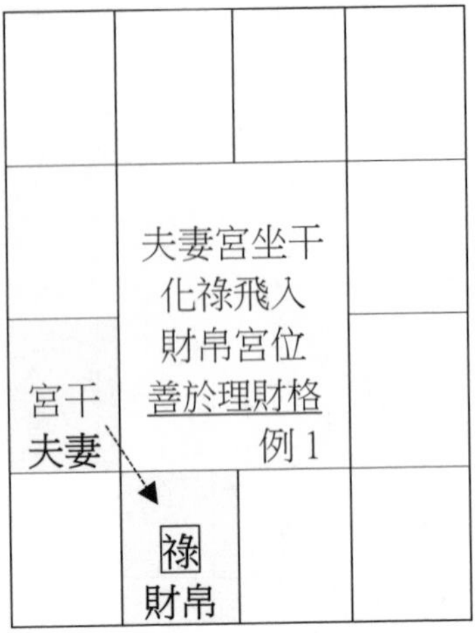
夫妻宮坐干
化祿飛入
財帛宮位
善於理財格
例 1
宮干
夫妻
祿
財帛

夫妻宮坐干
化忌飛入
財帛宮位
財難積聚格
例 4
宮干
官祿
宮干
夫妻
忌
財帛

夫妻宮坐干
化權飛入
財帛宮位
細膩掌財格
例 1
宮干
官祿
宮干
夫妻
權
財帛

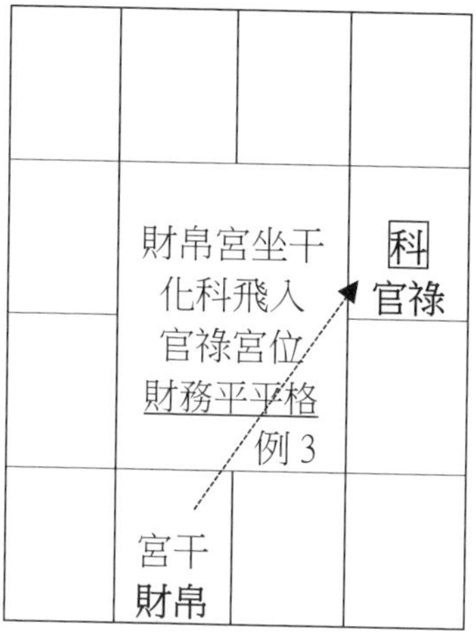
科
官祿
財帛宮坐干
化科飛入
官祿宮位
財務平平格
例 3
宮干
財帛

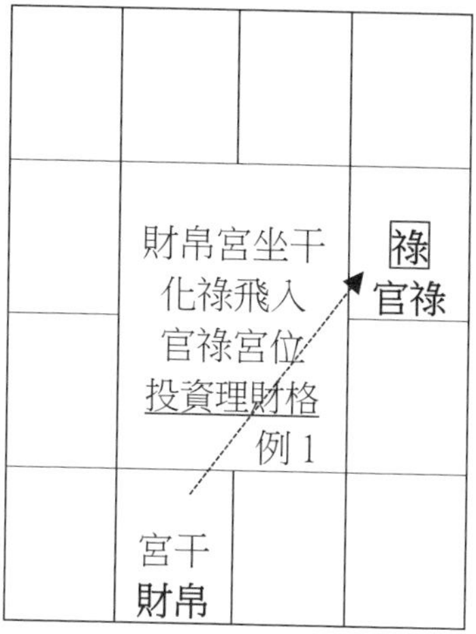
祿
官祿
財帛宮坐干
化祿飛入
官祿宮位
投資理財格
例 1
宮干
財帛

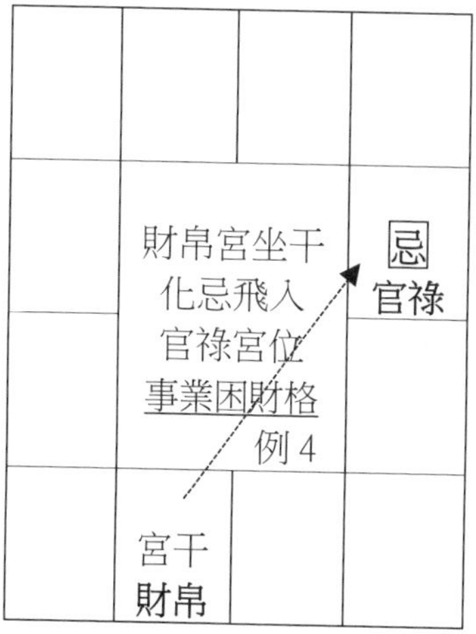
忌
官祿
財帛宮坐干
化忌飛入
官祿宮位
事業困財格
例 4
宮干
財帛

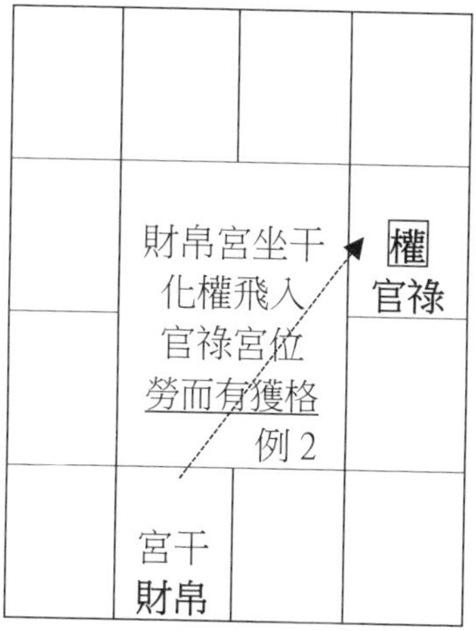
權
官祿
財帛宮坐干
化權飛入
官祿宮位
勞而有獲格
例 2
宮干
財帛

財帛宮坐干
化科飛入
夫妻宮位
與財無爭格
例 3
科
夫妻
宮干
財帛

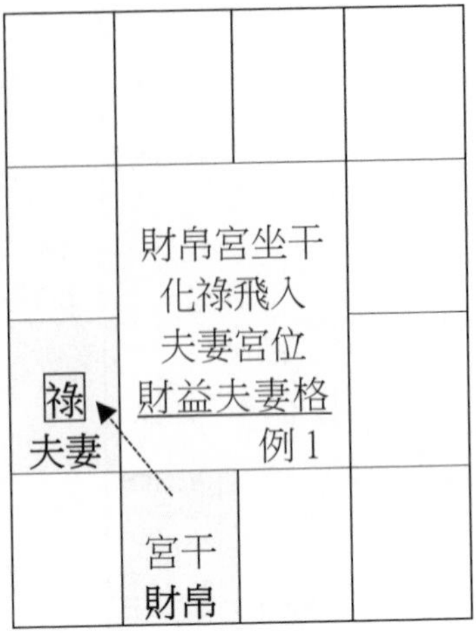
財帛宮坐干
化祿飛入
夫妻宮位
財益夫妻格
例 1
祿
夫妻
宮干
財帛

財帛宮坐干
化忌飛入
夫妻宮位
分配失衡格
例 4
忌
夫妻
宮干
財帛

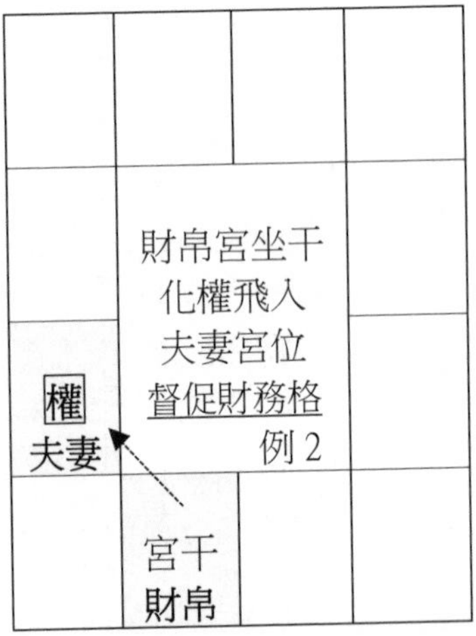
財帛宮坐干
化權飛入
夫妻宮位
督促財務格
例 2
權
夫妻
宮干
財帛

六、子女宮、田宅宮的財運效應

子女的養育需要長期且持續的經濟來源，對於現代人來說凸顯的更加重要。田宅宮是生活安定與休養生息的居所。因此，子女宮與田宅宮對於個人的財務狀況息息相關。子女宮也是婚姻兩性肌膚之親的宮位，兩性的和諧，往往需要穩定的經濟基礎，也才能使整個家庭的運勢興旺起來。以下將這兩宮與財帛宮之間的涉入關係，採重點式來論述，並輔以圖解來說明。

◆子女宮對財帛宮的影響力：

一、子女宮所坐宮干**化祿**飛入財帛宮：子女在其擁有經濟能力的同時，能以財物來回饋父母親，使其在物資生活無虞，且能長期為之—回饋父母格。

二、子女宮**化權**飛入財帛宮：子女擁有經濟能力時，能關注父母在生活層面的需求，也能及時提供所需，但在作為上較有主觀的見解，或有一廂情願的作為—回饋作為格。

三、子女宮**化科**飛入財帛宮：子女在經濟提供上的能力較為有限，但也能適時盡其所能，聊表回饋父母的心意。也意謂著：父母若有家業給與時，通常不喜爭取計較，態度隨和—隨順回饋格。

四、子女宮**化忌**飛入財帛宮：養育子女及栽培的成長過程，耗費甚多，在子女擁有獨立的經濟能力時，通常會忽略回饋父母的心意。或其經濟能力有其侷限之處，導致處境艱難。甚至，也可能在財務上，經常給父母帶來困擾，以及無止境的付出—財難回饋格。

◆田宅宮對財帛宮的影響力：

一、田宅宮所坐宮干**化祿**飛入財帛宮：因為居家宅所的家運興旺，家內所需的物資，以及裝潢擺設佈置得體，也使得彼人的財運顯著提升，且能財源廣進，多多益善。或者也可能因為家中典藏品，或房地產的增值，彼人的財運常因此積聚錢財，福報甚好—置產增益格。

二、田宅宮**化權**飛入財帛宮：居家宅所常有投資於內的精緻典雅、裝潢佈置、精品的典藏，相關宅所的氣氛規劃及設備增添…等。或者也可能投入於房地產的經營上，從中獲益匪淺—操持置產格。

三、田宅宮**化科**飛入財帛宮：居家宅所隨順個人的財力來打造，因此，家庭經濟尚屬平穩，也往往有後勤資源來支助其家庭開銷—理家後援格。

四、田宅宮**化忌**飛入財帛宮：家庭生活上的種種開銷難以平衡，或者有入不敷出的狀況，也意謂著：個人的所得，在提供家庭經濟的能力較為有限。因此，家中所需物資、設備佈置等，也就較為簡約。另一方面，也較為欠缺守住家產的能力與魄力—家財受困格。

◆財帛宮對子女宮的影響力：

一、財帛宮所坐宮干**化祿**飛入子女宮：頗有能力提供家庭經濟所需，而且也能將心思放在栽培子女，以及居家生活所需的物資，儘量讓家中成員不虞匱乏─持家有道格。

二、財帛宮**化權**飛入子女宮：有能力提供子女所需，唯其在錢財的分配上，具有領導與支配權，因此，對於子女的花費常費心操勞，規勸引導─財務支配格。

三、財帛宮**化科**飛入子女宮：對於子女生活所需，通常採取較為隨順的態度，端視個人的經濟能力而定─視己能力格。

四、財帛宮**化忌**飛入子女宮：由於個人的經濟能力有限，在提供子女日常所需的一切活動上，顯得較為吃力，也難以持續性為之，所以，往往有難言之隱的苦處─持家困財格。

◆財帛宮對田宅宮的影響力：

一、財帛宮所坐宮干**化祿**飛入田宅宮：足以提供家庭經濟所需，也可能因家運興起，所購置的房地產有增值傾向，使其財務倍增。或也可能因房地產而獲利─房產獲利格。

二、財帛宮**化權**飛入田宅宮：能提供家庭所需，管理得當，或也可能在操持房地產方面而獲利─操勞家務格。

三、財帛宮**化科**飛入田宅宮：個人的財務狀況雖平平，但總也能平安渡日─安份守己格。

四、財帛宮**化忌**飛入田宅宮：個人經濟能力有限，總是難以維持家庭開銷─持家困財格。

子女宮坐干
化科飛入
財帛宮位
隨順回饋格
例 3
宮干
子女
科
財帛

子女宮坐干
化祿飛入
財帛宮位
回饋父母格
例 1
宮干
子女
祿
財帛

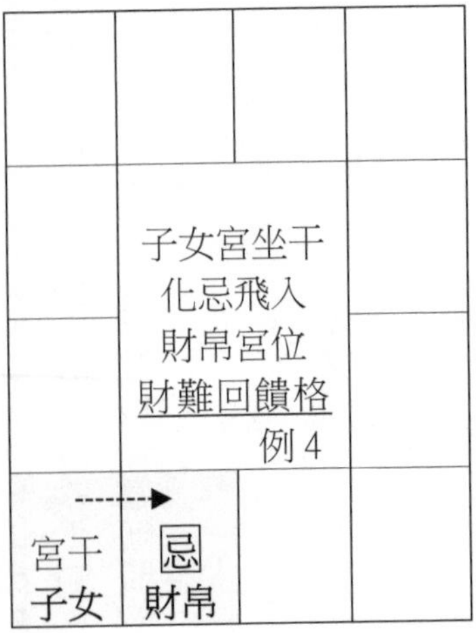
子女宮坐干
化忌飛入
財帛宮位
財難回饋格
例 4
宮干
子女
忌
財帛

子女宮坐干
化權飛入
財帛宮位
回饋作為格
例 2
宮干
子女
權
財帛

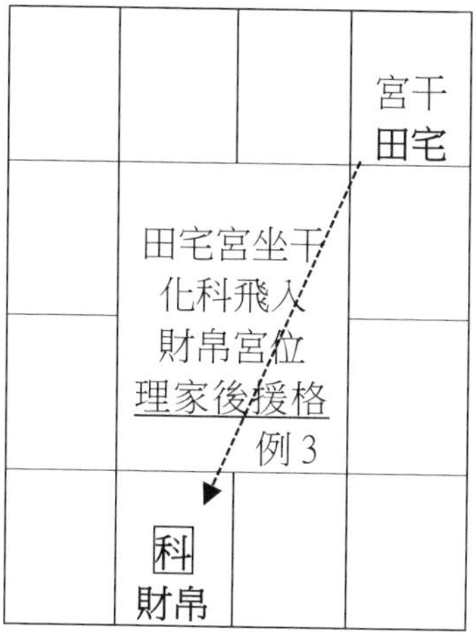
宮干
田宅
田宅宮坐干
化科飛入
財帛宮位
理家後援格
例 3
科
財帛

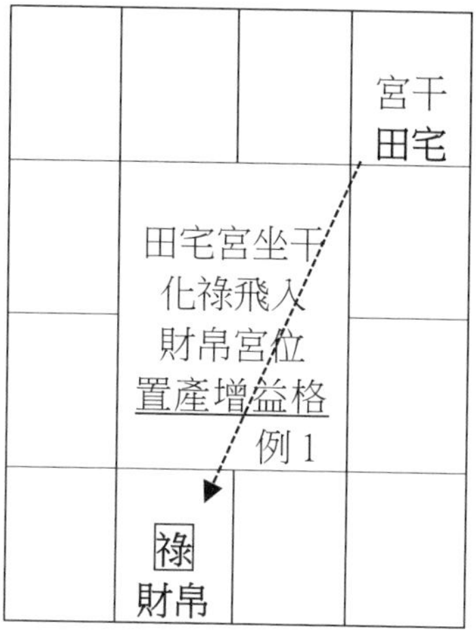
宮干
田宅
田宅宮坐干
化祿飛入
財帛宮位
置產增益格
例 1
祿
財帛

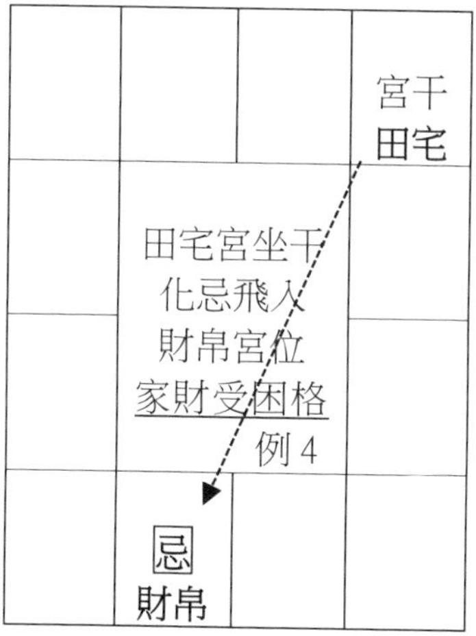
宮干
田宅
田宅宮坐干
化忌飛入
財帛宮位
家財受困格
例 4
忌
財帛

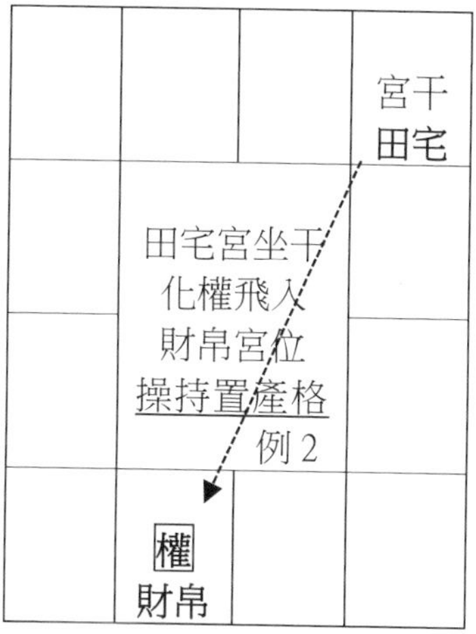
宮干
田宅
田宅宮坐干
化權飛入
財帛宮位
操持置產格
例 2
權
財帛

財帛宮坐干
化科飛入
子女宮位
視己能力格
例 3
科
子女
宮干
財帛

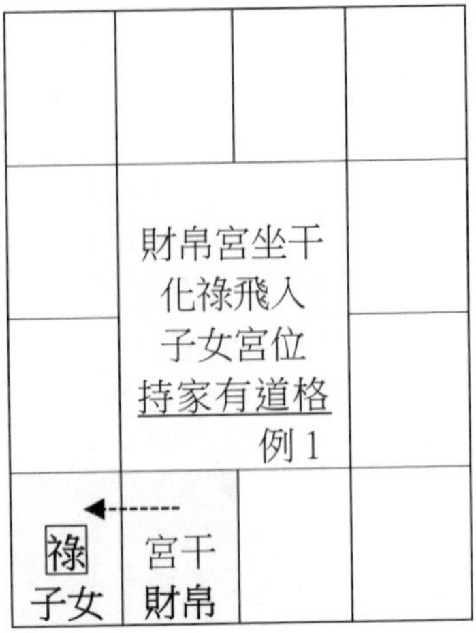
財帛宮坐干
化祿飛入
子女宮位
持家有道格
例 1
祿
子女
宮干
財帛

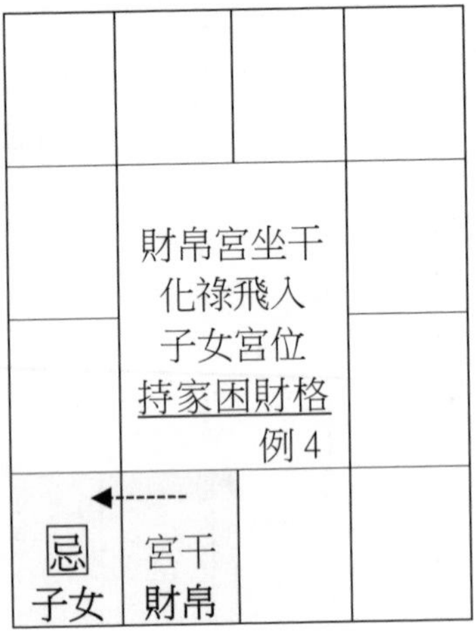
財帛宮坐干
化祿飛入
子女宮位
持家困財格
例 4
忌
子女
宮干
財帛

財帛宮坐干
化權飛入
子女宮位
財務支配格
例 2
權
子女
宮干
財帛

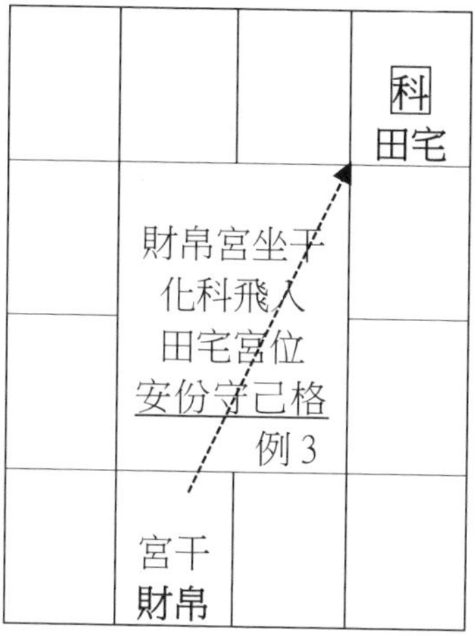
科
田宅
財帛宮坐干
化科飛入
田宅宮位
安份守己格
例 3
宮干
財帛

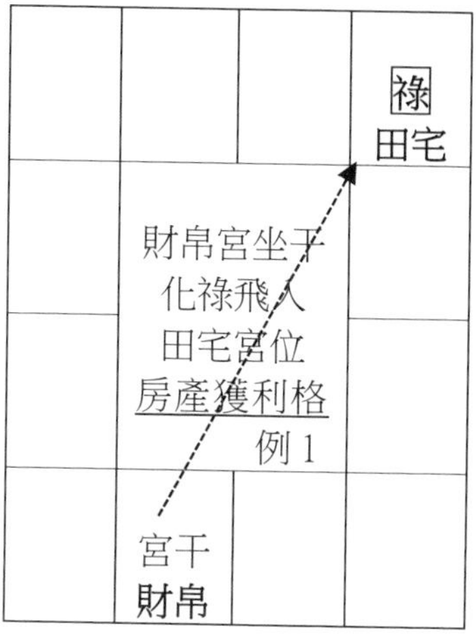
祿
田宅
財帛宮坐干
化祿飛入
田宅宮位
房產獲利格
例 1
宮干
財帛

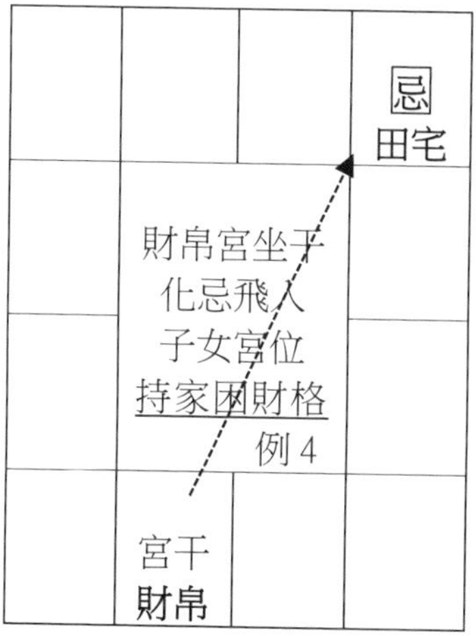
忌
田宅
財帛宮坐干
化忌飛入
子女宮位
持家困財格
例 4
宮干
財帛

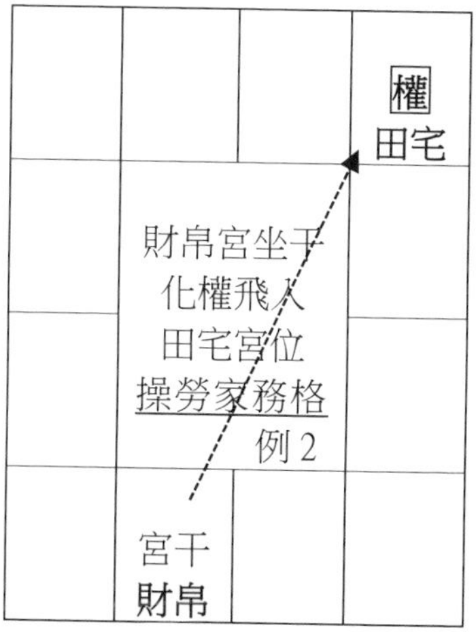
權
田宅
財帛宮坐干
化權飛入
田宅宮位
操勞家務格
例 2
宮干
財帛

七、財帛宮、福德宮的財運效應

財帛、福德兩宮的緊密關係，具有互為因果的重要性，福德宮是精神心理層面，以及面對壓力調節的適應程度，甚至，舉凡物資生活的福報也屬福德宮的領域。因此，宮位結構及其星性組合強弱狀態，連帶影響對宮的財帛宮。對於財帛宮的狀態來說也是如此，錢財的富足與否，關係著生活層面的安全性需求，錢財與心理狀態兩者密不可分。以下將兩宮互為影響的涉入關係分析如左。

◆**財帛宮對福德宮的影響力：**

一、財帛宮所坐宮干**化祿**飛入福德宮：這是一種很難得的格局，財神常隨，過著物質優渥的生活，且樂在其中—生活優渥格。

二、財帛宮**化權**飛入福德宮：生活勞碌打拼，為的是能賺更多的錢財，因此，在擁有財物的過程，由於高度的自我期許，給彼人帶來高張的壓力，所以，在心理方面也較為緊繃—積極營務格。

三、財帛宮**化科**飛入福德宮：對於個人的經濟能力來說，雖然也有蠻大的壓力，但總能期許凡事順因緣，凡事不要太強求，只要能平安渡日就好—但求平安格。

四、財帛宮**化忌**飛入福德宮：彼人經常因困於經濟能力的不足，因此，給個人帶來極大的壓力，甚至，在面臨重大挫折時，心理往往積鬱難解—財困積鬱格。

◆**福德宮對財帛宮的影響力：**

一、福德宮所坐宮干**化祿**飛入財帛宮：由於生活上的物資無缺，彼人心思也較傾向於高品味的享受─物質無缺格。

二、福德宮**化權**飛入財帛宮：心思常放在如何理財的運用上，因此，繁雜的心緒難得放鬆下來─煩勞理財格。

三、福德宮**化科**飛入財帛宮：心思喜悠閒，因此，對賺錢的事常持隨順的態度，只要日子能過得平安就好，凡有類似格局者，往往能得善緣及貴人的襄助，使其生活尚能安然─隨順平安格。

四、福德宮**化忌**飛入財帛宮：心思常為缺錢所苦，也因此承受極大的壓力，備極艱辛，鬱鬱寡歡─財困積鬱格。

◆**財、福兩宮，尚有以下補充的格局：**

一、財帛宮所坐宮干自化祿─以本宮位自化祿的能量回頭生福德宮─理財保守格。

二、財帛宮所坐宮干自化權─將自化權的能量回頭生福德宮─掌財自理格。

三、財帛宮所坐宮干自化科─回頭生福德宮─隨順理財格。

四、財帛宮所坐宮干自化忌─**回頭剋**福德宮─理財缺失格。

◎福德宮─自化祿、自化權、自化科、自化忌─論述原則可比量推理。

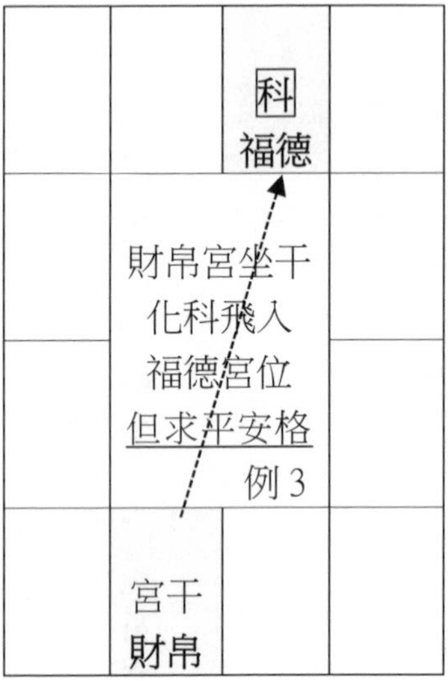
科
福德
財帛宮坐干
化科飛入
福德宮位
但求平安格
例 3
宮干
財帛

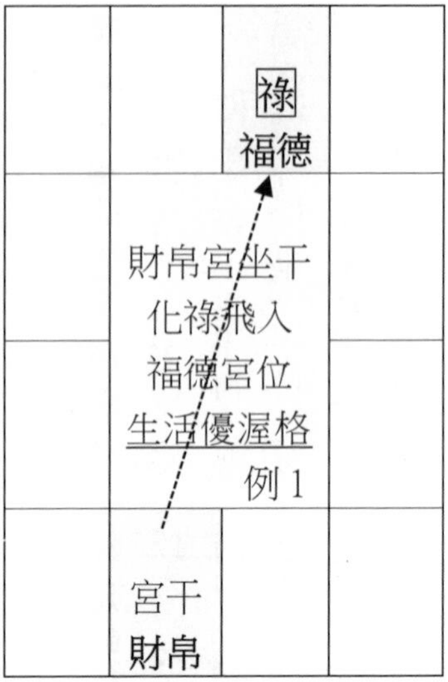
祿
福德
財帛宮坐干
化祿飛入
福德宮位
生活優渥格
例 1
宮干
財帛

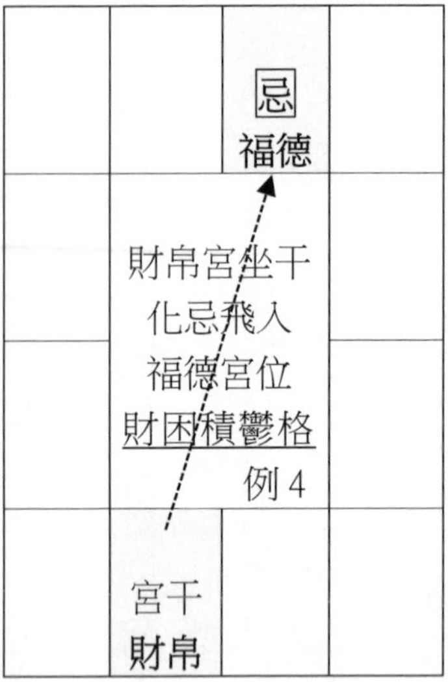
忌
福德
財帛宮坐干
化忌飛入
福德宮位
財困積鬱格
例 4
宮干
財帛

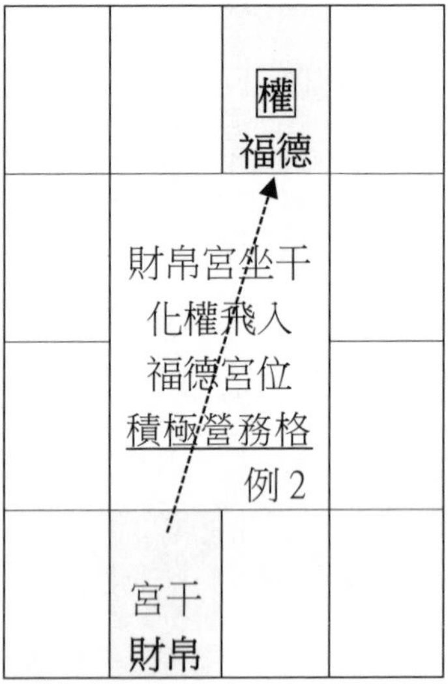
權
福德
財帛宮坐干
化權飛入
福德宮位
積極營務格
例 2
宮干
財帛

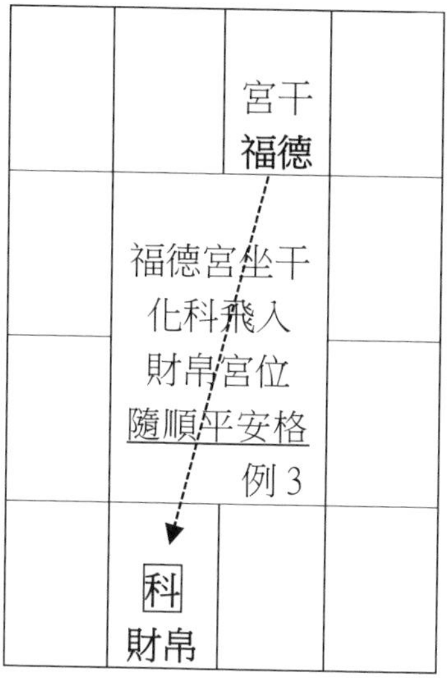
宮干
福德
福德宮坐干
化科飛入
財帛宮位
隨順平安格
例 3
科
財帛

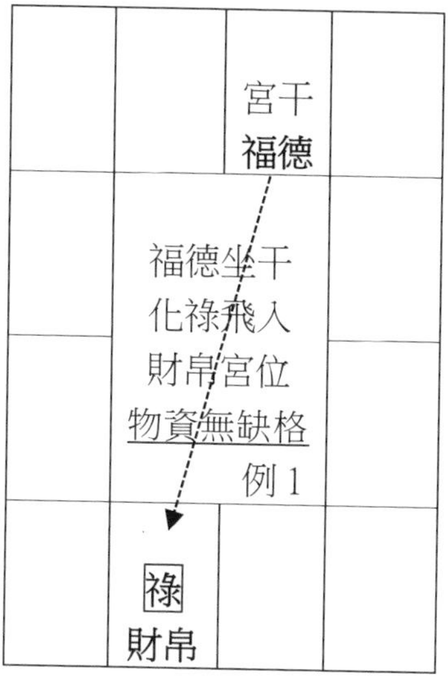
宮干
福德
福德坐干
化祿飛入
財帛宮位
物資無缺格
例 1
祿
財帛

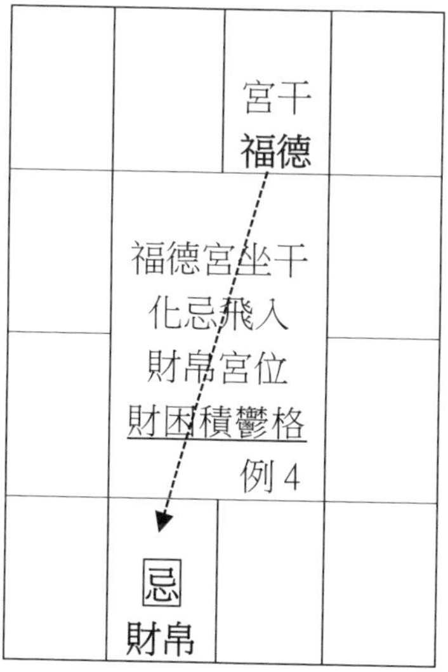
宮干
福德
福德宮坐干
化忌飛入
財帛宮位
財困積鬱格
例 4
忌
財帛

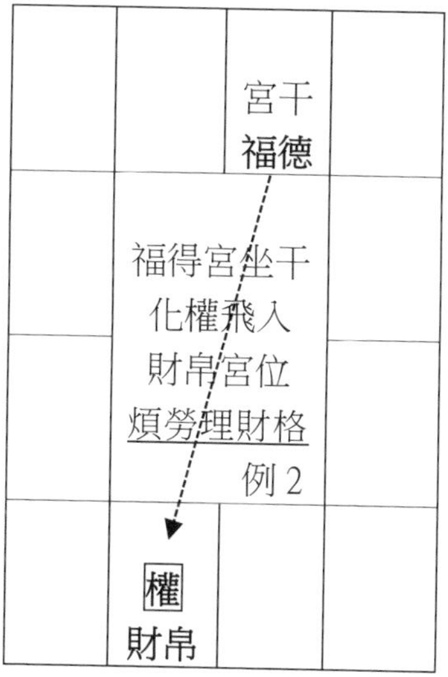
宮干
福德
福得宮坐干
化權飛入
財帛宮位
煩勞理財格
例 2
權
財帛

八、父母宮、疾厄宮的財運效應

父母宮是個人一生中最重要的貴人，生命的延續因其存在，尤其在成長的過程，也使得父母親擔負重要的責任與壓力。父母宮也是長輩貴人的所在宮位，這宮位若美的話，常得貴人的庇蔭，無往不利，也會增益個人的財務運勢。**疾厄宮**是個人飲食及生活坐息，健康狀況所感召的宮位，有好的體能，即能擁有面對事業及工作的動能，這宮位與官祿宮、財帛宮息息相關。以下將父疾兩宮與財帛宮的交集狀態，重點論述如下。

◆父母宮對財帛宮的影響力：

一、父母宮所坐宮干化祿飛入財帛宮：父母親對於個人所需捨得付出，且能以財物資源來幫助我在人生歷程有所成就。凡有類似格局者，也意謂著：「彼人經常得到父母親的資助，使得在生活各層面上的花費，有穩定的後勤資源—父母資助格。

二、父母宮化權飛入財帛宮：父母親關心個人在生活面的財務運用，個人也常能得到父母親在財物上的資助，雖然如此，父母也盡其所能的勸導個人，如何有效的管理及運用錢財—資助勸導格。

三、父母宮化科飛入財帛宮：父母親對於個人財務管理及運用狀況，原則上採取隨順的態度，不太會去涉入這方面的問題，因此，父母親對於個人的財務狀況，也視情況是否適時的提供，或者引導個人要自立自強—隨順不涉格。

四、父母宮化忌飛入財帛宮：父母親一路走來，對個人在生活上的種種面向及花費，往往有其困難之處，由於家庭經濟較為拮据，所以，能給予個人在物資方面的條件也有限，凡有類似格者—白手起家格。

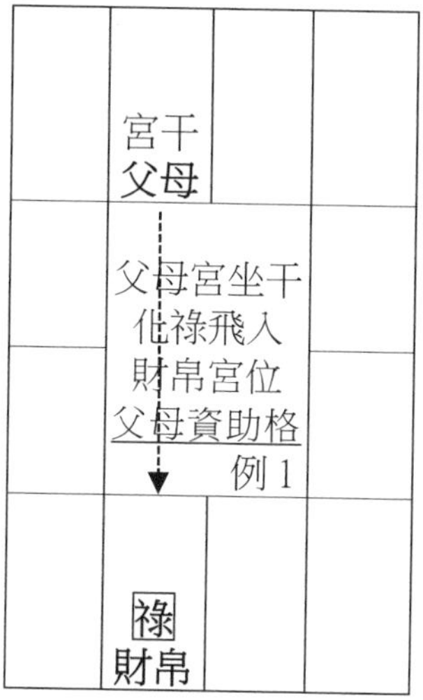

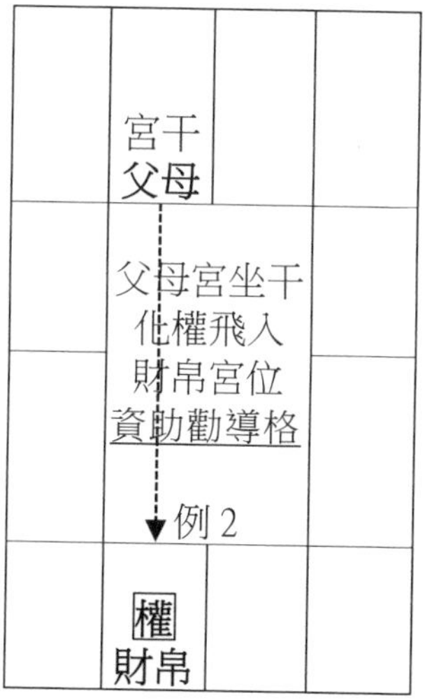

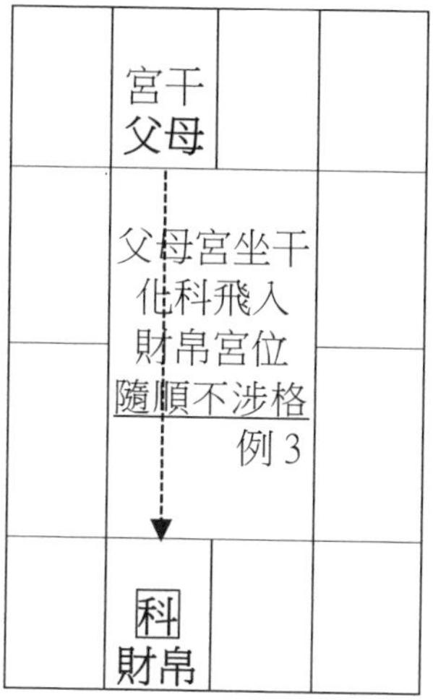

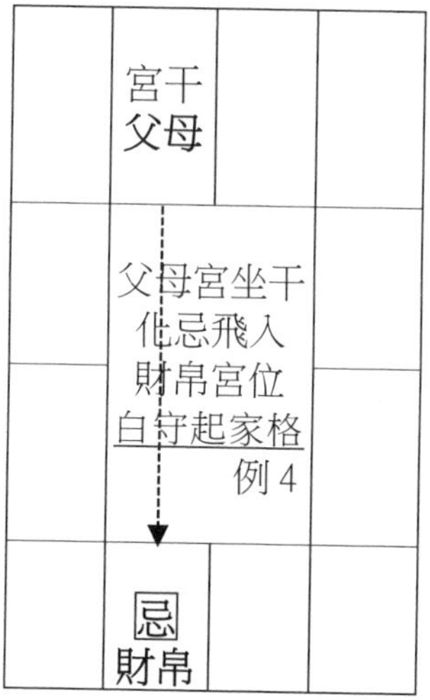

第八篇
各宮運勢的連動效應

一、命宮為起點的連動效應

四化星在盤面互飛產生交集的**「連動現象」**，可從單一連動訊息解讀彼人在「化祿、化權、化科、化忌」所入宮位的消長關係，以及面對世事成敗好壞的盛衰狀態。因此，四化連動現象的走向規則，如何判讀其中消息，在《紫微斗數》領域裡，成為另類研究且重要的話題。盤面十二宮，每一個宮位都有自屬的四化星飛至其它宮位的因果關係，若彼宮四化星不飛出去的話，那是因為所居的宮位產生「自化—祿權科忌」的緣故。

單一四化星連動反應所止的宮位，即是該四化所涉入能量保留住的宮位，使其能量不再循環反覆。這對化忌連動的格局來說，往往是有好處的，因為，負面及被困住的能量不再擴散了，損失也就能夠管控，危機也就變得容易處理，或者可以化危機為轉機，以致於看見處處的生機。對「化祿、化權、化科」的連動格局也是如此。

◆宮位四化星單一連動的規則，共有下列數種格的呈現：

一、宮位自化格局—自化祿、自化權、自化科、自化忌。
二、宮與宮之間—**化祿連動**涉入—反覆循環或止住。
三、宮與宮之間—**化權連動**涉入—反覆循環或止住。
四、宮與宮之間—**化科連動**涉入—反覆循環或止住。
五、宮與宮之間—**化忌連動**涉入—反覆循環或止住。

◎命宮—自化忌、自化祿（如圖例解，其它類推）

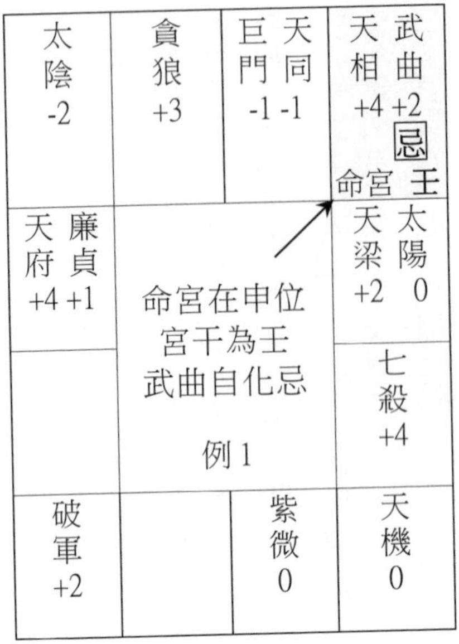

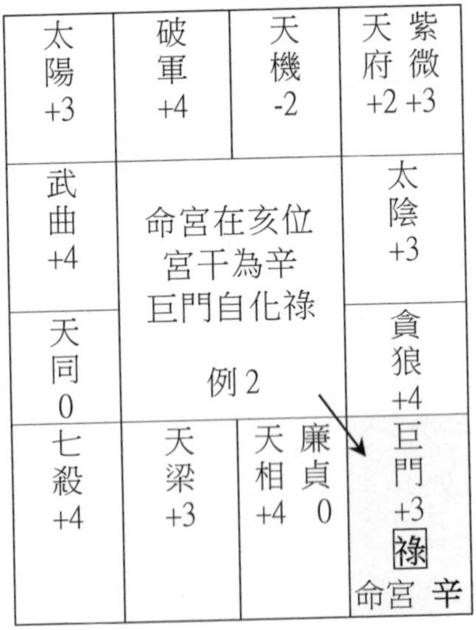

◎範例說明：

一、圖例一—命宮坐武曲、天相，宮中所分配的天干為「王」，王宮天干的四化，形成了武曲自化忌，也就是命宮武曲自化忌格局。

二、圖例二—命宮在「亥位」坐巨門，宮中辛的天干形成巨門自化祿的格局。

※註：例一—命宮自化忌。例二—命宮自化祿。即是該宮位止住的能量，如例中，這兩種格局的能量，沒有再繼續流動了。

壹／一：命宮化祿—連動效應（如圖例解，以下類推）

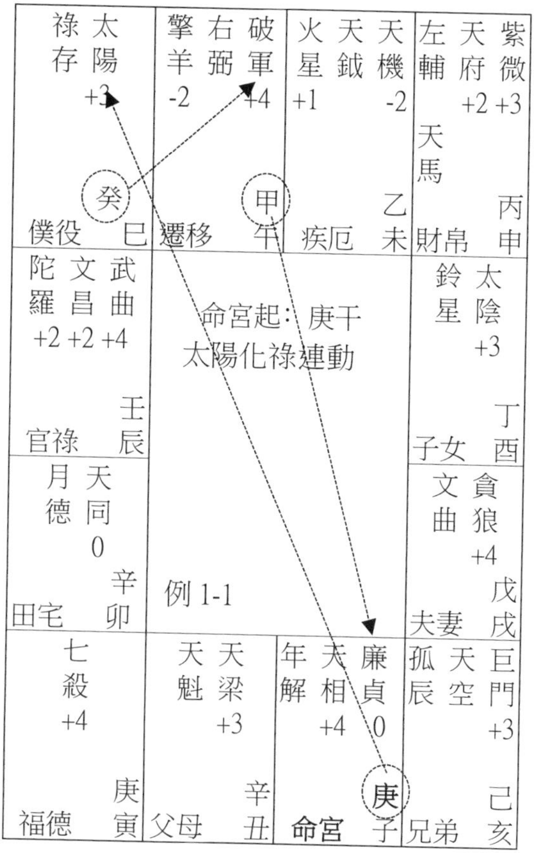

化祿：(包括自化祿)

資源、好處、利益、受蔭、好緣

---能量的分配路線。

◎命宮化祿連動—說明一：（以↓符號表示四化連動能量的分配路線，以此類推）

命宮①陽祿↓僕役宮（交友宮）②破祿↓遷移宮③廉祿↓命宮④陽祿止。

※註：命宮庚干又形成一個反覆循環的化祿連動現象，所以，能量迴歸於命宮止。如上得出一個結論：**命**↓**僕**↓**遷**↓**命**，四宮的好處及資源反覆循環。

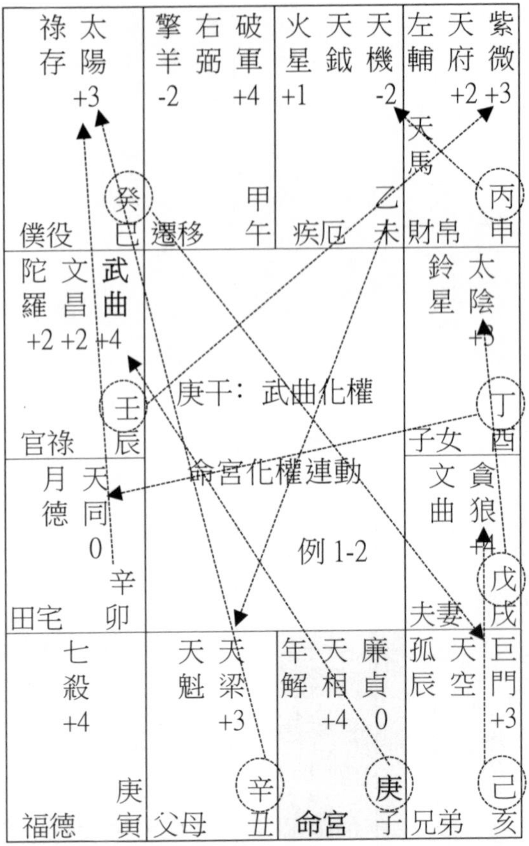

化權：(包括自化權)

權能之勢、掌控、勞碌、忙不得閒照顧、事必躬親---能量的分配路線。

◎命宮化權連動─說明二：

命宮①武權↓官祿宮②紫權↓財帛宮③機權↓疾厄宮④梁權↓父母宮⑤陽權↓僕役宮⑥巨權↓兄弟宮⑦貪權↓夫妻宮⑧陰權↓子女宮⑨同權↓田宅宮⑩陽權↓僕役宮⑪止。

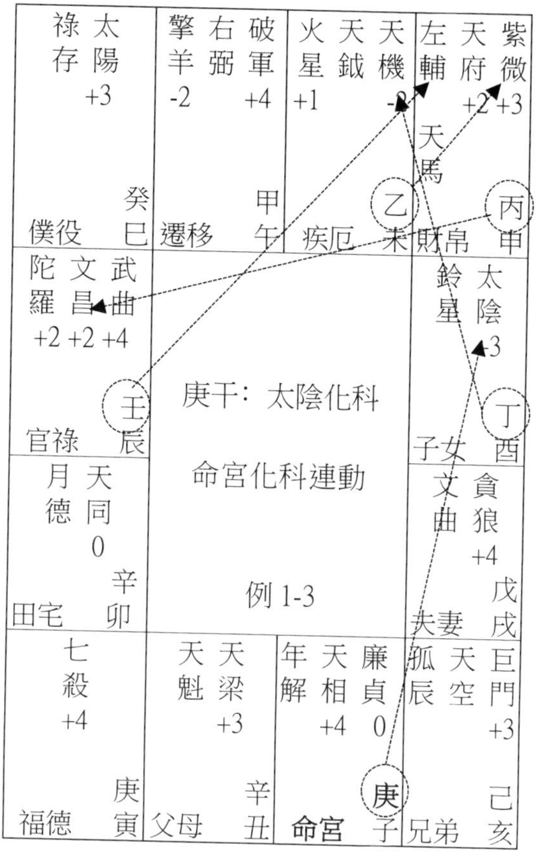

化科：(包括自化科)
隨順、無爭、才華、修養、智慧、逢凶化吉---能量的分配路線。

◎命宮化科連動—說明三：

命宮①陰科→子女宮②機科→疾厄宮③紫科→財帛宮④昌科→官祿宮⑤左科→財帛宮止。

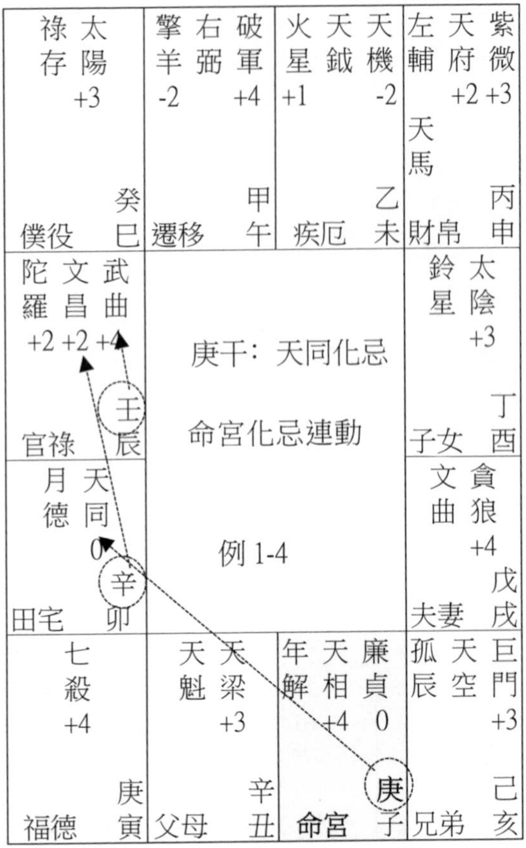

◎命宮化忌連動—說明四：

命宮①同忌→田宅宮②昌忌→官祿宮③武曲自化忌止。

化忌：(包括自化忌)

困難、風險、障礙、麻煩、過勞、沒有往來---能量的分配。

二、遷移宮為起點的連動效應

遷移宮是個人在外運勢的盛衰消長，以及禍福成敗關鍵的宮位，它的重要性僅次於命宮。因此，遷移宮的結構與星性組合，對命宮具有連帶作用的影響力。命、遷的交互作用，可由兩宮的四化涉入關係，吉煞星組合的助長與沖擊作用，將會形成運勢的起落狀態。

◎遷移宮、命宮相互涉入的可能格局：

一、命、遷任一宮位坐「祿權科忌」或者由對宮會沖，形成正負面能量的作用。

※附註：命、遷任一宮**自化—祿權科**，會將其能量回頭生對宮，形成彼我兩宮能量互相助長的格局。同樣的，自化忌的能量也會回頭剋對宮。

二、**落陷煞星**—將其化氣的能量沖擊對宮，形成浪裡行舟的起伏運勢。

三、**得地煞星**—充滿能量與積極的動力，將其化氣的能量帶入對宮，帶動突破現狀的成長動力。

◎遷移宮四化現象的解意：

一、遷移宮化祿（自化祿）—在外有廣結善緣的人際魅力，能得外在資源的襄助。

二、遷移宮化權（自化權）—常周旋於外在事務，領導管理及處事能力強，生活忙不得閒。

三、遷移宮化科（自化科）—喜在外接觸大自然的環境與氛圍，博學、隨順於事有修養。

四、遷移宮化忌（自化忌）—在外運勢較為困頓，常為現實環境與條件的束縛。

貳／一、遷移宮化祿—連動效應

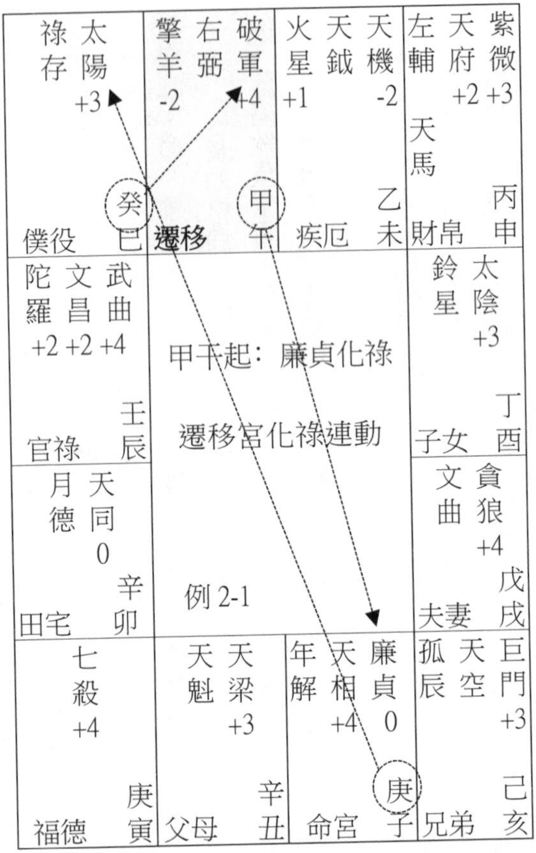

◎遷移宮化祿連動—說明一：

遷移宮①廉祿→命宮②陽祿→僕役宮③破祿→遷移宮④止。

化祿：(包括自化祿)

資源、好處、利益、受蔭、好緣
---能量的分配路線。

太陽 +3 祿存 癸巳 僕役	破軍 +4 右弼 擎羊 -2 甲午 **遷移**	天機 -2 天鉞 火星 +1 乙未 疾厄	紫微 +3 天府 +2 左輔 天馬 丙申 財帛
武曲 +4 文昌 +2 陀羅 +2 壬辰 官祿	甲干起：破軍化權		太陰 +3 鈴星 丁酉 子女
天同 0 月德 辛卯 田宅	遷移宮化權連動	例 2-2	貪狼 +4 文曲 戊戌 夫妻
七殺 +4 庚寅 福德	天梁 +3 天魁 辛丑 父母	廉貞 0 天相 +4 年解 庚子 命宮	巨門 +3 天空 孤辰 己亥 兄弟

◎遷移宮化權連動—說明二：

遷移宮①破軍自化權止。

化權：(包括自化權)

權能之勢、掌控、勞碌、忙不得閒照顧、事必躬親---能量的分配路線。

貳／三、遷移宮化科—連動效應

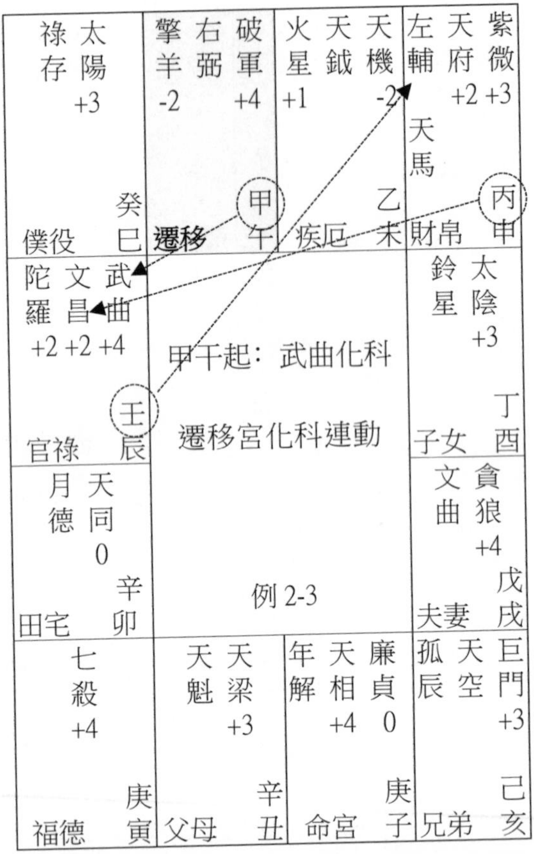

◎遷移宮化科連動—說明三：

遷移宮起點①武科→官祿宮②左科→財帛宮③昌科→官祿宮④止。

化科：(包括自化科)

隨順、無爭、才華、修養、智慧、逢凶化吉---能量的分配路線。

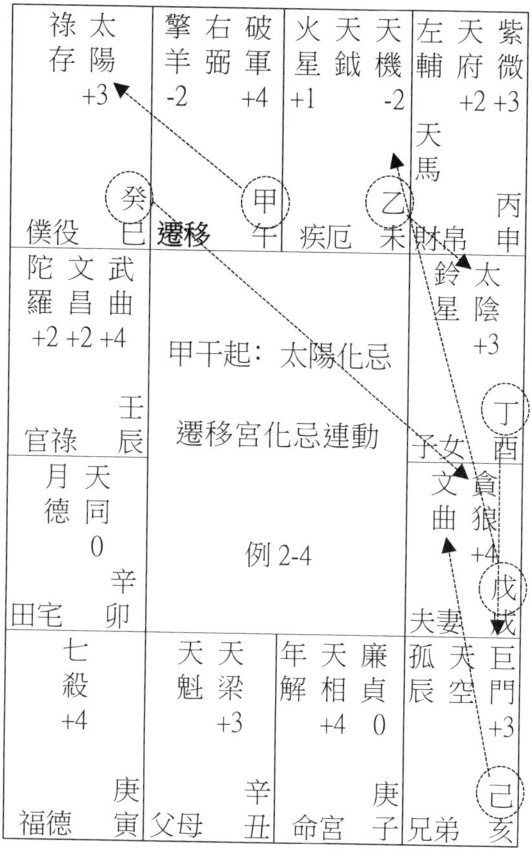

◎遷移宮化忌連動—說明四：

遷移宮①陽忌→僕役宮②貪忌→夫妻宮③機忌→疾厄宮④陰忌→子女宮⑤巨忌→兄弟宮⑥曲忌→夫妻宮⑦止。

化忌：(包括自化忌)
困難、風險、障礙、麻煩、過勞、沒有往來---能量的分配。

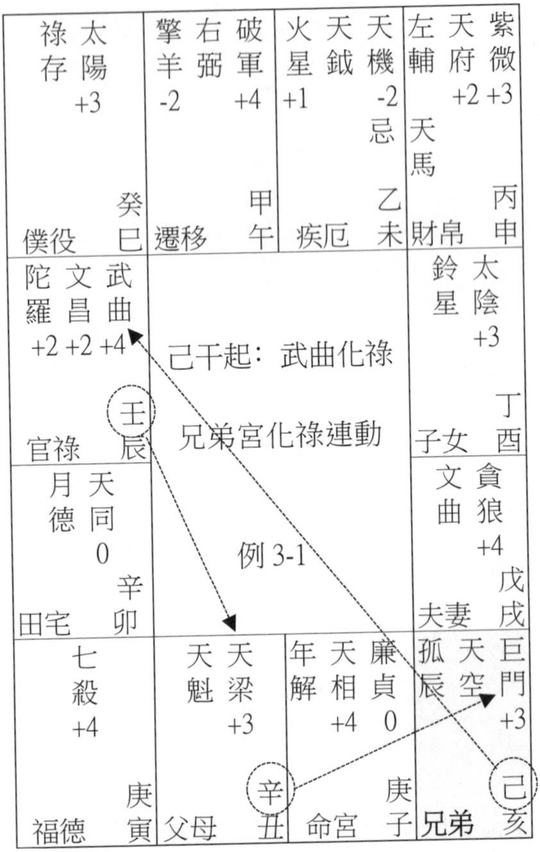

◎兄弟宮化祿連動—說明一：

兄弟宮①→官祿宮②→父母宮③→兄弟宮④止。

化祿：(包括自化祿)

資源、好處、利益、受蔭、好緣

---能量的分配路線。

◎兄弟宮化權連動—說明二：

兄弟宮①→夫妻宮②→子女宮③→田宅宮④→僕役宮⑤→兄弟宮⑥止。

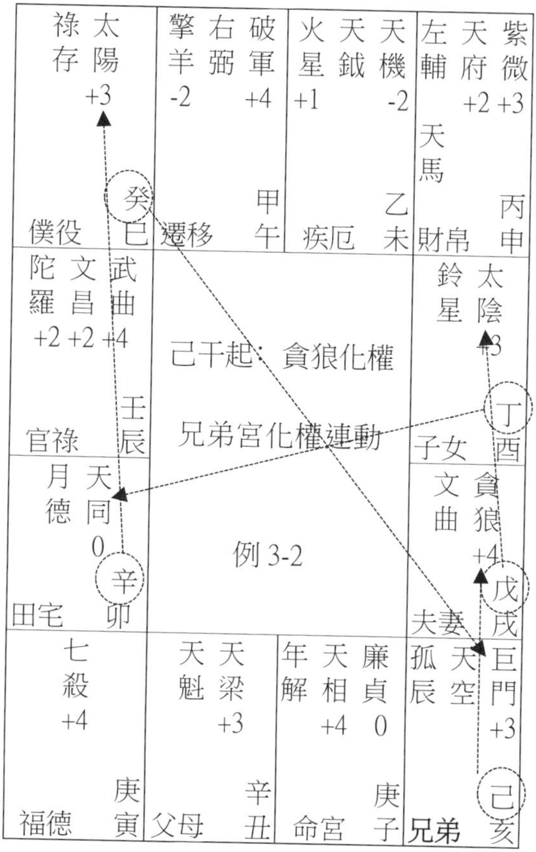

化權：(包括自化權)

權能之勢、掌控、勞碌、忙不得閒照顧、事必躬親---能量的分配路線。

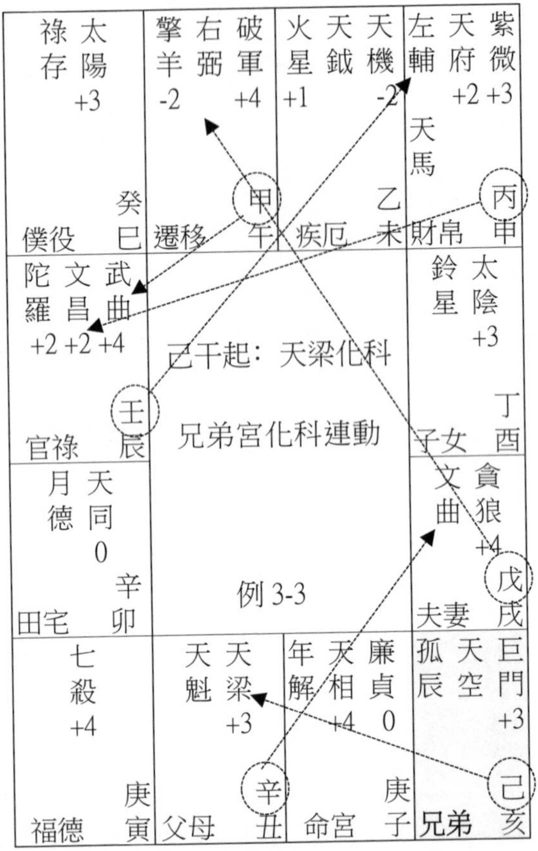

◎兄弟宮化科連動—說明三：

兄弟宮①→父母宮②→夫妻宮③→遷移宮④→官祿宮⑤→財帛宮⑥→官祿宮⑦止。

化科：(包括自化科)

隨順、無爭、才華、修養、智慧、逢凶化吉---能量的分配路線。

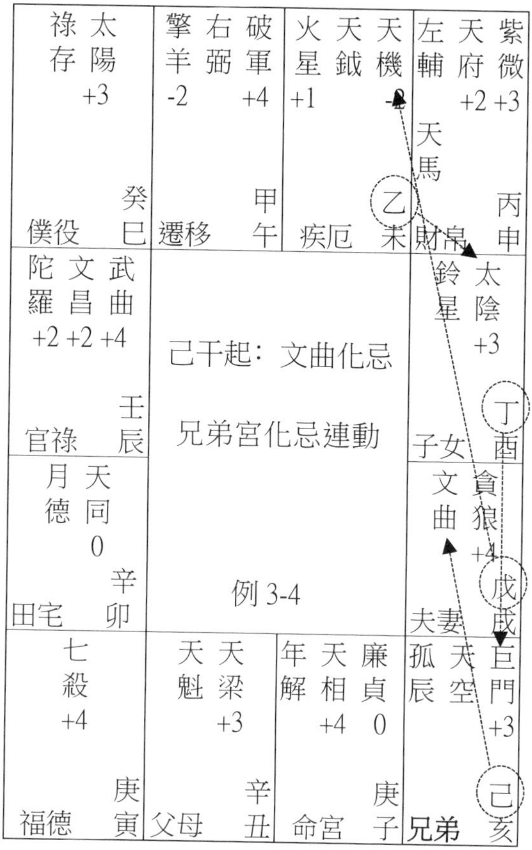

◎兄弟宮化忌連動─說明四：

兄弟宮①→夫妻宮②→疾厄宮③→子女宮④→兄弟宮⑤止。

化忌：(包括自化忌)

困難、風險、障礙、麻煩、過勞、沒有往來---能量的分配路線。

肆／一、僕役宮化祿（交友宮）—連動效應

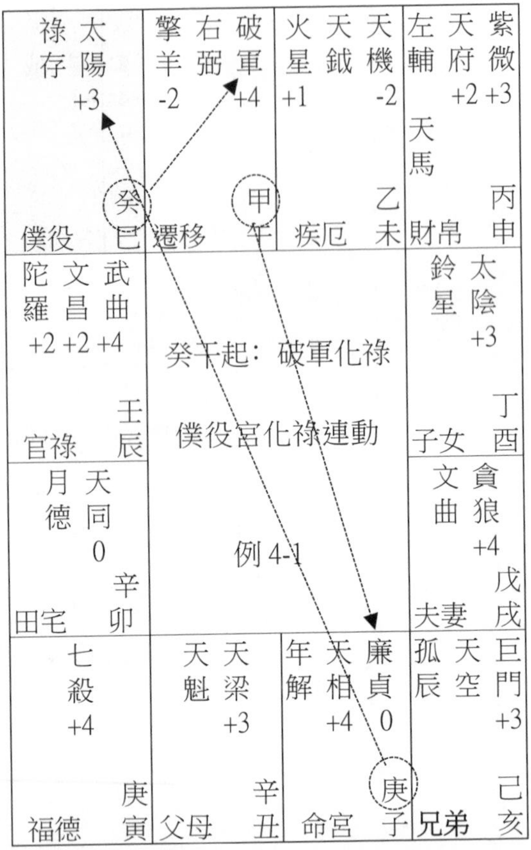

◎僕役宮化祿連動—說明一：

僕役宮①→遷移宮②→命宮③→僕役宮④止。

化祿：(包括自化祿)

資源、好處、利益、受蔭、好緣

---能量的分配路線。

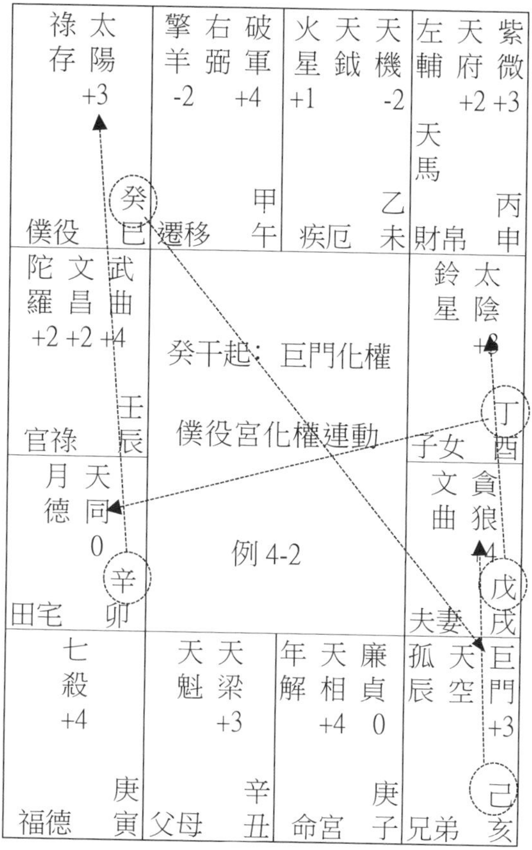

化權：(包括自化權)

權能之勢、掌控、勞碌、忙不得閒照顧、事必躬親---能量的分配路線。

◎僕役宮化權連動—說明二：

僕役宮①→兄弟宮②→夫妻宮③→子女宮④→田宅宮⑤→僕役宮⑥止。

肆／三、僕役宮化科（交友宮）—連動效應

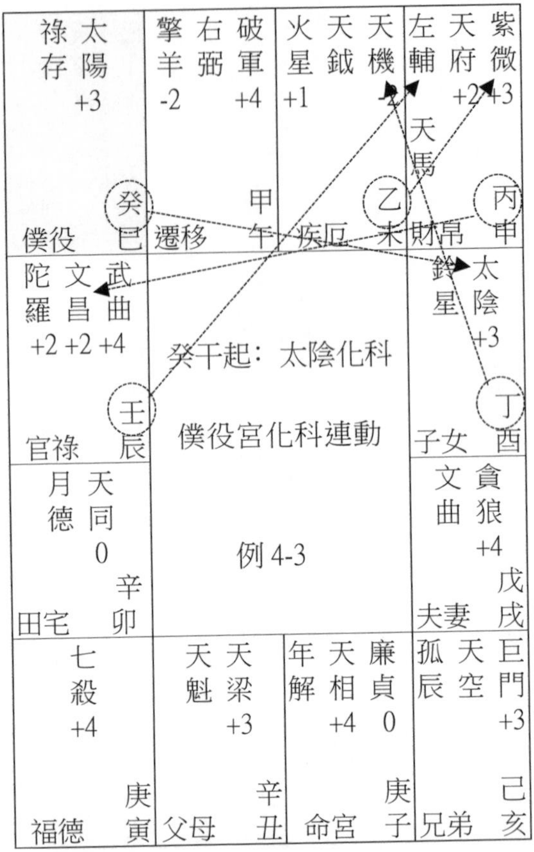

化科：(包括自化科)
隨順、無爭、才華、修養、智慧、逢凶化吉---能量的分配路線。

◎化科連動—說明三：
僕役宮①→子女宮②→疾厄宮③→財帛宮④→官祿宮⑤→財帛宮⑥止。

◎僕役宮化忌連動──說明四：

僕役宮①→夫妻宮②→疾厄宮③→子女宮④→兄弟宮⑤→夫妻宮⑥止。

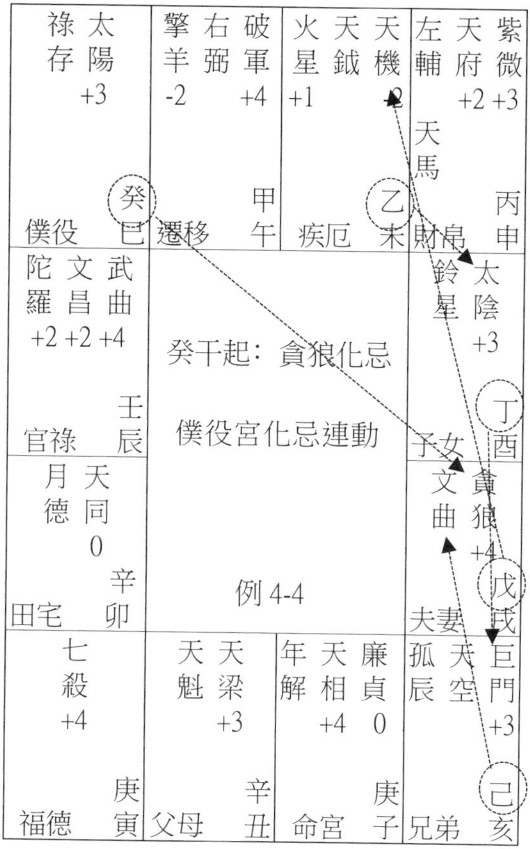

化忌：(包括自化忌)

困難、風險、障礙、麻煩、過勞、沒有往來---能量的分配路線。

伍／一、夫妻宮化祿─連動效應

太陽 +3 祿存 癸 僕役 巳	破軍 +4 右弼 擎羊 -2 甲 遷移 午	天機 -2 天鉞 火星 +1 乙 疾厄 未	紫微 +3 天府 +2 左輔 天馬 丙 財帛 申
武曲 +4 文昌 +2 陀羅 +2 壬 官祿 辰	戊宮起：貪狼化祿 夫妻宮化祿連動		太陰 +3 鈴星 丁 子女 酉
天同 0 月德 辛 田宅 卯	例 5-1		貪狼 +4 文曲 (戊)→貪狼 夫妻 戌
七殺 +4 庚 福德 寅	天梁 +3 天魁 辛 父母 丑	廉貞 0 天相 +4 年解 庚 命宮 子	巨門 +3 天空 孤辰 己 兄弟 亥

◎夫妻宮化祿連動─說明一：

夫妻宮①→貪狼自化祿止。

化祿：(包括自化祿)

資源、好處、利益、受蔭、好緣

--能量的分配路線。

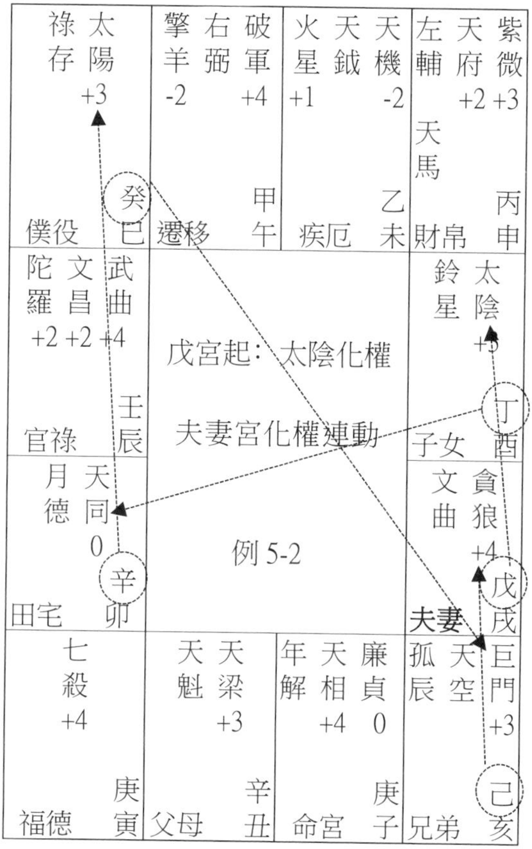

化權：(包括自化權)

權能之勢、掌控、勞碌、忙不得閒照顧、事必躬親---能量的分配路線。

◎夫妻宮化權連動—說明二：

夫妻宮①→子女宮②→田宅宮③→僕役宮④→兄弟宮⑤→夫妻宮⑥止。

伍／三、夫妻宮化科—連動效應

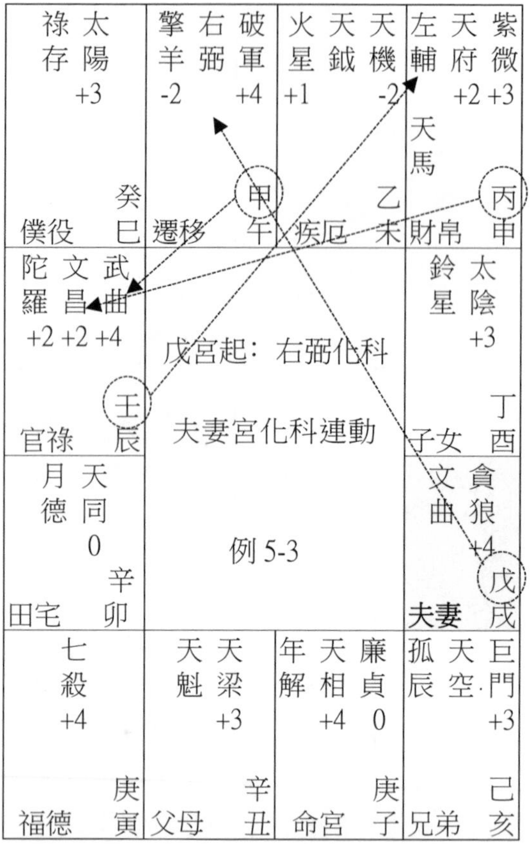

◎夫妻宮化科連動—說明三：

夫妻宮①→遷移宮②→官祿宮③→財帛宮④→官祿宮⑤止。

化科：(包括自化科)

隨順、無爭、才華、修養、智慧、逢凶化吉---能量的分配路線。

◎化忌連動—說明四：

夫妻宮①→疾厄宮②→子女宮③→兄弟宮④→夫妻宮⑤止。

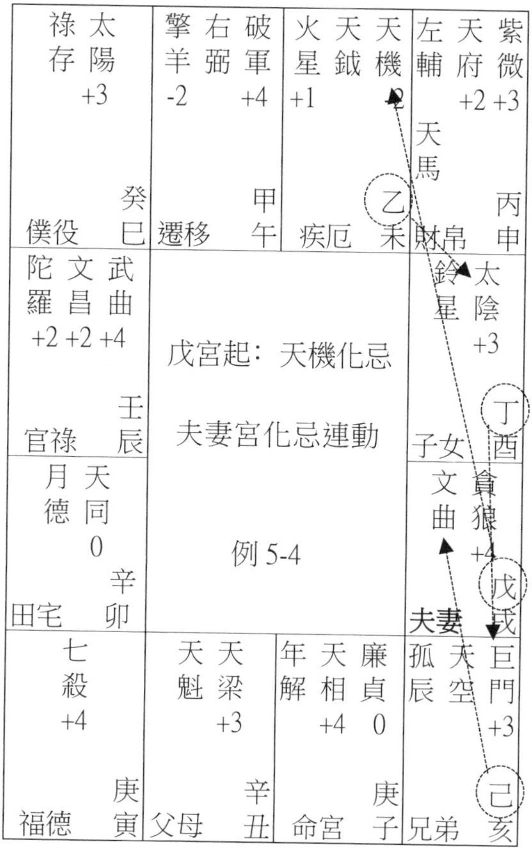

化忌：(包括自化忌)

困難、風險、障礙、麻煩、過勞、沒有往來---能量的分配路線。

陸／一、官祿宮化祿—連動效應

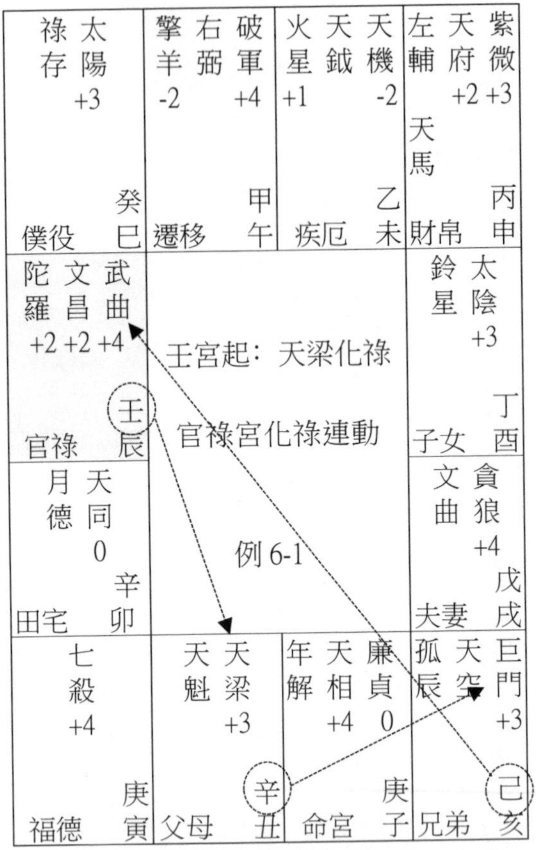

◎官祿宮化祿連動—說明一：

官祿宮①→父母宮②→兄弟宮③→官祿宮④止。

化祿：(包括自化祿)
資源、好處、利益、受蔭、好緣
--能量的分配路線。

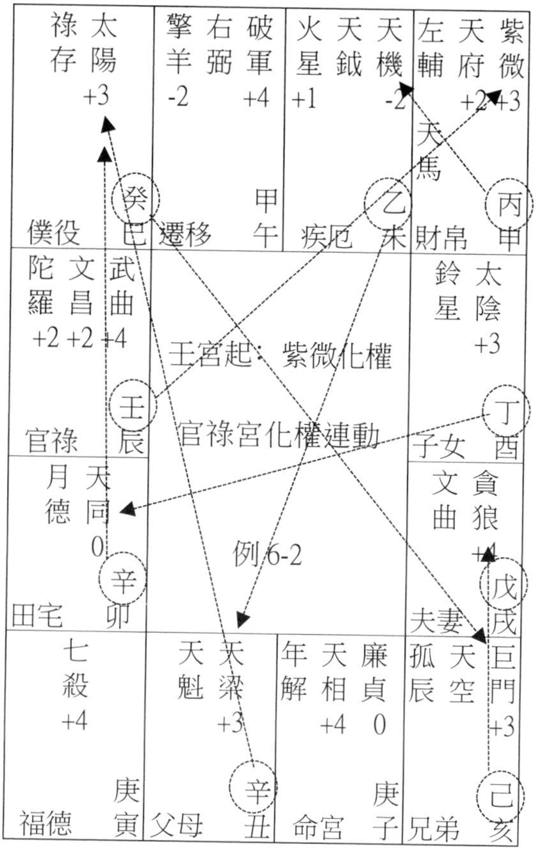

化權：(包括自化權)

權能之勢、掌控、勞碌、忙不得閒、照顧、事必躬親---能量的分配路線。

◎官祿宮化權連動—說明二：

官祿宮①→財帛宮②→疾厄宮③→父母宮④→僕役宮⑤→

兄弟宮⑥→夫妻宮⑦→子女宮⑧→田宅宮⑨→僕役宮⑩止。

太陽 +3 祿存 癸 僕役 巳	破軍 +4 右弼 擎羊 -2 甲 遷移 午	天機 -2 天鉞 火星 +1 乙 疾厄 未	紫微 +3 天府 +2 左輔 天馬 丙 財帛 申
武曲 +4 文昌 +2 陀羅 +2 壬 **官祿** 辰	壬宮起：左輔化科 官祿宮化科連動		太陰 +3 鈴星 丁 子女 酉
天同 0 月德 辛 田宅 卯	例 6-3		貪狼 +4 文曲 戊 夫妻 戌
七殺 +4 庚 福德 寅	天梁 +3 天魁 辛 父母 丑	廉貞 0 天相 +4 年解 庚 命宮 子	巨門 +3 天空 孤辰 己 兄弟 亥

◎官祿宮化科連動—說明三：

官祿宮①→財帛宮②→官祿宮③止。

化科：(包括自化科)

隨順、無爭、才華、修養、智慧、逢凶化吉--能量的分配路線。

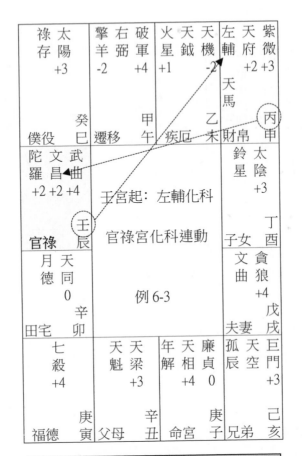

祿存 太陽+3 癸巳 僕役	擎羊-2 右弼 破軍+4 甲午 遷移	火星+1 天鉞 天機-2 乙未 疾厄	左輔 天府+2 紫微+3 天馬 丙申 財帛
陀羅+2 文昌+2 武曲+4 壬辰 官祿	壬宮起：武曲化忌 官祿宮化忌連動		鈴星 太陰+3 丁酉 子女
月德 天同0 辛卯 田宅	例6-4		文曲 貪狼+4 戊戌 夫妻
七殺+4 庚寅 福德	天魁 天梁+3 辛丑 父母	年解 天相+4 廉貞0 庚子 命宮	孤辰 天空 巨門+3 己亥 兄弟

◎官祿宮化忌連動—說明四：

官祿宮①→武曲自化忌止。

化忌：(包括自化忌)

困難、風險、障礙、麻煩、過勞、沒有往來—能量的分配路線。

柒／一、子女宮化祿—連動效應

太陽 +3 祿存 癸巳 僕役	破軍 +4 右弼 擎羊 -2 甲午 遷移	天機 -2 天鉞 火星 +1 乙未 疾厄	紫微 +3 天府 +2 左輔 天馬 丙申 財帛
武曲 +4 文昌 +2 陀羅 +2 壬辰 官祿	丁宮起：太陰化祿 子女宮化祿連動		太陰 +[illegible] 鈴星 丁(①)酉 **子女**
天同 0 月德 辛卯 田宅	例 7-1		貪狼 +4 文曲 戊戌 夫妻
七殺 +4 庚寅 福德	天梁 +3 天魁 辛丑 父母	廉貞 0 天相 +4 年解 庚子 命宮	巨門 +3 天空 孤辰 己亥 兄弟

◎子女宮化祿連動—說明一：

子女宮①→太陰自化祿止。

化祿：(包括自化祿)

資源、好處、利益、受蔭、好緣

---能量的分配路線。

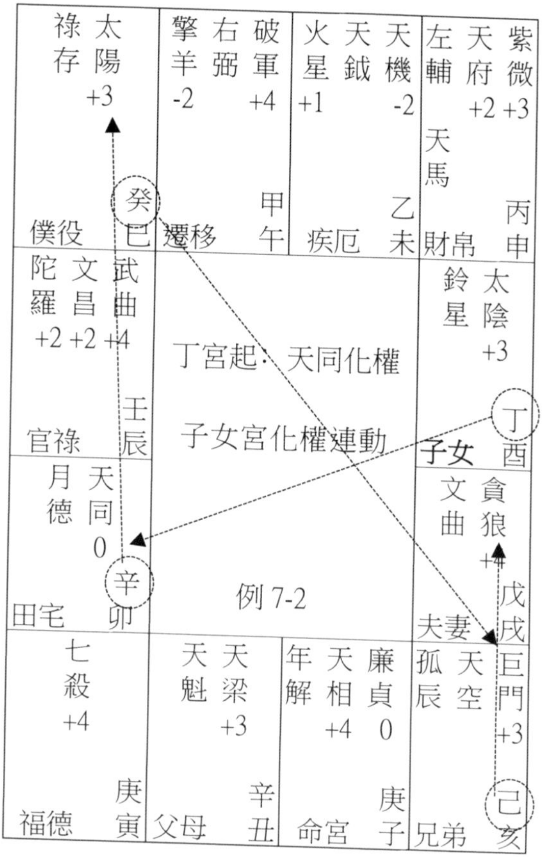

化權：(包括自化權)

權能之勢、掌控、勞碌、忙不得閒、照顧、事必躬親---能量的分配路線。

◎子女宮化權連動—說明二：

子女宮①→田宅宮②→僕役宮③→兄弟宮④→夫妻宮⑤→子女宮⑥止。

柒／三、子女宮化科—連動效應

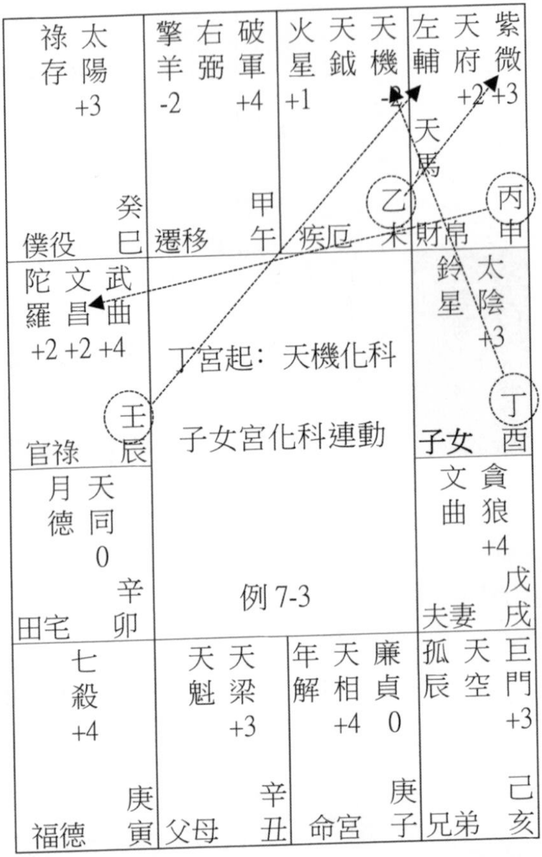

◎子女宮化科連動—說明三：

子女宮①→疾厄宮②→財帛宮③→官祿宮④→財帛宮⑤止。

化科：(包括自化科)

隨順、無爭、才華、修養、智慧、助緣、逢凶化吉--能量的分配路線。

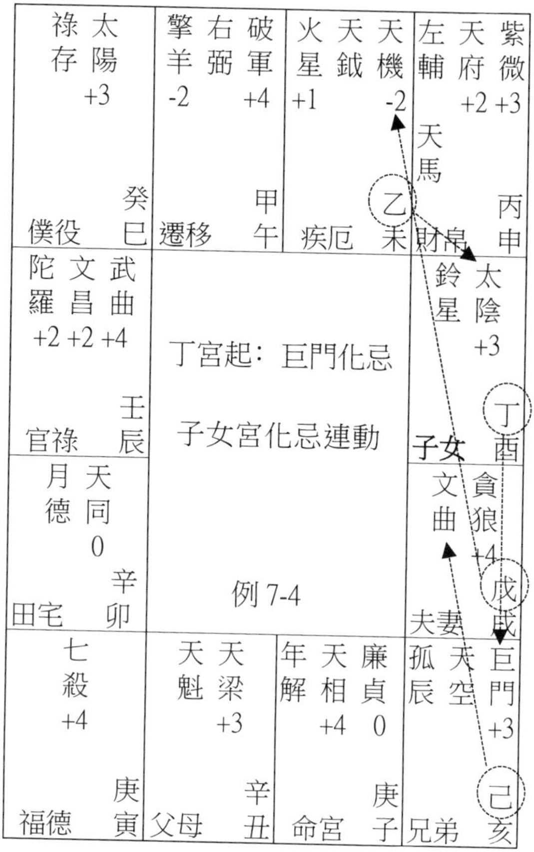

◎子女宮化忌連動──說明四：

子女宮①→兄弟宮②→夫妻宮③→疾厄宮④→子女宮⑤止。

化忌：(包括自化忌)

困難、風險、障礙、麻煩、過勞、沒有往來---能量的分配。

捌／一、田宅宮化祿—連動效應

◎田宅宮化祿連動—說明一：

田宅宮①→兄弟宮②→官祿宮③→父母宮④→兄弟宮⑤止。

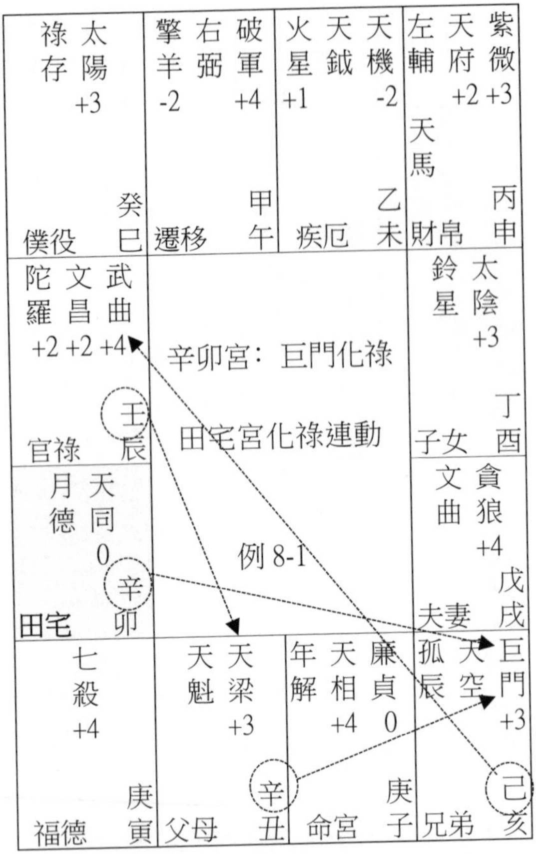

化祿：(包括自化祿)

資源、好處、利益、受蔭、好緣

---能量的分配路線。

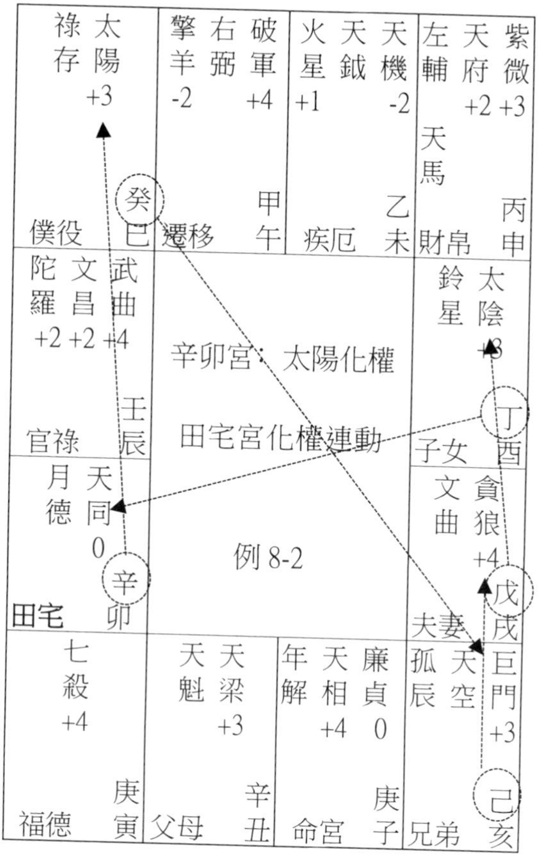

化權：(包括自化權)

權能之勢、掌控、勞碌、忙不得閒、照顧、事必躬親---能量的分配路線。

◎田宅宮化權連動—說明二：

田宅宮①→僕役宮②→兄弟宮③→夫妻宮④→子女宮⑤→田宅宮⑥止。

捌／三、田宅宮化科—連動效應

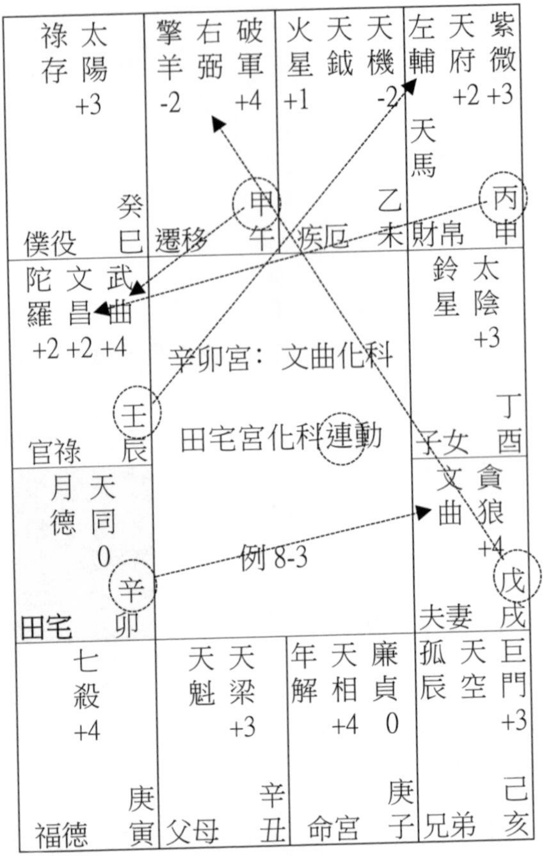

化科：(包括自化科)
隨順、無爭、才華、修養、智慧、助緣、逢凶化吉---能量的分配路線。

◎田宅宮化科連動—說明三：
田宅宮①→夫妻宮②→遷移宮③→官祿宮④→財帛宮⑤→官祿宮⑥止。

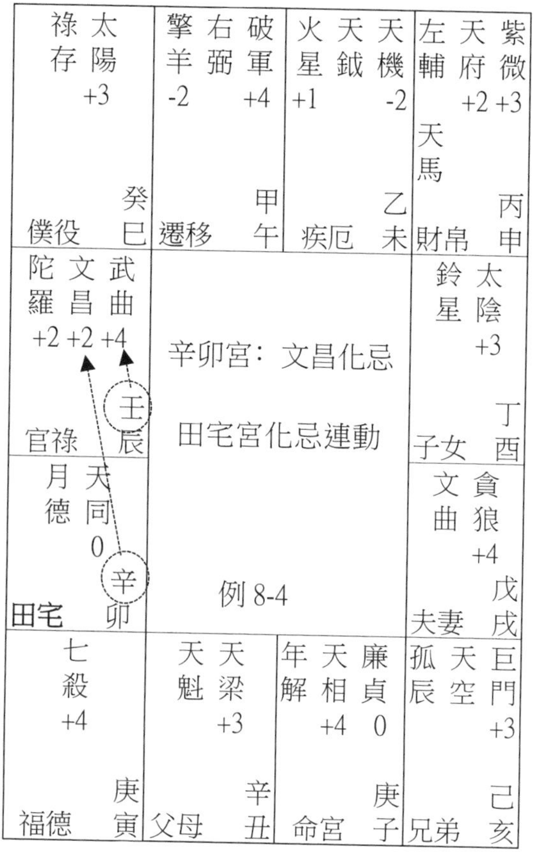

◎田宅宮化忌連動—說明四：

田宅宮①→官祿宮②武曲自化忌止。

化忌：(包括自化忌)

困難、風險、障礙、麻煩、過勞、沒有往來---能量的分配路線。

玖／一、財帛宮化祿—連動效應

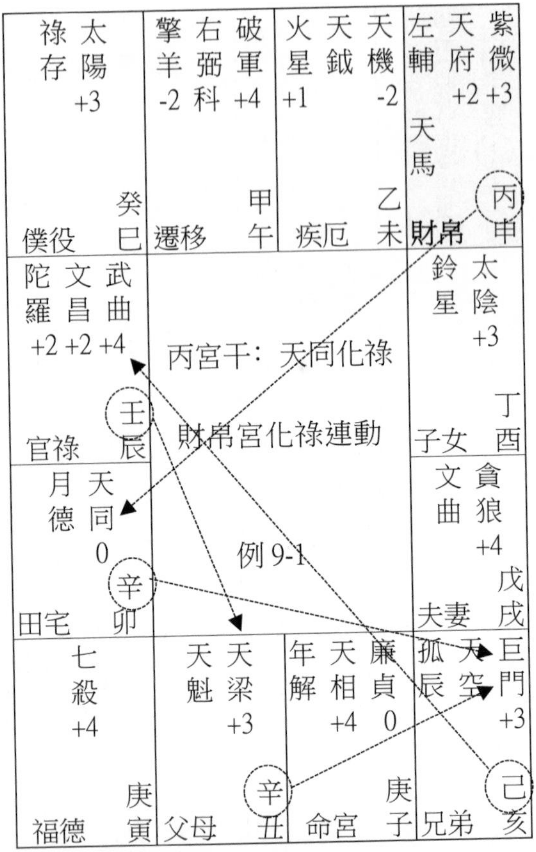

化祿：(包括自化祿)

資源、好處、利益、受蔭、好緣

---能量的分配路線。

◎財帛宮化祿連動—說明一：

財帛宮①→田宅宮②→兄弟宮③→官祿宮④→父母宮⑤→兄弟宮⑥止。

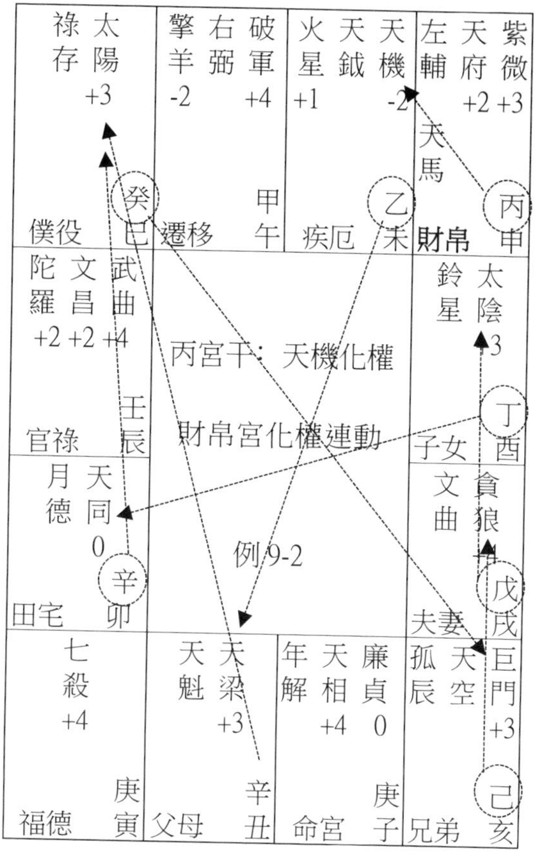

◎財帛宮化權連動—說明二：

財帛宮①→疾厄宮②→父母宮③→僕役宮④→兄弟宮⑤→夫妻宮⑥→子女宮⑦—田宅宮⑧—僕役宮⑨止。

化權：(包括自化權)

權能之勢、掌控、勞碌、忙不得閒、照顧、事必躬親---能量的分配路線。

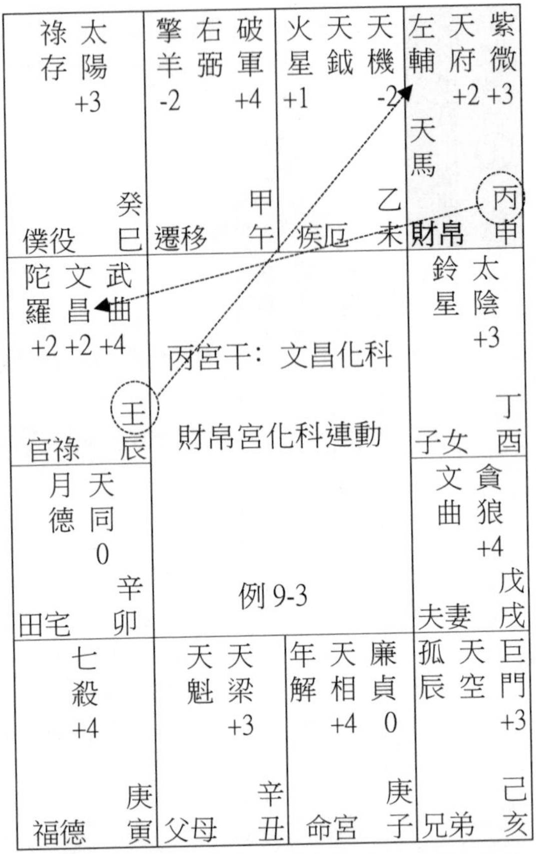

◎財帛宮化科連動—說明三：

財帛宮起點①→官祿宮②→財帛宮③止。

化科：(包括自化科)

隨順、無爭、才華、修養、智慧、助緣、逢凶化吉---能量的分配路線。

玖／四、財帛宮化忌—連動效應

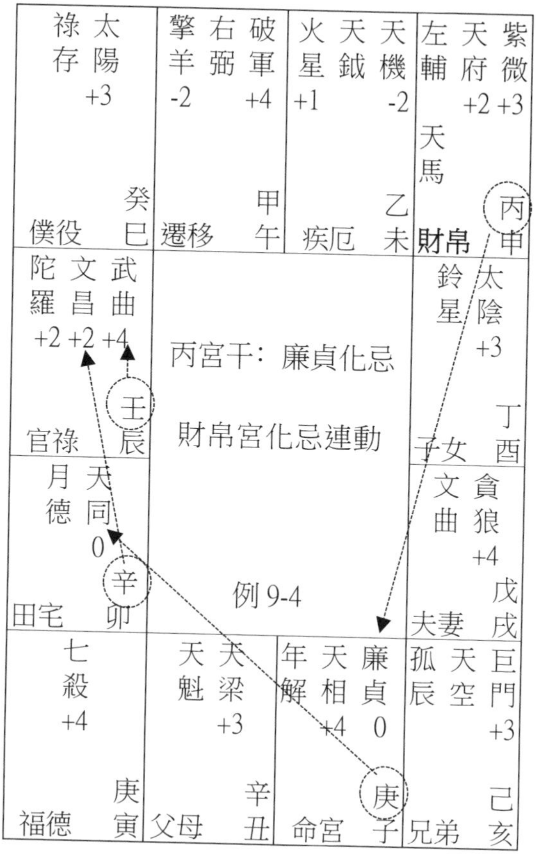

◎財帛宮化忌連動—說明四：

財帛宮①→命宮②→田宅宮③→官祿宮④武曲自化忌止。

化忌：(包括自化忌)

困難、風險、障礙、麻煩、過勞、沒有往來---能量的分配路線。

拾／一、福德宮化祿—連動效應

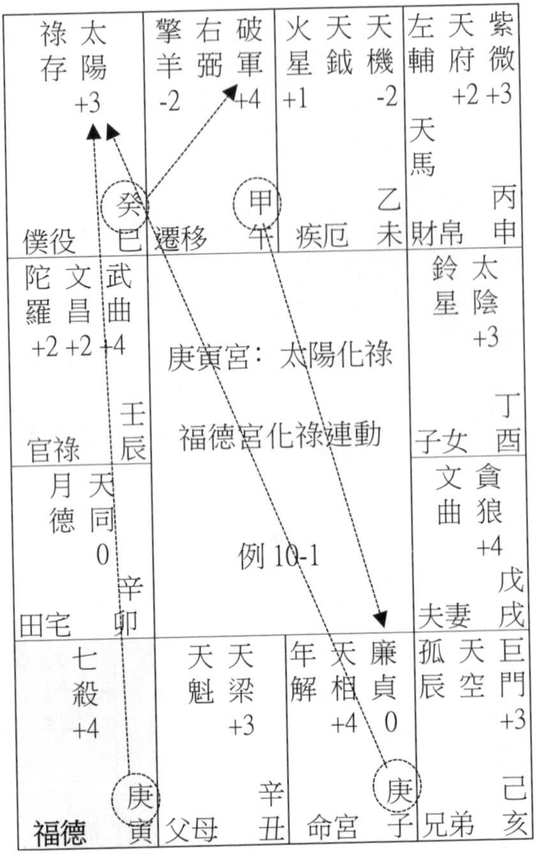

◎福德宮化祿連動—說明一：

福德宮①→僕役宮②→遷移宮③→命宮④→僕役宮止。

化祿：(包括自化祿)

資源、好處、利益、受蔭、好緣---能量的分配路線。

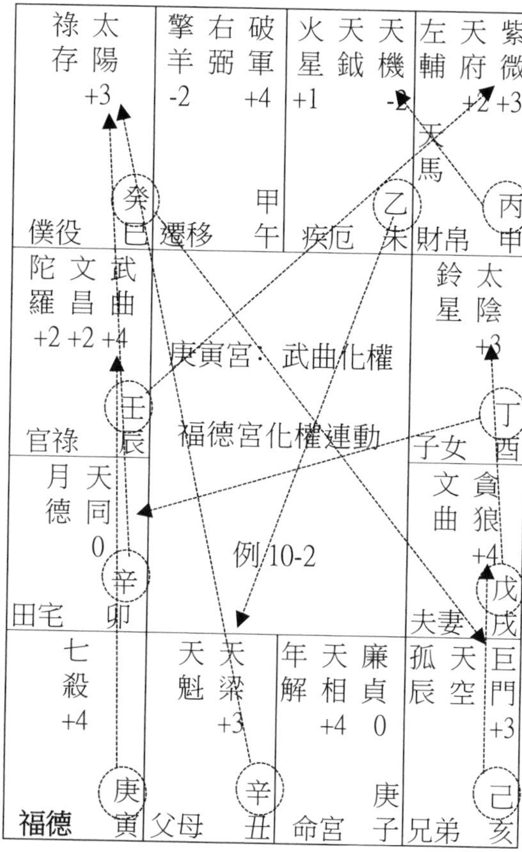

化權：(包括自化權)

權能之勢、掌控、勞碌、忙不得閒、照顧、事必躬親---能量的分配路線。

◎福德宮化權連動—說明二：

福德宮①→官祿宮②→財帛宮③→疾厄宮④→父母宮⑤→僕役宮⑥→兄弟宮⑦→夫妻宮⑧→子女宮⑨—田宅宮⑩→僕役宮⑪止。

拾／三、福德宮化科—連動效應

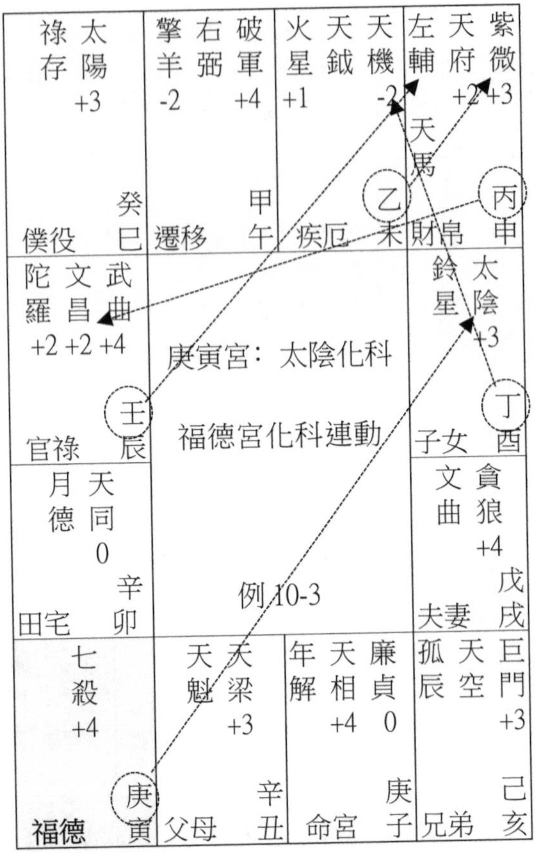

化科：(包括自化科)

隨順、無爭、才華、修養、智慧、助緣、逢凶化吉---能量的分配路線。

◎福德宮化科連動—說明三：

福德宮①→子女宮②→疾厄宮③→財帛宮④→官祿宮⑤→財帛宮⑥止。

拾／四、福德宮化忌─連動效應

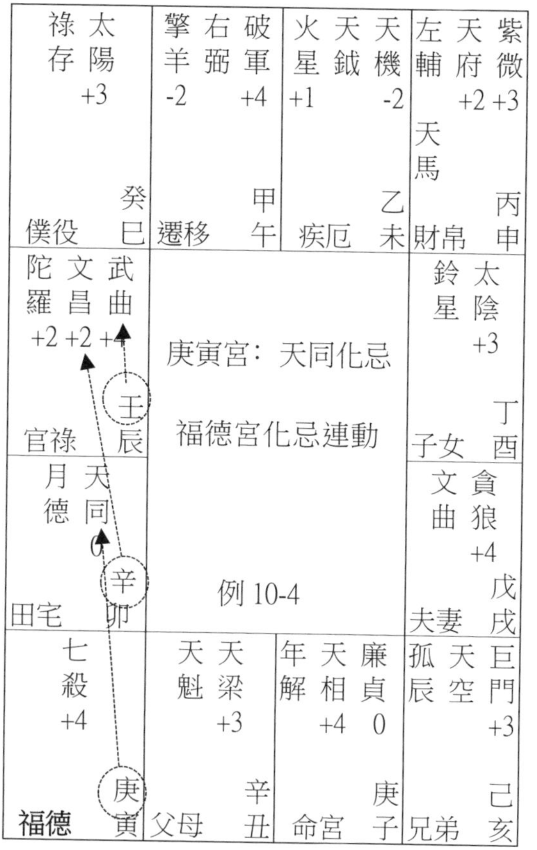

◎福德宮化忌連動─說明四：

福德宮①→田宅宮②→官祿宮③→官祿宮④武曲自化忌止。

化忌：(包括自化忌)

困難、風險、障礙、麻煩、過勞、沒有往來---能量的分配路線。

拾壹／一、父母宮化祿—連動效應

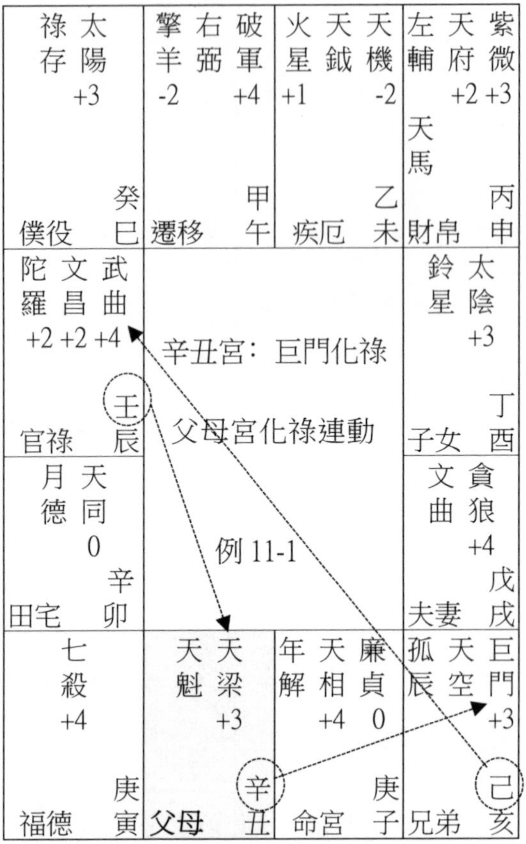

◎父母宮化祿連動—說明一

父母宮①→兄弟宮②→官祿宮③→父母宮④止。

化祿：(包括自化祿)

資源、好處、利益、受蔭、好緣---能量的分配路線。

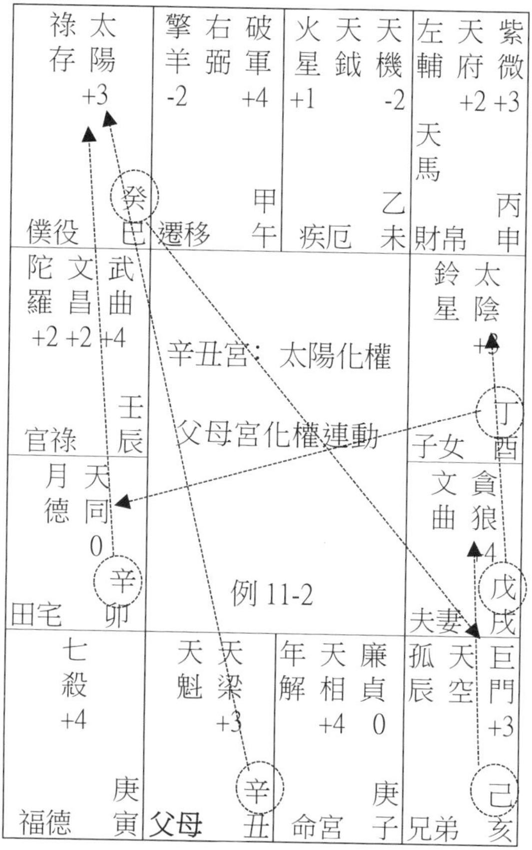

化權：(包括自化權)

權能之勢、掌控、勞碌、忙不得閒、照顧、事必躬親---能量的分配路線。

◎父母宮化權連動—說明二：

父母宮①→僕役宮②→兄弟宮③→夫妻宮④→子女宮⑤→田宅宮⑥→僕役宮⑦止。

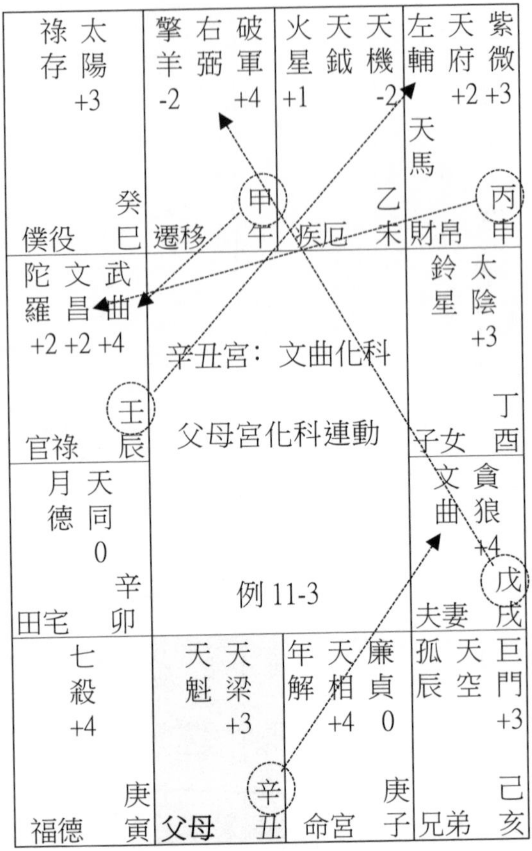

化科：(包括自化科)

隨順、無爭、才華、修養、智慧、助緣、逢凶化吉---能量的分配路線。

◎父母宮化科連動—說明三：

父母宮①→夫妻宮②→遷移宮③→官祿宮④→財帛宮⑤→官祿宮⑥止。

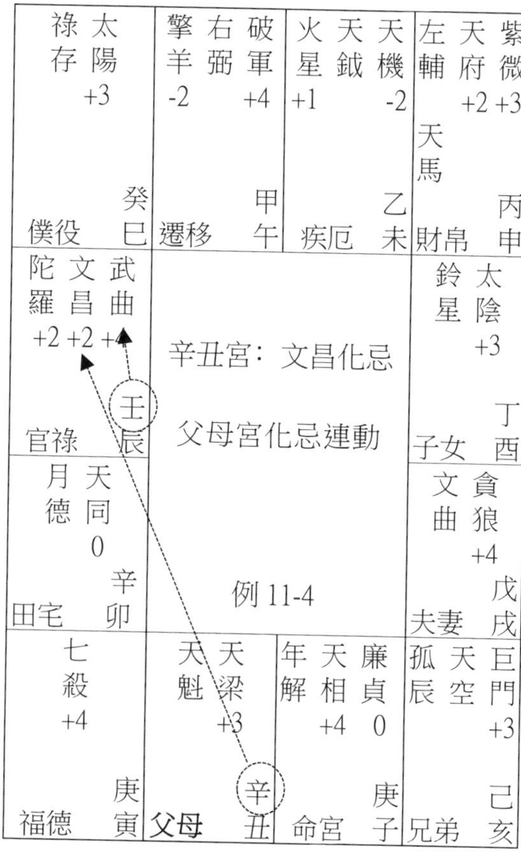

◎父母宮化忌連動—說明四：

父母宮①→官祿宮②武曲自化忌止。

化忌：(包括自化忌)

困難、風險、障礙、麻煩、過勞、沒有往來---能量的分配。

拾貳／一、疾厄宮化祿－連動效應

◎疾厄宮化祿連動－說明一：

疾厄宮①天機自化祿止。

祿存 太陽+3 癸 僕役 巳	擎羊-2 右弼 破軍+4 甲 遷移 午	火星+1 天鉞 天機 2 (乙) 疾厄 未	左輔 天府+2 紫微+3 天馬 丙 財帛 申
陀羅+2 文昌+2 武曲+4 壬 官祿 辰	乙宮起：天機化祿		鈴星 太陰+3 丁 子女 酉
月德 天同0 辛 田宅 卯	疾厄宮化祿連動 例 12-1		文曲 貪狼+4 戊 夫妻 戌
七殺+4 庚 福德 寅	天魁 天梁+3 辛 父母 丑	年解 天相+4 廉貞0 庚 命宮 子	孤辰 天空 巨門+3 己 兄弟 亥

化祿：(包括自化祿)

資源、好處、利益、受蔭、好緣

---能量的分配路線。

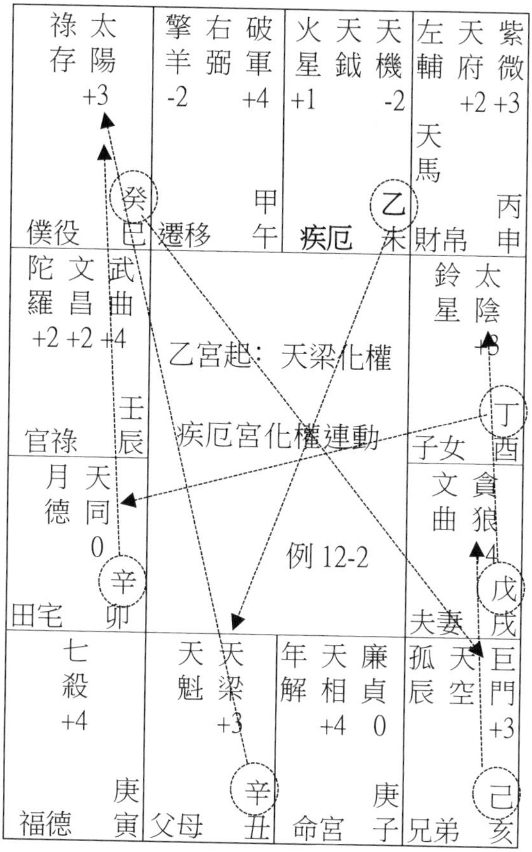

化權：(包括自化權)

權能之勢、掌控、勞碌、忙不得閒、照顧、事必躬親---能量的分配路線。

◎疾厄宮化權連動—說明二：

疾厄宮①→父母宮②→僕役宮③→兄弟宮④→夫妻宮⑤→子女宮⑥→田宅宮⑦→僕役宮⑧止。

拾貳／三、疾厄宮化科—連動效應

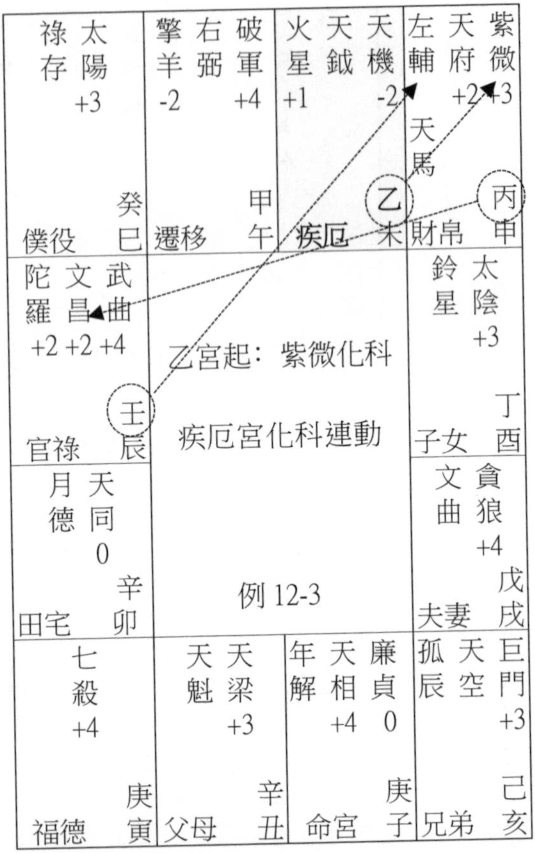

◎疾厄宮化科連動—說明三：

疾厄宮①→財帛宮②→官祿宮③→財帛宮④止。

化科：(包括自化科)

隨順、無爭、才華、修養、智慧、助緣、逢凶化吉---能量的分配路線。

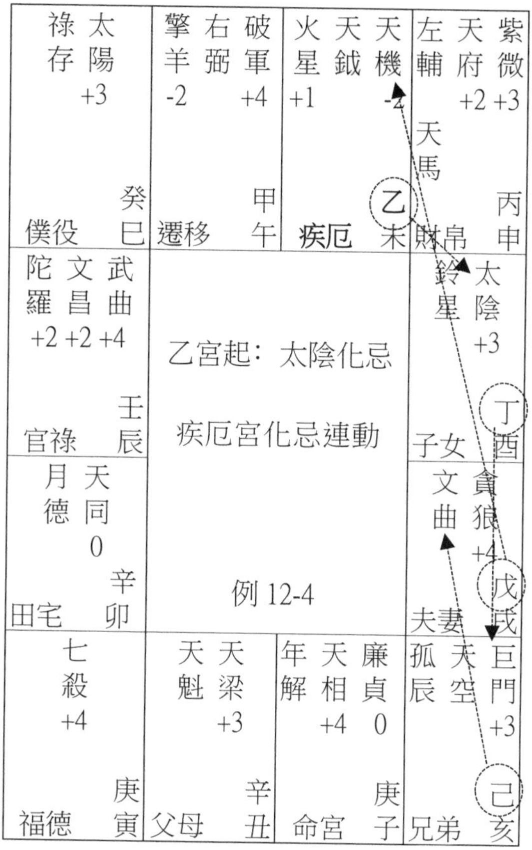

◎疾厄宮化忌連動—說明四：

疾厄宮①→子女宮②→兄弟宮③→夫妻宮④→疾厄宮⑤止。

化忌：(包括自化忌)

困難、風險、障礙、麻煩、過勞、沒有往來---能量的分配路線。

第九篇

財運與各宮的糾纏效應

財運與各宮的糾纏效應

財帛宮是個人財運盛衰的主要訊息宮位，除了本宮結構及星性組合的吉凶外，其實來自外在因緣是否助長或拖累財運，往往是最主要的問題，有人因外緣殊勝而致富。但也有因際遇不佳，而導致為財所苦或是負債累累。所以說，要論及個人的財運，往往非單一因素所致，而是眾緣和合所導致的結果。以下用圖解來說明。

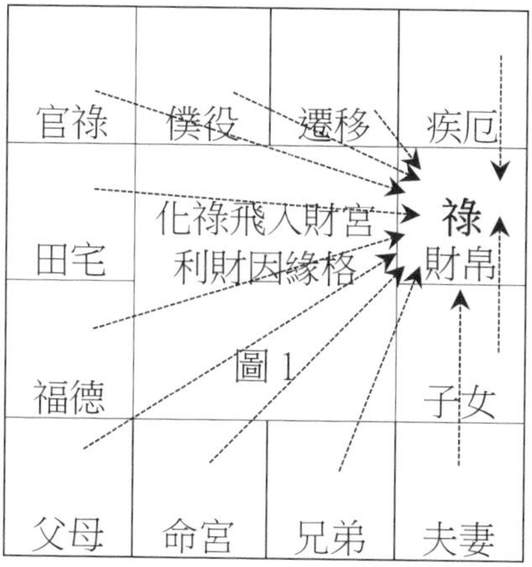

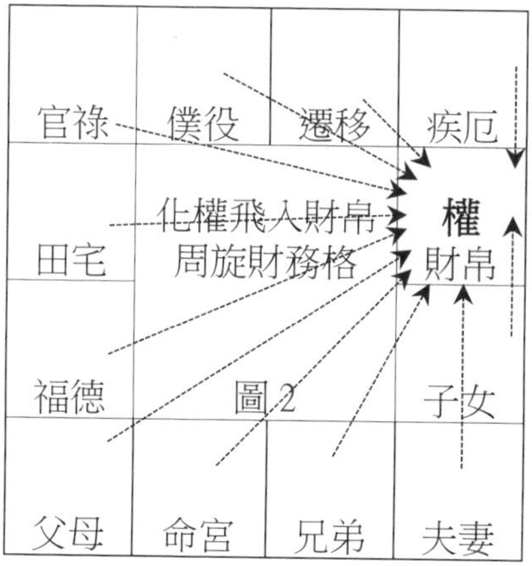

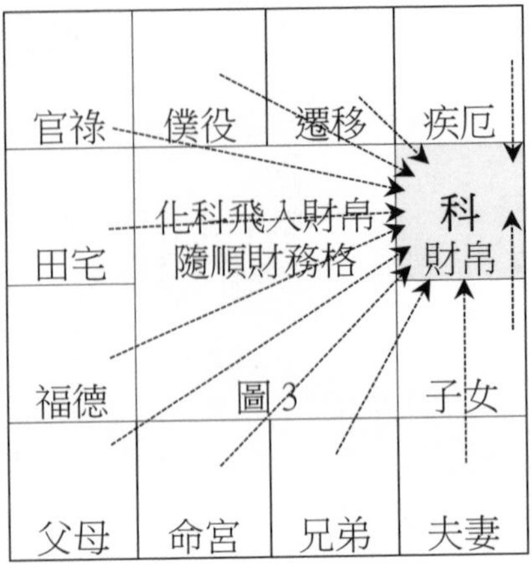

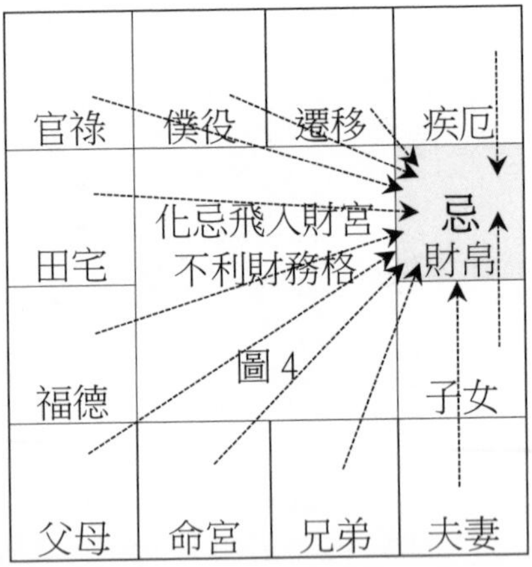

◎圖解說明：

一、圖一—它宮**化祿**飛入財帛宮：諸多外在因緣，有利於個人的財務發展。

二、圖二—它宮**化權**飛入財帛宮：諸多外在因緣，與個人在財物上的交集密切。

三、圖三—它宮**化科**飛入財帛宮：諸多外在因緣，於錢財較為隨順往來。

四、圖四—它宮**化忌**飛入財帛宮：諸多外在因緣，不利且影響個人的財務狀況。

◎**附註**：財帛宮中若無主星，請詳閱本書：

《第一篇：眾星雲集—三、宮位無主星—借紫府星系入位》。

第十篇

財帛宮與福德宮運勢的關鍵

一、財帛宮取用神

《紫微斗數》解盤的另類關鍵，「紫微用神論」提供了一個立體的訊息，以**財帛宮**為論述主體的話，那麼，可將財帛宮立為太極點，也即是以**財帛宮立太極**，進而演化出其它十一宮與財帛宮的因果關係。基本盤的財帛宮是宿命的財運結構，然若將財帛宮立太極來看，主要是觀察財務在往來交集上的盛衰成敗細節。若將**福德宮**也來另立一個太極點的話，相關福德宮諸宮位的細節，也能從訊息顯示裡觀察出來。

所謂的「立太極」即是以該宮為主體，然後一一演化出有關該宮位連鎖訊息。如下以財帛宮為例，其它宮位的訊息均與財帛宮的運勢有關。

◎以財帛宮立太極的諸宮演化：

一、財之命宮↓財物為生命所需的主體運勢。
二、財之兄弟宮↓財務與手足友人，或股東、合夥人在交集上的狀態。
三、財之夫妻宮↓財務與伴侶在維持家庭所需上的交集狀態。
四、財之子女宮↓養育及栽培子女過程的經濟狀況。
五、財之財帛宮↓經手財務以及如何運用的狀態。
六、財之疾厄宮↓與賺錢相關的體能、飲食及保健的狀態。
七、財之遷移宮↓財運與在外種種際遇的運勢狀態。

八、財之僕役宮↓財運與人事往來上的交集狀態。

九、財之官祿宮↓財務與職場運勢的交集狀態。

十、財之田宅宮↓財務與銀行往來的交集狀態。

一一、財之福德宮↓財物與心理生活的交集狀態。

一二、財之父母宮↓財物與父母親的交集狀態。

◎**以財帛宮立太極的圖解：（本命、大限、流年月日時——均適用）**

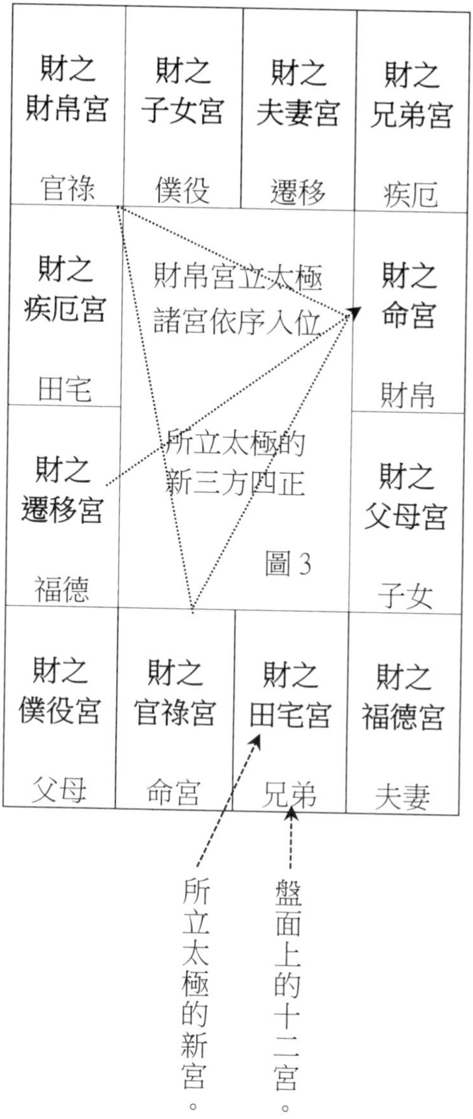

二、福德宮取用神

◎**以福德宮立太極的諸宮演化：**（本命、大限、流年月日時—均適用）

一、福之命宮—個人財物福報與心理生活—精神層面的情緒主體狀態。
二、福之兄弟宮—心理層面與手足好友往來上的交集狀態。
三、福之夫妻宮—心理層面與伴侶在情感上的交集狀態。
四、福之子女宮—心理層面與親子關係的交集狀態。
五、福之財帛宮—心理層面與財務運用的情緒交集狀態。
六、福之疾厄宮—心理層面與飲食、體能、坐息及健康方面的交集狀態。
七、福之遷移宮—心理層面與在外種種際遇的情緒交集狀態。
八、福之僕役宮—心理層面與周旋人際的情緒交集狀態。
九、福之官祿宮—心理層面與職場情緒上的交集狀態。
十、福之田宅宮—心理神層面與居家成員之間的情感交集狀態。
一一、福之福德宮—個人的精神層面，在面對事件時，所反應出的心理及情緒狀態。
一二、福之父母宮—心理層面與父母在親情上的情緒反應狀態。

◎如左列圖解。

◎以福德宮立太極—取用神圖解：

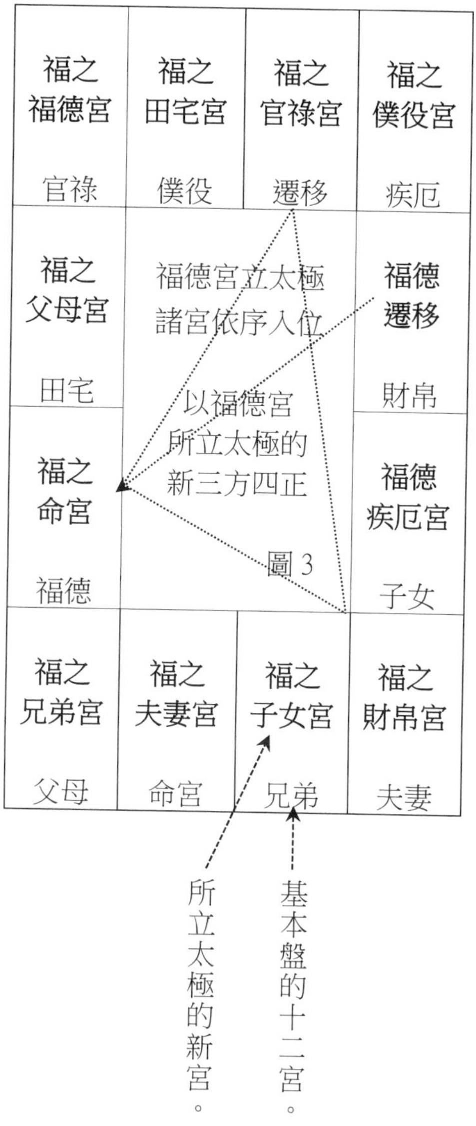

◎附註：

讀者可應用此理論推演，將其它宮位各立一個太極來分析，如此的話，則能解讀出更多有關**紫微用神**所要傳達的交易訊息。

◎財帛宮立太極—取用神例解：

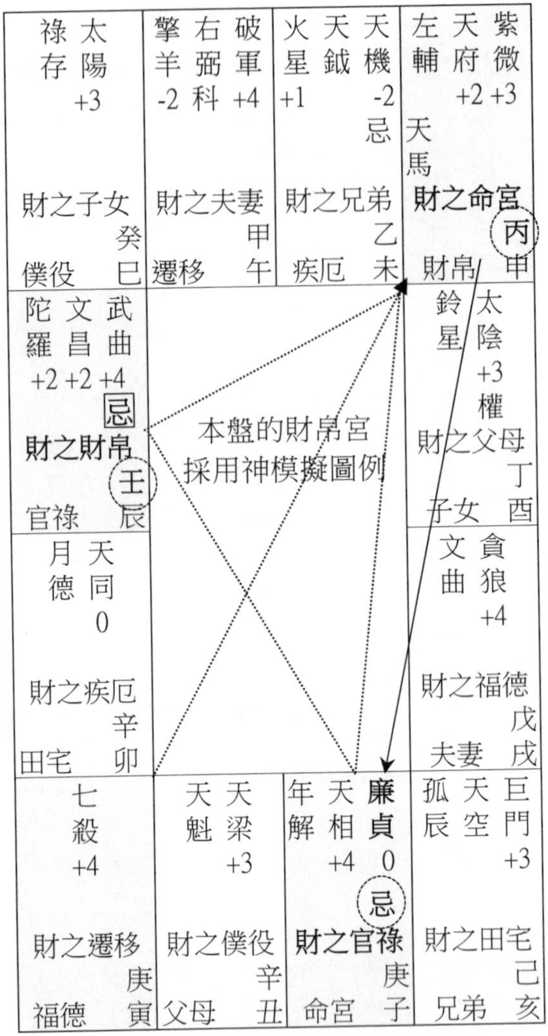

◎財帛宮取用神圖例—略解：

取財帛宮為用神的**財之命宮**坐申宮。**財之財帛宮**坐辰天羅位—宮干為**壬**，此宮恰有**武曲**坐鎮，形成武曲自化忌的格局。意謂著：彼人財庫難守，又恐有無妄之災的損失。再來是**財之命宮**坐丙干又化忌飛入**財之官祿宮**，此局若要創業唯恐困難重重，浪裡行舟。

第十一篇

知時知量，進退有道

一、盛衰之道——泰極轉否

《易經》第十三卦為地天泰，䷊上卦的地氣往下，與下卦陽氣的往上升起互相交融，形成天地之氣的交感，此卦應用於人事象徵運勢亨通，使得彼人在生活上的各個層面，有如魚得水之勢，財富隨身。唯世上沒有永恆存在的事物，有盛即有衰，有起必有落，有成有敗，有得有失，一切人事物的演變總在消長之間。所以說，運勢正旺的時候，就得含蓄保守，才能持盈保泰，永續發展。

《易經》第十四卦為天地否，此卦為**地天泰**的綜卦，也稱為立體卦，也就是把「泰卦」豎起來看，變成了天地否卦䷋，泰極轉否，否極泰來，如此循環反覆。卦有卦辭是解釋卦意的主體，卦也有六爻，由底下的初爻到最上的第六爻，每一個爻是說明本卦的事件發展，爻爻相扣，初爻是指事件的開端，一路往上演變到第六爻止，爻辭有事件的引喻與所示的吉凶悔咎。人們通常會從**卦象**及**卦爻辭**得到啟示，進而尋求對治的方法，以下將兩卦來演化一下，詮釋對於人生的見解。

䷊ 地天泰卦（好運來時要如何因應）

◎**卦辭：泰，小往大來，吉亨。**

．卦辭別解：天地相交，萬物亨通，也象徵君子的運勢得以擴展，以往的困境與阻礙得以消退。因此，縱使只是個小小的作為，也能有很大的收獲，無往不利。

・卦辭重點：

得勢時機已臨至，事務運作且如意，
安泰運勢要保守，物極必反當須記。

初九：拔茅茹，以其彙，征吉。

・初爻別解：

運勢通達時，彼此要團結，慎勿耽逸樂，或安於現狀，
視野宜遼闊，繼續求發展，譬如拔茅草，將其來彙聚，
好運來臨時，積極展企圖。

・初爻重點：

縱使在順境裡，也不可耽於安樂，凡事仍應內外團結為要，才能永續發展。

九二：包荒，用馮河，不遐遺，朋亡，得尚于中行。

・二爻別解：

處於順境時，易放縱自己，包容也過度，如暴虎馮河，
或有勇無謀，常行冒險事，慳吝難施捨，易失落朋友，
若欲人尊崇，常得善緣助，凡事守正道，不走入極端。

・二爻重點：

面對事情，一時的快意決策，往往會給自己帶來無謂的困擾，甚至招來無妄之災，因

此，凡事還是要耐住性子才好，凡有舉動時，當得審慎評估局勢，才能遠離風險與危機的漩渦。

九三：无平不陂，无往不復。艱貞无咎。勿恤其孚，于食有福。

・三爻別解：

凡於運勢通泰時，過往經驗宜鑑知，人生起伏是常理，凡事有去就有來，物極必反本常態，知解即能去疑惑，誘惑當中宜自惕，如此即能離過失，若以誠信來處事，前途不必多憂慮，只要堅守正道行，自有衣食福祿來。

・三爻重點：

・萬物依自然規律反覆運轉，只要行的正，凡事拿捏利弊得失，權衡輕重，居安思危，溫飽有餘。

・金無足赤，凡事不可苛求完美，任何人都難免有些小毛病，只要無傷大雅，何必過分計較呢?重要的是去發現他人的優點，能夠為整體帶來利益。

六四：翩翩不富以其鄰，不戒以孚。

・四爻別解：

晦滯運勢到來時，行動須要有約束，輕率躁進易招險，財物也易招損失，至於對待周遭人，宜去戒心及疑慮，應以誠信來待人。

・四爻重點：

以誠信待人，不要老是擔心別人會取而代之，路遙知馬力，終究會得到眾人的認同。

六五：帝乙歸妹，以祉元吉。

・五爻別解：

在運勢通泰之時，有利事業的發展，宜積極展現企圖，也應重視於人脈，團結有利於行事，譬如帝乙君嫁妹，締結之勢已穩固，福祿也會隨著來。

・五爻重點：

雖然有些人脈上的優勢，可使自己的運勢順利發展，但在借力使力之下，一切資源雖湧而至，但仍得低調審慎保守，否則易招他人的嫉妒，惹來無妄之災。

上六：城復于隍，勿用師。自邑告命，貞吝。

・六爻別解：

通泰運勢轉成否，繁榮景象成過去，城牆倒塌不須說，處處荒地且淒涼，唯今只宜來固守，採取措施予補救，亡羊補牢時未晚，雖然堅守正道行，唯時機今不利我，凡事隱忍當自惕，若有舉動要慎思。

・六爻重點：

好運勢已走到了極點，再下來的時機已不利我了，因此，人生如同演戲一般，上台一但得了勢，要能夠明哲保身的下台，那就要有相當的智慧了。

天地否卦與**地天泰卦**恰是彼此互相呼應的一對卦，好運走到了極點，總是要回歸到能量的原點，凡事沒有絕對的好，也沒有絕對的壞，世事的演變都在遵循一個物極必返的法則，凡是能了解這其中道理的人，也就能從中因應並渡過那跌盪的低潮期。以下是**天地否卦**的卦辭及爻辭，辭中寓意頗深，當可從中咀嚼反思，做為人生的惕勵之道。

天地否卦（否塞運勢的因應）

◎卦辭：

否之匪人，不利君子貞，大往小來。

・卦辭別解：

諸事阻滯難以遂願，這是先苦後甘之象，當有識人之智，宜防人事違情或乖離，凡事若欲有所圖謀，應當謹慎再三，宜防有所過失，或者招來無妄之災。

卦辭重點：

晦滯運勢不氣餒，否極泰來終有時。

初六：拔茅茹，以其彙，貞吉亨。

・初爻別解：

否塞運勢時，要有識人以及整合資源的重要性，唯有團結一致，才會成功。

・初爻重點：

慎於判斷，勿趨小人，獨行難成，同行同心，團結一致，諸事可成。

六二：包承，小人吉，大人否亨。

・二爻別解：

運勢阻滯閉塞時，小人道長其勢強，不令局勢擾心志，明哲保身勿逞強，隱忍以待轉機來，自有否極泰來時。

・二爻重點：

滯運之時，行事不可勉強，隱藏實力，遠離小人，明哲保身。

六三：包羞。

・三爻別解：

舉事時不宜，宜藏器待時，包羞及忍辱，凡事不躁進，離於取巧人。

・三爻重點：

要有識人之智，不可受損友牽連。

九四爻：有命無咎，疇離祉。

・四爻別解：

前途漸見轉機，如見曙光來臨，今宜同心協力，一起面對問題，排除眼前困境。

・四爻重點：

雖然懷著遠大的理想，但仍需因應時機，唯有大家團結一致，才能渡過難關。

九五：休否，大人吉。其亡其亡，繫于苞桑。

•五爻別解：

否運雖然漸去，唯有安不忘危，所以要培養實力，凡有大事暫勿圖謀，否則，恐有回返否運的過失。

•五爻重點：

有重新恢復好運的趨勢，對於個人來說是吉祥的象徵，然仍應安而不忘危，存而不忘亡，治而不忘亂，應當經常自我警惕。

上九：傾否，先否後喜。

•六爻別解：

久困之後，漸現轉機，宜趁此時機，積極重整信心，努力以赴，否極泰來。

•六爻重點：

物極必返，否極泰來。

䷊ **地天泰卦** → ䷋ **天地否卦**

以上兩卦是上下顛倒的卦，也意謂著：世事的發展，往往是一體兩面的事，因此，走在人生的旅途上，當以「泰、否」兩卦為惕勵之道，如此才能持盈保泰，永續發展。

二、利他自利—損而後益

山澤損卦與**風雷益卦**是《周易・下經》第四十一及四十二卦，這是一對互為相依卦，卦有掛在一起的意思。「損卦」之意有付出、損失的意謂，然「益卦」在後，卻能因所付出的代價，終於得到反省與回饋。所以說，先損而後益，也就是說，凡事講求付出而不求回報的人，彼人通常能得到資源的回饋，這也是卦中所演變自然的事。

凡事若只講求計較利益的人，往往難於無所求的付出予他人，當然也就難以先損後益了，「損」也可以解讀為兼顧大家的利益，個人的付出也能讓其得利，那麼，先來計較大家的好處，這股善的能量，將會自然而然的返歸於自身，也是能量循環的道理。俗語說：「聰明一時，糊塗一世」，凡事還是以長遠的眼光來看世界，心胸自然會豁然開朗。以下將「損、益」兩卦的**卦辭**，以及其**爻辭**—世事演變過程的惕勵之道，提供大家參考。

䷨ 山澤損卦《付出的人有福了，或在面臨損失時的因應智慧》

◎卦辭：

損。有孚，元吉，无咎，可貞。利有攸往，曷之用，二簋可用享。

・卦辭別解：

改善個人處事的缺失，也是減損個人缺點的關鍵，既然能將以往的缺點改正過來，未來的運勢自然會漸入佳境，唯凡事還得從基礎做起，先付出日後終有收獲的。

・卦辭重點：

損能益己，損己益他，量力而為，廣結善緣。

初九：已事遄往，无咎，酌損之。

・初爻別解：

處事應對決行中，雖然已經遭損失，唯事已過不戀棧，患得患失無攸利，往者已矣勿追究，如此則能離過失，若還斟酌難棄捨，反復思量無好處。

・初爻重點：

過去的事，不要老是放在心上，能丟的就丟，放眼未來。

九二：利貞，征凶。弗損益之。

・二爻別解：

運勢晦滯招損失，自身實力全減弱，隱忍固守在正道，待機臨至再進取，唯運滯時勿強求，不利於事招災咎，若能儲實己實力，有益日後展企圖。

・二爻重點：

強調運滯時要低調保守，進而儲備實力，道理應當靈活變通運用，不可拘泥。

六三：三人行，則損一人；一人行，則得其友。

・三爻別解：

三人同行如合伙，心難投合生疑心，於人運勢阻滯時，雖可尋得資源助，唯人多共識不足，二人同心理念合，多人共事是非多，若欲扭轉頹運勢，得有良友來相助。

・三爻重點：

多人合夥共事，不易達成共識，甚至，往往會招來某種程度的損失。因此，走在人生的道途，人多嘴雜，若能尋得一個志同道合的友人來襄助，也能成就其事。

六四：損其疾，使遄有喜，无咎。

・四爻別解：

運勢晦滯有損失，宜當儘速除障礙，但見坦途心寬懷，鑑知以往過失處，善能補過好運來。

・四爻重點：

檢討以往有所過失之處，將它改正過來，往往就能扭轉運勢，遇見美好的未來。

六五：或益之，十朋之龜弗克違，元吉。

・五爻別解：

面對損失之事時，或可從中得到益處，人生的旅途遇到挫折時，能夠激勵自己意志，在付出的過程，往往可以培養自己的德行，這是非常寶貴的經驗，所以說，損中有益是有道理的。

・五爻重點：

從挫折中反省自己，無怨無悔付出的人，終會得到回饋的。

上九：弗損益之，无咎，貞吉，利有攸往，得臣无家。

・六爻別解：

縱然於事有損失，唯能以亡羊補牢，自身實力仍保持，
反而因此惕勵己，只要固守正道行，仍有利於事進取，
譬如能得好部屬，一心為主盡心力，事業運勢展企圖。

・六爻重點：

損益完全依狀況而定，應損則損，受益當益，才能使大家心悅誠服。

䷩ 風雷益卦《遇到利益分配的智慧》

◎卦辭：

益。利有攸往，利涉大川。

・卦辭別解：

大展鴻圖可作為，見善當為以惠施。

・卦辭重點：

有利同霑，有福同享。

初九：利用為大作，元吉，无咎。

・初爻別解：

運勢旺盛已到來，運用資源展企圖，

逢好運勢本不易，趁勢積極來作為，

大吉大利好運至。

・初爻重點：

只要作為是良善的，就能得到眾人的支持，進而擴展偉大的事業。

六二：或益之，十朋之龜弗克違，永貞吉。王用享于帝，吉。

・二爻別解：

財物豐足又添增，彼人運勢旺又盛，唯當堅守正道行，

樹大招風宜戒慎，敬天回饋以利人，多行善舉公益事。

・二爻重點：

以柔道處世，謙遜待人，固守正道，必然會得到助益。

六三：益之用凶事，无咎。有孚中行，告公用圭。

・三爻別解：

凡於財物富足時，若遇天災或凶事，施與濟利不推辭，

量力而行講誠信，彙整狀況呈公門，促其重視來解危。

・三爻重點：

自己無法有效的解決問題時，可誠實求助或請教他人，集思廣益，往往能迎刃而解。

六四：中行，告公從。利用為依遷國。

・四爻別解：

凡有所行績效佳，層峰賞識且信任，可予對外來發展，
或者遷調他部門，如此有利己企圖，展現實力好運勢。

・四爻重點：

為人謹守正道，自然會得到好緣及貴人的支持。

九五：有孚惠心，勿問元吉。有孚惠我德。

・五爻別解：

財富運用有餘時，培養德行有道理，
懷仁愛心利有緣，增長高尚之品德。

・五爻重點：

與人往來應講究誠信及仁愛之心，自然而然會得到回饋的能量，這說明施者也能從中受益的道理。

上九：莫益之，或擊之，立心勿恆，凶。

・六爻別解：

財物富足難施捨，樹大招風人妒忌，打擊毀言四處起，
心思不定無所措，坐立難安要如何，宜知此中之要害。

・六爻重點：

風雷益卦走到了的極點，人往往會貪得無厭，經常要求他人獻花獻果，以致沒有人會再理采，甚至，最終引起大家的憤怒。所以說，凡事只看重利益的人，意志必然搖擺不定，像這樣的人，當然會有凶險。

◎總結：

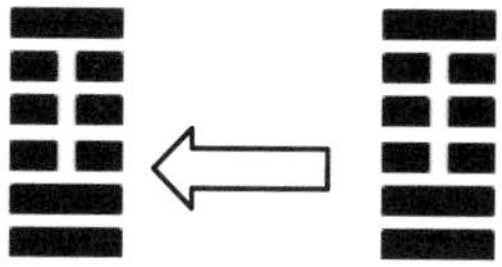

山澤損卦

（付出不求回報的人有福，或者從損失當中學到因應的智慧）

風雷益卦

（在獲取利益及好處的同時，也能利及他人——善意的回饋）

三、理財有道——養生保健康

俗語說：「健康就是財富」，指的是唯有身體健康，就有積極的動能來賺錢，也較有機會能使自己過著富足的生活。但就實際的層面來說，健康的人未必就富有（指錢財），然富有的人，身體也未必就健康。因此，要保持身心的健康，往往需要有條件性的支持。同樣的，想成為富有的人，也要累積相當的條件，才能成為富有的人。所以說，凡是能健康與財富兩者兼顧者，想必是很有福報，很有智慧的人。

有些人在職場汲汲營求，付出了生命中的大部份，結果「錢在銀行，人在天堂」，這樣的新聞事件已是司空見慣的了。人生活在這世上，若無物質條件的支持，勢必會威脅到生命存在的事實，也毫無生活品質可言。所以說，要在工作、事業及如何理財的事務上，能夠得心應手，得要了解個人的能力與特色，知己知彼，才能更加的勝任個人所擔負的角色。但在人生的過程裡，也不光是只有賺錢這檔事而已，我們還有家庭、子女、人際往來的人情世事，身體的保健與養生，每日的飲食坐息及休閒活動等等。

人一生的生命活動是多樣性且具活潑性的，若過度偏頗在職場的賺錢活動上，生命裡的其它部份也會相對的失去平衡。所以，唯有**動靜有道**才能讓生命的展現，維持在一個良性的循環裡。以下就**養生之道**提出精要，可從中選擇個人能夠實際去做的部份，也許條目簡略，讀者可從所選擇的項目裡，再進一步去搜尋相關知識，想必會有更多的收獲。

◎以下列出養生之道的精簡項目，僅供參考，或請自行查詢相關資料，再做定奪，也要評估自己是否有能力執行，左列僅是提供養生方面的建議，不可執以為是。

一、喝好水—沒有雜質的水。

二、常接觸有新鮮空氣的地方。

三、常曬太陽，每次最好維持在十至二十分鐘左右。

四、早餐以果食為主—果汁、水果、堅果。

五、先果食再用餐。

六、常以熱水泡腳—可加小蘇打粉（碳酸氫鈉）。

七、洗澡水可加小蘇打粉（碳酸氫鈉）。

八、常散步或快走。

九、偶爾嚐試斷食一天看看，但有飲品替代。

十、飲用氣泡水或氫氣水。

十一、偶爾可以嚐試熱水、冷水交替沖洗。

十二、可採行「六字訣」吐納氣功法，不拘場所，老少咸宜。

十三、偶爾採行「蔬果飲食法」。

十四、偶爾採行「無穀物飲食法」。

十五、偶爾採行「純素—無奶蛋飲食法」。

十六、偶爾間斷炸、烤、煎、炒等高溫的食物。採行低溫料理的生食、蒸食、水煮之食。

十七、採行「鼻孔交替呼吸法」。
十八、有規律的睡眠時間。
十九、了解非時而食，不餓而食，食飽復食、宵夜、飽食即睡的過患。
二十、常打赤腳踩會滾動的石頭或樹根。
二一、左右手接小球或沙包—手眼協調訓練。
二二、排除身上負面能量的導引功法。
二三、常靜坐，練習穩定力。
二四、常拉筋—要衡量自己的體能及耐力。
二五、常用梳子梳頭。
二六、常打赤腳踩土地、沙地—接地氣。
二七、凝視晨曦的太陽，或者凝視落日。

※附註：

一：說明十一—嚐試熱水、冷水交替沖洗：先以溫水沐浴，再以熱水、冷水沖身體，若將其中的冷水加冰塊，倒也是可以嚐試看看，如此熱冷交替使身體漸漸能適應熱冷的兩極變化。

二、說明十二—採行「六字訣」吐納氣功法：此功法的六字氣訣是：「噓呵呼呬吹嘻」，功法不分男女老少皆可施行，也無季節之分，若站立、坐臥也能輕鬆練習。這六字氣訣有五行與其所相應的五臟六腑。在眾多醫家以及佛道家也皆有重要的篇幅記載。

三、說明十三—採行「蔬果飲食法」，也稱為全食物蔬食飲食法，因時下的飲食品等，脫離原有的自然風味。因此，在料理食物的過程中，儘量以維持食物的色香味為主，注重自然飲食的口味，使身體較無負擔。關於這部份的資料，可參考柯林•坎貝爾所著的《救命飲食》。

四、說明十四—採行「無穀物飲食法」，也就是採取無麩質的飲食法。相關的資料可參考彼得•奧斯朋所著的《無穀物飲食法》。

五、說明十五—採行「純素—無奶蛋飲食法」，也包括奶製品，因其中有酪蛋白需要探討的種種問題，關於這部份的資料。可參考柯林•坎貝爾所著的《救命飲食》。

六、說明十六—間斷炸、烤、煎、炒等高溫的食物，因高溫的油脂易產生苯並芘，它是一種多環芳香族碳氫化合物。

七、說明十七—採行「鼻孔交替呼吸法」，我們鼻孔所呼吸的氣息，每個時辰會分別的交換鼻孔呼吸，也就是說，在身體正常的運作下，人們只用一個鼻孔來呼吸的，只要時辰到了，就會換另一個鼻孔來呼吸。在正常的狀態下，晨曦乍到的時刻，身體是以左鼻先暢通的，左鼻代表身體器官的運作。等到落日時刻一來，夜間則以右鼻孔來主宰精神方面的官能運作。所謂的「鼻孔交替呼吸法」就是：先按住右鼻，以左鼻呼出氣，在吸入氣的同時，放開右鼻，按住左鼻，右鼻呼出氣，再吸入氣，如此反覆實施。此法只要速度平順的交替鼻孔呼吸即可，每日挪三至五分鐘的時間來練習。

八、說明十九—「非時而食，不餓而食，食飽復食、宵夜、飽食即睡的過患」，飲食缺乏節制的話，將會對身體造成極大的負擔。採取以「意識進食法」來進行飲食方面的調節，可讓身體在最無負擔的狀態下用餐，身心皆清爽。

九、說明二十—「常打赤腳踩會滾動的石頭或樹根」，若是固定式的石板道，身體的重量和腳底的重心，較難有效的調整受到刺激難忍的部位。若採用腳底按摩機來替代，也是不錯的選擇。若在自然環境下，要踩樹根的話，得要顧及是否有危及樹木的問題。

十、說明二二—「排除身上負面能量的導引功法」，有關於這部份的專業論述，請參考—卡比爾・賈菲。瑞塔瑪・戴維森。瑪格列塔・貝梭。克里斯提安・巴赫特合著的《關於能量》。

十一、說明二六—「常打赤腳踩土地、沙地—接地氣」，有關這部份的重要論述，請參考克林特・歐伯。史蒂夫・辛納屈。馬丁・祖克所合著的《接地氣》。

十二、說明二七—「凝視晨曦的太陽，或者凝視落日」，sun gazing or solar gazing，推廣這凝視太陽功法不遺餘力，且較為人知的三位大師（當然還有其它的大師們），第一位是印度希拉・拉坦・馬芮克簡稱 HRM。第二位也是印度的凝視太陽大師烏瑪桑卡爾。第三位是澳洲的潔慕思音（Jasmuheen），這三位大師均有豐富的著作。

後記

本書嚐試著以另類的手法來表達內容的活潑度，主要的目的在於希望能引領初學者，甚至是未入門者，能以淺顯易懂的解讀方式，循序進入有關個人財運的訊息解碼。由於本書撰寫過程需統整甚多相關「財運密碼」的資料，期望《紫微斗數這樣論財運》人人都能看得懂，而且也能實際的應用在理財相關事務上，但願讀者們，人人能發財行大運。

本書從最基本的排盤技巧開始，一路下來，漸進式的由淺入深來論述有關財運的內容，但也是僅從《紫微預測學》的角度來論述，所以，書中所提及的內容，也許尚有諸多不足之處，這得要靠紫微大師們來繼續宏揚，使這套預測學能演化的更完整，更有邏輯性、科學性、合理性、以及能夠實用於日常生活裡。

本書名為《紫微斗數這樣論財運》應屬粗淺之論，唯望能以此主題帶動這方面的學術發展，也希望讀者沒有等級之分，皆能看懂本書，截其可予以應用之處，那怕只是一丁點的可取之處，也就能達到著書的目的了。

附相關對照圖表

巨門 +3	天相 +4 廉貞 0	天梁 +3	七殺 +4
貪狼 +4			天同 0
太陰 -2	A-1 表		武曲 +4
天府 +4 紫微 +3	天機 -2	破軍 +4	太陽 -2

貪狼 -2 廉貞 -2	巨門 +3	天相 +2	天梁 -2 天同 +3
太陰 -2			七殺 +3 武曲 +1
天府 +2	A-2 表		太陽 -1
	破軍 +3 紫微 +4	天機 +4	

太陰 -2	貪狼 +3	巨門 -1 天同 -1	天相 +4 武曲 +2
天府 +4 廉貞 +1			天梁 +2 太陽 0
	A-3 表		七殺 +4
破軍 +2		紫微 0	天機 0

天府 +2	太陰 -1 天同 -2	貪狼 +4 武曲 +4	巨門 +4 太陽 +2
			天相 -2
破軍 -2 廉貞 0	A-4 表		天梁 +4 天機 +1
			七殺 0 紫微 +3

天同 +4	天府 +3 武曲 +3	太陰 -1 太陽 +2	貪狼 0
破軍 +3			巨門 +4 天機 +3
	A-5 表		天相 +2 紫微 +2
廉貞 +4		七殺 +3	天梁 -2

武曲 0 破軍 0	太陽 +3	天府 +4	太陰 +1 天機 +2
天同 0			貪狼 +1 紫微 +3
	A-6 表		巨門 -2
	七殺 +4 廉貞 +1	天梁 +4	天相 +2

■紫微斗數命盤的十二種基本結構（表B）

太陽 +3	破軍 +4	天機 -2	紫微 +3 天府 +2
武曲 +4			太陰 +3
天同 0	B-1 表		貪狼 +4
七殺 +4	天梁 +3	廉貞 0 天相 +4	巨門 +3

	天機 +4	紫微 +4 破軍 +3	
太陽 +3			天府 +3
武曲 +1 七殺 +3	B-2 表		太陰 +3
天同 +1 天梁 +4	天相 +4	巨門 +3	廉貞 -2 貪狼 -2

天機 0	紫微 +4		破軍 +2
七殺 +4			
太陽 +4 天梁 +4	B-3 表		廉貞 +1 天府 +4
武曲 +2 天相 +4	天同 -1 巨門 -1	貪狼 +3	太陰 +4

紫微 +3 七殺 0			
天梁 +4 天機 +1			廉貞 0 破軍 -2
天相 -2	B-4 表		
太陽 +3 巨門 +4	武曲 +4 貪狼 +4	天同 +3 太陰 +4	天府 +2

天梁 -2	七殺 +3		廉貞 +4
紫微 +2 天相 +2			
天機 +3 巨門 +4	B-5 表		破軍 +3
貪狼 0	太陽 -1 太陰 +4	武曲 +3 天府 +4	天同 +4

天相 +2	天梁 +4	廉貞 +1 七殺 +4	
巨門 -2			
紫微 +3 貪狼 +1	B-6 表		天同 0
天機 +2 太陰 +3	天府 +4	太陽 -2	武曲 0 破軍 0

◎諸星在十二宮廟旺利陷對照表

強度＼宮位	子	丑	寅	卯	辰	巳	午	未	申	酉	戌	亥
廟 +4	機府陰相梁破祿	紫武府陰貪曲相殺昌羊陀	廉府巨鈴相梁殺祿火	陽巨梁祿	武羊府陀貪梁殺	同昌曲祿	祿鈴紫機相梁破火	貪紫武陀府羊殺	廉巨相殺祿	巨昌曲祿	武府貪鈴梁殺羊陀火	同陰祿
旺 +3	武同貪殺巨	梁破	紫陽陰	紫曲機殺	陽破	紫陽巨	陽武府貪巨殺	梁破曲	紫同	殺機陰紫府	陰破	紫巨曲
得地 +2	昌曲	火鈴	機武破	府	紫相昌曲	府相火鈴		陽相	昌機武破曲陽府	梁火鈴	紫相	府相
利 +1		廉	同	武昌鈴貪火	機廉			廉昌火鈴	陰	武貪	機廉	昌火鈴
平和 0	紫廉		貪曲	同廉	同	破機武殺	廉		貪	陽同廉	同	破機武殺
不得地 -1		陽同巨					陰	同陰巨			陽	
陷 -2	陽羊火鈴	機	昌陀	陰相破羊	陰巨火鈴	廉陰陀梁貪	同昌曲羊	機	梁陀火鈴	相破羊	巨昌曲	陽廉貪梁陀

※文昌、文曲—坐落十二宮位及曜度圖解：

文昌 +4 巳	文昌 -2 午	文昌 +1 文曲 +4 未	文昌 +2 申
文昌 +2 辰	**文昌星**坐落宮位及曜度		文昌 +4 酉
文昌 +1 卯			文昌 -2 戌
文昌 -2 寅	文昌 +4 文曲 +3 丑	文昌 +2 子	文昌 +1 亥

文曲 +4 巳	文曲 -2 午	文昌 +1 文曲 +4 未	文曲 +2 申
文曲 +2 辰	**文曲星**坐落宮位及曜度		文昌 +4 酉
文曲 +3 卯			文曲 -2 戌
文曲 0 寅	文昌 +4 文曲 +3 丑	文曲 +2 子	文曲 +4 亥

※左輔、右弼——分佈宮位圖解：

左輔 巳	左輔 午	左輔 右弼 未	左輔 申
左輔 辰	**左輔**坐落宮位圖解		左輔 酉
左輔 卯			左輔 戌
左輔 寅	右弼 左輔 丑	左輔 子	左輔 亥

右弼 巳	右弼 午	左輔 右弼 未	右弼 申
右弼 辰	**右弼**坐落宮位圖解		右弼 酉
右弼 卯			右弼 戌
右弼 寅	右弼 左輔 丑	右弼 子	右弼 亥

※天魁、天鉞——分佈宮位圖解：

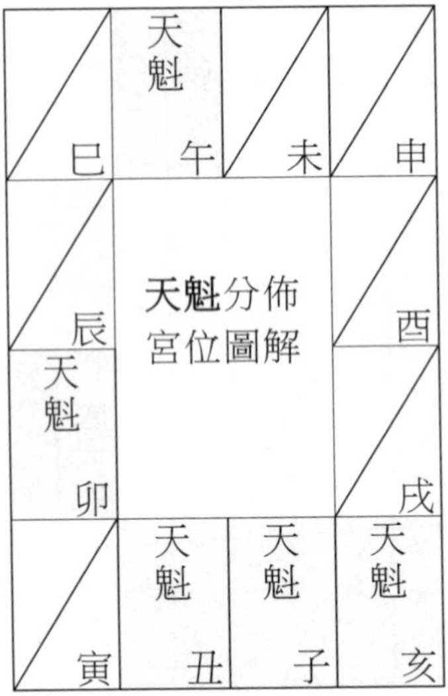
天魁分佈
宮位圖解
巳
天魁
午
未
申
辰
酉
天魁
卯
戌
寅
天魁
丑
天魁
子
天魁
亥

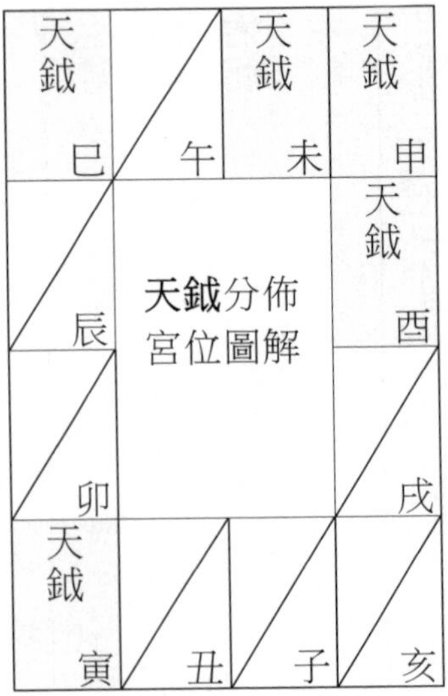
天鉞分佈
宮位圖解
天鉞
巳
午
天鉞
未
天鉞
申
辰
天鉞
酉
卯
戌
天鉞
寅
丑
子
亥

※擎羊、陀羅跟隨祿存的走向：圖一—圖八

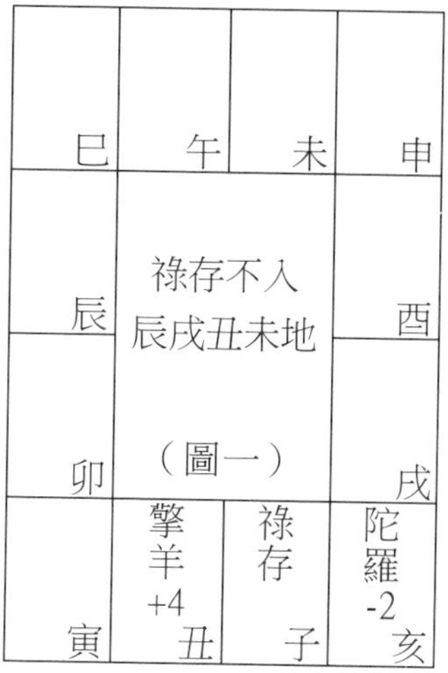

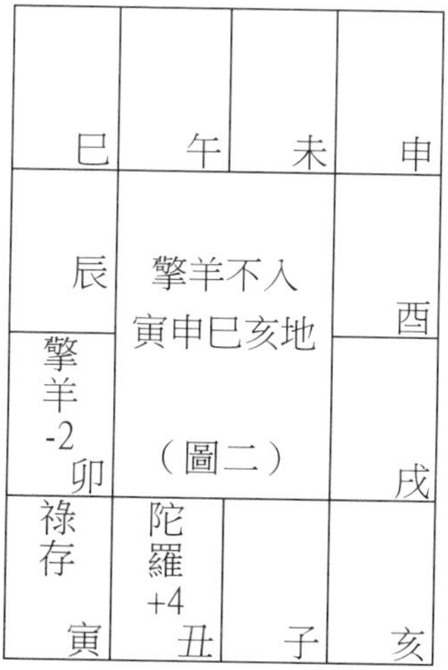

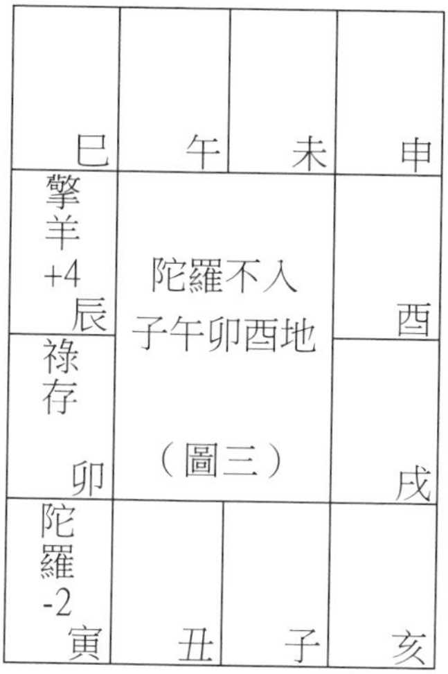

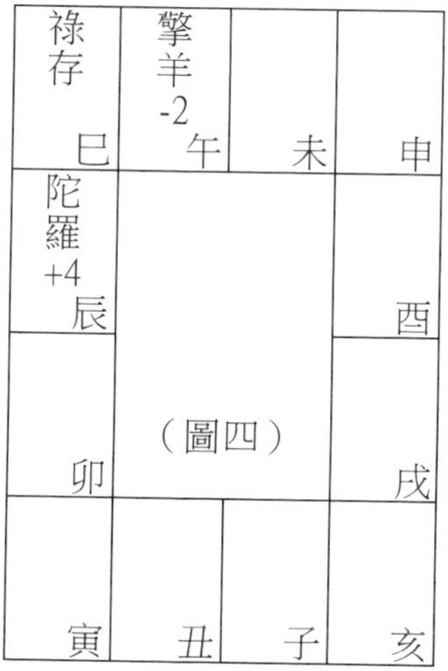

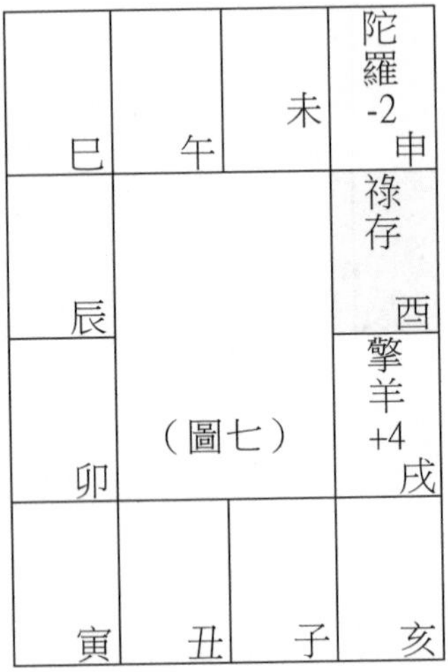
巳
午
未
陀羅 -2 申
辰
祿存 酉
卯
擎羊 +4 戌
寅
丑
子
亥
（圖七）

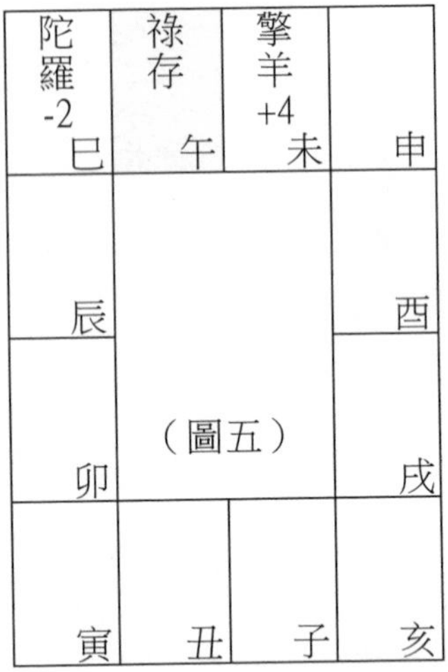
陀羅 -2 巳
祿存 午
擎羊 +4 未
申
辰
酉
卯
戌
寅
丑
子
亥
（圖五）

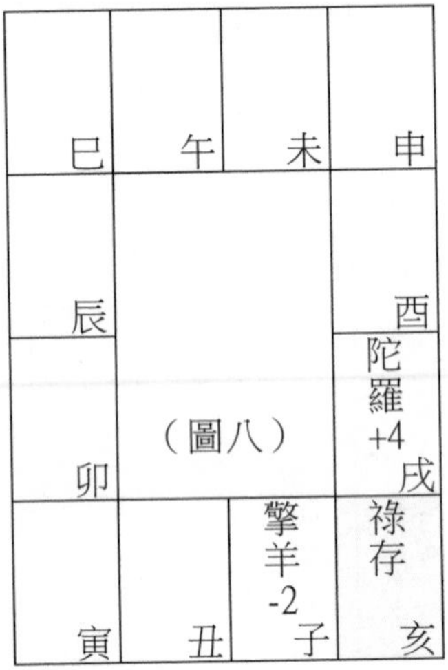
巳
午
未
申
辰
酉
卯
陀羅 +4 戌
寅
丑
擎羊 -2 子
祿存 亥
（圖八）

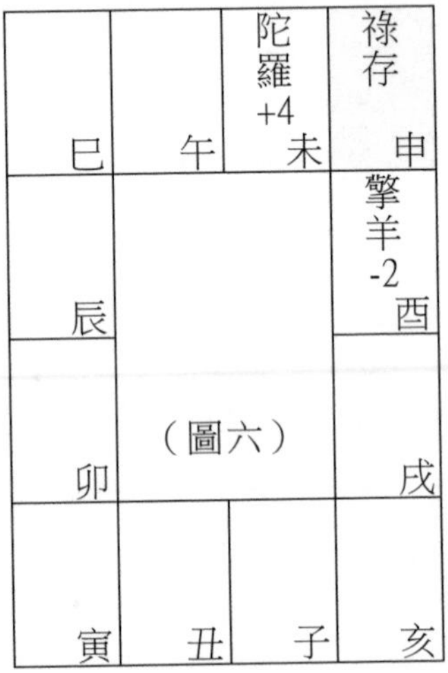
巳
午
陀羅 +4 未
祿存 申
辰
擎羊 -2 酉
卯
戌
寅
丑
子
亥
（圖六）

◎擎羊、陀羅、火星、鈴星—坐宮曜度對照表

	擎羊 -2 午	擎羊 +4 未	
擎羊 +4 辰	擎羊坐宮曜度圖解		擎羊 -2 酉
擎羊 -2 卯	(圖一)		擎羊 +4 戌
	擎羊 +4 丑	擎羊 -2 子	

陀羅 -2 巳	午	陀羅 +4 未	陀羅 -2 申
陀羅 +4 辰	陀羅坐宮曜度圖解		酉
卯	(圖二)		陀羅 +4 戌
陀羅 -2 寅	陀羅 +4 丑	子	陀羅 -2 亥

火星 +2 巳	火星 +4 午	火星 +1 未	火星 -2 申
火星 -2 辰	火星坐宮曜度圖解		火星 +2 酉
火星 +1 卯	(圖三)		火星 +4 戌
火星 +4 寅	火星 +2 丑	火星 -2 子	火星 +1 亥

鈴星 +2 巳	鈴星 +4 午	鈴星 +1 未	鈴星 -2 申
鈴星 -2 辰	鈴星坐宮曜度圖解		鈴星 +2 酉
鈴星 +1 卯	(圖四)		鈴星 +4 戌
鈴星 +4 寅	鈴星 +2 丑	鈴星 -2 子	鈴星 +1 亥

※諸星化氣及五行分類速見表

擎羊	刑	陽金	祿存	富貴	陰土	天府	令	陽土	紫微	尊	陰土
陀羅	忌	陰金	左輔	助力	陽土	太陰	富	陰水	天機	善	陰木
火星	殺	陽火	右弼	助力	陰水	貪狼	桃花	陽木	太陽	貴	陽火
鈴星	殺	陰火	文昌	文魁	陽金	巨門	暗	陰水	武曲	財	陰金
地空	精神	陰火	文曲	舌辯	陰水	天相	印	陽水	天同	福	陽水
地劫	物質	陽火	天魁	陽貴	陽火	天梁	蔭	陽土	廉貞	囚	陰火
天刑	尅	陽火	天鉞	陰貴	陰火	七殺	權耗	陰金			
天馬	驛馬	陰火	陰煞	小人	陰水	破軍	權耗	陰水			
天傷	破耗	陽水	三台	貴	陽土	天姚	好動	陰水	化祿	財祿	陰土
天使	災禍	陰水	八座	科甲	陰土	紅鸞	親切	陰水	化權	權勢	陽木
解神	化難	*	台輔	台閣	陽土	天喜	外向	陽水	化科	隨順	陽水
恩光	殊恩	陽火	封誥	封章	陰土				化忌	障礙	陰水
天貴	貴人	陽土	咸池	桃煞	陰水						
天官	貴顯	陽土	天才	才能	陰木	天巫	蔭	*	天哭	刑尅	陽金
天福	爵福	陽土	天壽	長壽	陽土	天月	疾	*	天虛	空亡	陰土
天空	空亡	陽火	蜚廉	孤尅	陽火	龍池	福貴	陽水	孤辰	孤獨	陽火
華蓋	名聲	陽木	破碎	損耗	陰火	鳳閣	福貴	陽土	寡宿	寡處	陰火

◎四化星對照表（可依生年干、宮干、大限、流年月日時對照安入）

年干＼四化	化祿	化權	化科	化忌
甲年	廉貞	破軍	武曲	太陽
乙年	天機	天梁	紫微	太陰
丙年	天同	天機	文昌	廉貞
丁年	太陰	天同	天機	巨門
戊年	貪狼	太陰	右弼	天機
己年	武曲	貪狼	天梁	文曲
庚年	太陽	武曲	太陰	天同
辛年	巨門	太陽	文曲	文昌
壬年	天梁	紫微	左輔	武曲
癸年	破軍	巨門	太陰	貪狼

國家圖書館出版品預行編目資料

紫微斗數這樣論財運／許永安著.
－－第一版－－臺北市：知青頻道出版；
紅螞蟻圖書發行，2017.08
面　；　公分－－(Easy Quick；159)
ISBN 978-986-488-179-6（平裝）

1.紫微斗數

293.11　　106011267

Easy Quick 159
紫微斗數這樣論財運
作　　者／許永安
發 行 人／賴秀珍
總 編 輯／何南輝
校　　對／鍾佳穎、許永安
美術構成／沙海潛行
出　　版／知青頻道出版有限公司
發　　行／紅螞蟻圖書有限公司
地　　址／台北市內湖區舊宗路二段121巷19號（紅螞蟻資訊大樓）
網　　站／www.e-redant.com
郵撥帳號／1604621-1　紅螞蟻圖書有限公司
電　　話／(02)2795-3656（代表號）
傳　　真／(02)2795-4100
登 記 證／局版北市業字第796號
法律顧問／許晏賓律師
印 刷 廠／卡樂彩色製版印刷有限公司
出版日期／2017年 8 月　第一版第一刷

定價 300 元　港幣 100 元

ISBN 978-986-488-179-6　　Printed in Taiwan